郝彩虹◎著

/中/华/女/子/学/院/学/术/文/库/

劳动与社会再生产：工作场所内外的身份区隔研究

中国社会科学出版社

**图书在版编目（CIP）数据**

劳动与社会再生产：工作场所内外的身份区隔研究／郝彩虹著 . —北京：
中国社会科学出版社，2019.9

ISBN 978-7-5203-5234-5

Ⅰ.①劳…　Ⅱ.①郝…　Ⅲ.①国有企业—建筑企业—职工构成—研究—
中国　Ⅳ.①F426.9

中国版本图书馆 CIP 数据核字（2019）第 216467 号

| | | |
|---|---|---|
| 出 版 人 | 赵剑英 |
| 责任编辑 | 任　明 |
| 责任校对 | 沈丁晨 |
| 责任印制 | 郝美娜 |

| | | |
|---|---|---|
| 出　　版 | 中国社会科学出版社 |
| 社　　址 | 北京鼓楼西大街甲 158 号 |
| 邮　　编 | 100720 |
| 网　　址 | http://www.csspw.cn |
| 发 行 部 | 010-84083685 |
| 门 市 部 | 010-84029450 |
| 经　　销 | 新华书店及其他书店 |

| | | |
|---|---|---|
| 印刷装订 | 北京君升印刷有限公司 |
| 版　　次 | 2019 年 9 月第 1 版 |
| 印　　次 | 2019 年 9 月第 1 次印刷 |

| | | |
|---|---|---|
| 开　　本 | 710×1000　1/16 |
| 印　　张 | 14.25 |
| 插　　页 | 2 |
| 字　　数 | 239 千字 |
| 定　　价 | 85.00 元 |

# 总　序

　　岁月如歌，芳华凝香，由宋庆龄、何香凝、蔡畅、邓颖超、康克清等革命前辈于1949年创设的"新中国妇女职业学校"发展而来的中华女子学院，已经建设成为一所独具特色的普通高等学校。学校积极承担高等学校职能，秉承引领先进性别文化、推进男女平等、服务妇女发展、服务妇女国际交流与政府外交的重要使命，坚持走"学科立校、科研强校、特色兴校"之路，正在为建成一流女子大学和妇女教育研究中心、妇女理论研究中心、妇女干部培训中心、国际妇女教育交流中心而奋发努力着。

　　1995年第四次世界妇女大会以来，性别研究和社会性别主流化在国内方兴未艾，中华女子学院抓住机会，积极组织开展妇女/性别研究，努力在此领域打造优势和特色，并已取得显著成效。我校在全国第一个设立了女性学系、设立中国妇女发展研究中心、中国妇女人权研究中心，建设中国女性图书馆，率先招收女性学专业本科生和以妇女服务、妇女维权为研究方向的社会工作专业硕士研究生；中华女子学院还首批入选全国妇联与中国妇女研究会批准的妇女/性别研究与培训基地，成为中国妇女研究会妇女教育专业委员会、中国婚姻家庭法学研究会秘书处单位。

　　长期以来，中华女子学院教师承接了多项国家级、省部级课题和国务院妇儿工委、全国妇联等部门委托的研究任务，在妇女/性别基础理论、妇女与法律、妇女与教育、妇女与参与决策和管理、妇女与经济、妇女与社会保障、妇女与健康等多个领域作出了颇有建树的研究，取得了丰硕的研究成果，为推进实现男女平等基本国策的步伐、推动社会性别主流化、促进妇女儿童发展与权益保障作出了积极的努力。

　　作为一所普通高等学校，中华女子学院也着力加强法学、管理学、教育学、经济学、艺术学、文学等学科和专业建设，鼓励教师将社会性别视角引入不同学科的研究，大力支持教师开展各自所在学科和专业的研究。

特别是近年来，通过引进来、走出去等多种措施加强师资队伍建设，中华女子学院教师的科研能力与学术水平有了较大的提升，在不同学科领域，不少教师都取得了可喜的科研成果，值得鼓励和支持。

中华女子学院组织编撰的"妇女教育发展蓝皮书"系列已由社会科学文献出版社出版发行，并获得了良好反响。为展示和推广我校教师在妇女/性别领域和其他学科领域的研究成果，学校特组织编撰《中华女子学院性别研究丛书》和《中华女子学院学术文库》两套系列丛书，并委托中国社会科学出版社统一出版发行。性别研究丛书将集中出版中华女子学院教师在妇女/性别理论、妇女发展的重大问题、跨学科、多学科研究妇女/性别问题等多个方面的著作；学术文库将收录中华女子学院教师在法学、管理学、教育学、经济学、艺术学、文学等学科领域有代表性的论著。入选丛书的著作，都经过校内外专家评审，有的是教师承接国家级、省部级课题或者专项委托课题的研究成果，有的是作者在修改、完善博士论文基础上而形成的成果，均具有一定的学术水准和质量。

上述丛书或文库是中华女子学院学科与科研建设成效的展示，也是献给中国妇女发展与高等教育事业的一份薄礼。"君子以文会友，以友辅仁。"我们期望，这两套丛书的出版发行，能够为关注妇女/性别研究和妇女发展的各界朋友提供一个窗口，能够为中华女子学院与学界的交流与合作提供一个平台。女子高等学校的建设与发展，为中国高等教育事业和妇女教育事业的发展增添了亮色，我们愿意继续努力，为这一事业不断添砖加瓦，也诚请社会各界继续对中华女子学院给予指导、关心、支持和鞭策。

是为序。

中华女子学院原党委书记、原院长　　张李玺

2013 年 12 月 30 日

# 序

　　郝彩虹是我 2009 年招收的博士生，2012 年通过毕业论文答辩顺利毕业。这些年我几次催促她尽快将毕业论文修改出版，以在更大范围内进行学术对话，扩展研究视野。但她认为有些问题想得不够透彻，不能贸然出版。今年年初，喜闻她前一年获得了任职单位的学术专著出版资助，我知道她这次是完全准备好了，由衷地为她高兴。

　　本书由作者的博士论文《身份区隔：建筑工地内外的控制关系研究》修改而成，书中具体内容有所调整和更新，但基本框架没有大的改动。作为非社会学科班出身的博士生，作者在毕业论文的写作上倾注了极大心力。一方面，她大量研读社会学经典著作和专业方向文献，提升理论积淀和专业水平，训练个人的学术洞察力；另一方面，从博士一年级开始，她就深入建筑工地和建筑公司开展志愿服务和田野调查，积累了丰富的经验材料。作者在读三年期间，我作为导师，在历次指导过程中一点点感受到了她的问题意识和专业思考能力的提升。功夫不负有心人，作者的论文在毕业论文答辩中获得专家组的一致肯定，并于次年荣获 2013 年"余天休社会学优秀博士论文提名奖"。

　　在本书中，作者以"身份区隔"作为核心概念，探讨了在资源配置方式由国家分配向市场经济转型的过程中，国有建筑企业地铁工地的职工和劳务工，为何没有在共同的工业生产和劳动过程中实现产业工人之间的团结，而是分化为两个完全不同的劳动群体和社会群体。作者认为，身份区隔作为国有建筑企业地铁工地的劳动控制策略，首先有其得以产生的现实社会土壤。其次，经济市场化改革和国家绩效至上的考核体系是国有建筑企业实施身份化用工和采用身份区隔劳动管理策略的原因；而国家自 20 世纪 50 年代末至今的差别化公民身份变迁则为身份区隔的产生和存在提供了制度合法性，并最终塑造了职工和劳务工二者不同的主体选择和社会关系。可见，身份区隔是一种劳动关系与社会关系互为再生产的机制，工作场所身份区隔的劳动关系脱胎于制度变迁历史和现实的社会关系，与此同时，又再生产了不同身份群体之间的社会关系。

作为尝试跳出"劳动的控制与反抗"这一西方马克思主义经典解释路径的成果，本书的论证逻辑不再局限于解释资方如何控制工人以服务于资本的再生产以及工人如何做出回应，而是回到马克思"从劳动理解社会"的社会认识论，将劳方与资方及其互动放到更广阔的社会与历史背景下去理解和解释，并从中国的现实出发，将劳动过程赋予人的再生产和社会关系再生产过程的意义，从而在劳动过程和社会结构之间建立联结。此外，本书对当下以国有建筑企业为代表的国有企业劳资关系现实和形成机制的解释和呈现，对国家修订、完善以及监督实施就业劳动政策和推动国家社会治理变革，具有一定的现实意义。

在我看来，本书至少有两点值得肯定。首先，研究虽然从地铁工地的工人和劳动过程切入，但没有停留于劳动过程或劳资关系研究，而是回到马克思"从劳动理解社会"的社会认识论，从中国的实际情况出发，把主题拓展到了工作场所内外的权力关系和劳动过程与社会关系再生产议题，从而看到个体的劳工、劳工群体、劳动过程与国家治理意识形态、制度变革以及社会关系之间的勾连，并在此基础上，提炼出身份区隔作为劳动关系和社会关系互为再生产机制的研究结论。其次，在研究方法上，突破了一般田野研究缺少历史维度的局限性，本书搜集并分析了与研究问题相关的新中国 60 余年的法律、法规、政策文献，为研究问题提供了纵向历史发展脉络的解释。

当然，作为作者的第一部专著，本书也存在一些差强人意之处。首先，从研究材料本身来说，虽然田野材料和历史文献都很丰富，但关于经济体制改革和国有建筑企业变革过程的访谈资料较为单薄，使部分论证不够丰满。其次，研究框架缺少比较研究的视野，田野构成缺乏多样性，限制了理论的发展。作为一项针对国有建筑企业及其工作场所的个案研究，本书的研究发现和相关结论只能表征当下劳动过程与社会关系的某一种作用机制，而不是全部。其他诸如外资企业、民营企业以及政府机关、事业单位的劳动过程各有其特点，其与社会关系之间的作用方式和机制也各有差异，显然非本书的研究结论所能涵盖。最后，学术理论功底不够深厚，长于经验材料的分析、提炼和组织，但绌于理论层面的指向和对话。希望作者在今后的学术道路上继续积累，坚持钻研，写出更好的作品。

中国社会科学院

景天魁

2018 年 1 月于昌运宫

# 目　录

# 图 目 录

# 第一章

# 导　论

## 一　研究问题：从劳工到工作场所内外的权力关系

2010年春，通过一位学界前辈的介绍，笔者有幸认识一位从事劳工研究的 PUN 和 LU 教授。在此之前，已经通过互联网了解到，PUN 老师和 LU 老师长期走访各个地方的建筑工地，了解建筑工的生活和工作，并且建立了自己的建筑工社会工作基地"XZRJ"和社团"AQM"大学生志愿者流动服务队。正是在两位老师的带领下，笔者第一次走进了建筑工地和建筑工的生活环境。

那是位于北京西北郊城乡接合部的一个建筑项目，去工地的路完整地穿过了整个村庄。这里是人们所能想象到的典型的城乡接合部，外部环境所呈现出来的只有喧嚣、混乱、污浊，而就在村庄边缘是某开发商的别墅项目和另一个商品房住宅小区项目。PUN 老师说，她当初选择进入这个村庄，原本是为了研究现代化进程中城乡接合部村落的变迁的，但是进入以后，这里的建筑工地和建筑工很快引起了她的研究兴趣，此后，她开始致力于建筑工和建筑业生产体制的研究。她的研究问题的转向过程启发笔者，一个研究问题的提出有时并非是刻意思考和筛选的结果，只要有建立在人文关怀基础上的敏感性和好奇心，随时随地都可以发现值得研究的问题。

穿过村庄，一行人到达了建筑工地所在地。这个项目在空间上由施工区和生活区两部分构成。由于有严格的工地门禁管理，我们没有能够进入施工现场，但是走访了建筑工的生活区域。施工现场有围挡与外界隔离开，门口有保安把守，非项目有关人员根本无法进入。与此形成鲜明对照的是，我们没有受到管理方的任何干涉就进入了工人的生活区，甚至没有遇到任何管理人员。

工人的生活区设在距离施工现场大约 500 米的地方，宿舍有的是由废弃的厂房改造而成，有的是活动板房。一行人走到一个旧厂房改造的宿舍。宿舍外面有一个泔水桶，满满的，里面貌似是吃剩倒掉的饭菜；一条随意拉起的绳子上晾着几件洗好的衣服，没有衣架，只是展开了搭在绳子上。有一个旧厂房改造的宿舍的门敞开着，几个工人坐在对着门的床上打牌。征得他们同意后，我们进入了宿舍。刚进去，一阵奇怪的味道刺鼻而来，就像不通风的拥挤的火车上的味道。宿舍里面摆着大概三四十组上下铺，刚好把所有空间占满。床铺基本是满的，也就是说这个宿舍至少住了60 人。铺上的被褥有的叠得比较整齐，有的就是零乱地散着，污渍是免不了的。有的床铺中间挂着帘子，经打听得知，有的工人夫妻都住这里，所以用帘子和其他工人隔开。这让我有些愕然，我的想象力不足以延伸到这么"意外"的现实。打牌的工人继续打牌，是长条的纸牌，据同行的人中懂行的人说他们是在推牌九。有人和他们说话，他们就应一声，对于我们的贸然闯入，不反对也不欢迎。

与这个大宿舍相比，每个活动板房里住的人虽然少很多，但是房子显然用很久了，空间也很小，所以居住条件基本一样。活动板房的正门虽然锁着，但有些房间的后窗是开着的，这些窗户足够容纳一个人钻入。建筑工的生活区域竟然没有任何安保措施！难怪里面除了铺盖和简单的几件衣服，没有任何值钱的东西。

这次探访使我的内心很压抑，觉得建筑农民工是一个身处社会最底层的卑微的弱势群体。① 回来看到同行的老教授发来的照片，照片中的笔者身处厂房宿舍中，脸上的表情因辛酸和痛苦而扭曲。笔者不是一个没有经历过苦难的人，从小到大周围每天都环绕着挣扎于艰辛生活的底层，有农民、有下岗工人、有自谋职业的小生意人。但是世事艰难只是他们生活的一部分，他们的生活还有孝悌友爱，有地方文化，他们的生活是多维度的，他们的人格是丰满的。但是，在这里，笔者只看到了作为劳作者的建筑工，看不到儿子、丈夫、父亲、兄弟，看不到邻里朋友，看不到消费

---

① 孙立平教授认为弱势群体产生的原因，是结构性的原因所产生的制度性歧视。弱势主要表现在以下几个方面：一是贫困，即能力弱势；二是市场竞争中的弱势，即经济弱势；三是政治社会层面的弱势，即话语弱势。他认为当代中国最突出的弱势群体是贫困农民、农民工以及城市失业者。

者，看不到"公民"。劳动与休憩构成了他们生活的全部。一天24小时，一半甚至更多时间用来劳动，其他时间用来休憩，而休憩是为了更好地劳动。他们作为一个完整的"人"的生活只藏在每个人的心里，在对遥远的家乡的亲人的牵挂中。笔者不知道自己能为他们做什么，只是想走近他们，走进他们，了解他们，解开自己的困惑。

那次探访之后，笔者加入了"AQM"大学生志愿服务队，通过参加针对建筑工的志愿活动，真正地走进他们的生活；与此同时，通过一位亲戚帮忙，也进入了一个建筑项目，开始了研究性质的田野调查。"AQM"服务队的志愿活动主要是劳工社会工作性质的，"XZRJ"创办了专门针对建筑工的杂志《AQM》和报纸《大工地》。无论是报纸还是杂志，都是以内容通俗易懂、形式活泼轻快的方式向工友们介绍劳动权益保护方面的知识等内容。通过定期在选定的建筑工地的宿舍发放杂志和报纸，"AQM"与工友们建立了联系，更贴近地了解了他们的生活和工作，并且在服务队能力范围内帮助合法权益受侵害的工友维权。如果说"AQM"的志愿活动主要是社会工作干预性质的，那么，笔者自己的田野调查只能主要是调研性质的，因为项目部同意进入的条件是不会给他们的管理带来任何麻烦。但在实际的田野工作中，完全的不干预是不可能做到的，面对工伤的工友，笔者无法冷漠地以"价值中立"为由拒绝他们投来的求助的眼神，所以田野工作不可避免地夹杂了社会工作的内容，而这个不仅没有影响研究，反而扩展了更丰富的素材。

由于是通过项目部的关系进入了这个工地，所以笔者可以自由地出入于项目部、劳务工生活区以及施工现场之间，这样的便利使我能够看到更多项目上通常不会对外开放的空间。笔者的研究关注点也是在此过程中逐渐确立起来的。初次进入建筑工地的疑问主要是针对农民工艰苦的生活条件而发：为什么建筑公司不给工人提供更好一点的生活条件？历史上建筑工的生活就是这样的吗？针对这种情况，政府是否做过什么？建筑工人何以能够接受如此恶劣的生活条件？他们为什么不选择其他工作？他们如何认识自己当下的状况？他们对自己的未来有什么打算？这些疑问背后夹杂着强烈的个人同情，但对这些问题的解答只能展现工地政治生态的一方面，即局限于农民工的单条脉络。而实际上，现实的工地政治生态要丰富得多。在"人"的方面，除了农民工，还有建筑公司管理层和职工、监理人员以及业主代表；在生产方面，除了主要由农民工负责的施工现场之外，还有另一个由建筑公司职工构成的生产空间，这个空间同样具有社会学意涵。

最初的田野工作的直观感受是职工和农民工（即本工地的"劳务工"）之间显而易见的差异性和不平等。职工和劳务工的差异性不是建立在个人能力和贡献（即人力资本）的基础上，而是建立在身份界定的基础上，即对职工的整体性优待和对农民工的整体性排斥，是一种基于身份的不平等待遇。这种不平等的身份区隔直接塑造了职工和劳务工的群体认同和关系。两个身份群体各自活动于各自的行动边界以内，除了必要的工作接触，基本没有交集，虽然有些职工本身就来自农村，而且有些劳务工是职工的亲戚，但这些先赋的身份特征和亲缘纽带并没有对整体的群体认同和关系造成影响。职工是建筑公司的"内部人"，而劳务工只是临时干活的；职工是管理者，而劳务工是"卖苦力"的被管理者。而且根据搜集到的建筑公司的文本材料和来自工人的介绍，在 2005 年以前，这个公司的劳务工和公司职工相比除了劳动合同的期限不一样和没有社会保险之外，其他的待遇基本一样，劳动和生活各方面都在一起，基于身份的差别管理是从 2005 年以后才陆续形成的。

那么，在建筑工地，职工和劳务工之间的不平等境遇主要表现在哪些方面？使职工和劳务工成为不同的身份群体的根源是什么？他们之间的界限是如何形成的？而这种界限的存在又是何以可能的，使其存在得以实现的机制是怎样的？其合法性依据是什么？面对一个群体显而易见的优越和另一个群体显而易见的劣势的现实，这两个群体又如何认识自己和对方，如何面对这种不平等？

至此，笔者从建筑工地群际间的不平等中发现了自己真正想要关注的问题。人们对"好"与"差"的区分总是建立在比较的基础上。最初走进建筑工地时，笔者认为农民工的境况差的比较对象是心中所秉持的作为一个现代公民所应有的境况，这种比较本身有其内在的人本主义的道德意涵。但如果从现实的层面出发，最应该选取的比较对象应该是同在一个工地的建筑公司职工。如果同一行业同一公司同一项目的工人，却被系统性地分配给差异悬殊的角色、地位和生存境遇，那这就是一个需要加以研究的社会问题。

# 二　当代劳工的境遇、意识与行动

## （一）作为当代劳工主体的农民工

"农民工"是中国经济社会转型时期的特殊概念，是指户籍身份还是农民、有承包土地，但主要从事非农产业、以工资为主要收入来源的人员。根据国家统计局《2017 年全国农民工监测调查报告》显示，2017 年全国农民工总量为 28652 万人，其中，外出农民工 17185 万人，本地农民工 11467 万人，农民工已成为当代劳工的主体。狭义的农民工，一般指跨地区外出进城务工人员。广义的农民工，既包括跨地区外出进城务工人员，也包括在县域内二、三产业就业的农村劳动力①。本书所选择的主要是 2004 年以后农民工研究的相关成果。这是因为，第一，2003 年，珠三角地区首次出现了"民工荒"，农民工在供需关系中的地位有所提高；第二，2003 年起始，中央政府一度高度重视农民工问题，先后出台了一系列维护和保障农民工权益的政策和法规。那么，在此背景下，农民工的生存境遇以及由此决定的意识和行动呈现出怎样的图景？需要声明的是，本书所提到的主要是外出务工的农民工，即属于完全意义上的"离土又离乡"的群体。

1. 境况

对农民工境况的研究主要包括三个方面，即工资待遇与拖欠问题，国家责任与社会保护问题，以及城市融入问题。

农民工背井离乡，离开熟悉的村落共同体和亲人，到陌生的城市打工的主要目的，就是赚得比在农村劳作更多的收入，尽管他们在城市遭遇了比城市工人更低的收入待遇（田丰，2010），甚至被拖欠工资（王美艳，2006）。田丰（2010）的研究发现，农民工与城市工人同工不同酬对于总体收入差距的影响不大，收入差距的存在主要是户籍制度和人力资本差异共同作用的结果。对于提供较高收入的公有制单位，入职的户籍门槛将农民工拒之门外，这是造成城市工人和农民工收入差距的最主要原因。而

①　中国农民工问题研究总报告起草组：《中国农民工问题研究总报告》，《改革》2006 年第 5 期。

且，与户籍及就业挂钩的社会保障状况、企业福利以及劳动条件等更拉大了城乡工人之间的差距。除此之外，王美艳（2006）的研究表明，农民工所在单位的行业和所有制性质，对于是否被拖欠工资影响显著，被拖欠工资的农民工主要集中于个体私营企业，而党政机关事业单位的农民工，与企业单位相比，更容易拿到工资。可见，由户籍门槛所导致的就业歧视，不仅将农民工限制于收入较低的单位，而且将其限制在了更容易拖欠工资的单位。

除了只能从事收入较低的工作和容易遭遇欠薪之外，农民工的城市打工生涯还面临着国家责任和社会保护的缺失。任焰和潘毅（2008）由农民工劳动力再生产中国家的缺位，提出兼具"工人"职业和"农民"身份的"农民工"这个词本身的张力。城市利用作为"工人"的农民工创造社会财富，却把农民工劳动力再生产的任务以"农民"身份的借口推卸于农村。这种不合理的制度安排，必然导致长期工业化和城市化的无以为继，甚至影响社会和政治稳定。与任焰、潘毅所探讨的政府不作为不同，郑广怀（2005）在某种程度上揭示了地方权力与资本的合谋。通过对伤残农民工维权研究，郑广怀发现，在文本和话语等表象的层面上，地方权力和资本赋予农民工以权益，以维持社会稳定和生产秩序；而在实质的实践过程中，却通过去合法化、增大维权成本、对制度的选择性利用以及弱化社会支持等机制，对试图维权的农民工进行了"剥权"。可见，农民工权益的维护不是靠出台维护其权益的政策就可以解决的，更重要的是实践层面的赋权。

基于以上两方面的研究，我们看到，长期以来，农民工虽然在城市工作，有些人也有融入城市的强烈愿望，但是要真正融入城市社会还面临着许多挑战。这种挑战主要来自于农民工身份的二重性和精神世界的矛盾，农民工融入城市的主观能动性会遭遇城市生活规则的排斥（陆林，2007）。此外，户籍制度所造成的农民工的"农民"身份，是阻碍其融入城市的制度根源（钱文荣、张忠民，2006）。

2. 意识与行动

关于农民工的意识主要涉及身份认同、社会态度等问题，而行动方面则主要体现在权益受损情况下的抗争理念和行为。

农民工的身份认同问题，必然受到制度背景的影响。近些年，国家虽然一再倡导保障农民工的权益，但是并没有从根本上废除户籍制度，而且落实保障农民工权益的责任主要在地方政府层面，而地方政府出于地方治理秩序的需要和财政上的压力，实际上无法完全实现农民工的就地安置。户籍制度和地方自保的双重作用，导致农民工作为城市居民和农民之间的第三身份的自我建构和认同，而这种认同事实上约束了其权利意识和利益表达行动（陈映芳，2005）。也有研究进一步指出，农民工群体本身是分化的多样的，因此其社会认同也具有二重性，或是城市"漂泊"，或是回乡"寻根"（郭星华、李飞，2009）。

而对于漂泊于城市的农民工，通过制度安排与自我认同之间的长期磨合，逐渐摸索出自我建构的独特方式。赵晔琴（2007）在承认户籍制度是建构和维持农民工身份的宏观背景的前提下，认为外来务工人员作为农民工的集体身份被与城市居民的日常交往及其话语所建构、符号化，并被广泛认同。而由农民工聚居所形成的另类城市空间，则成为农民工身份认同的空间符号。而潘泽泉（2010）则对这种由认同所建构的空间提供了另一种解释。他将这种空间的营造称之为底层社会建构，其产生机制是，由乡村外出务工的农民工，遭遇了乡村的"传统性"和城市的"现代性"之间的身份认同危机，因此有了二者对抗过程中的空间实践和再生产过程，这是一种基于空间的防御性认同。

可见，在城乡"二元"的户籍制度背景下，农民工在关于"我是谁"的问题上，既不能够完全融入城市，也无法再回归乡村的认同，而只能在城市的边缘营造自我保护和防御性质的基于认同的空间。这种空间既是物理的活动空间，也是心灵的归宿空间，一个非城非乡、非工非农的空间。

而这种同质性较高的空间不仅无助于城市居民和农民工之间的沟通和融合，而且可能加深两个群体之间的心理裂隙。陈黎（2010）的研究显示，外来工所处的社会关系网络同质性越高，越容易导致其较强的心理排斥感，相反，社会关系网络的异质性有助于削弱其社会排斥感。此外，李培林和李炜（2007，2010）两个不同时间段的研究，也表明农民工的社会态度有了新的动向。他们2007年所作的研究发现，虽然农民工在收入水平和社会保障等方面都不如城市工人，但是他们的社会态度却比后者更积极（李培林、李炜，2007）；而2010年的研究发现，虽然农民工的收入水平和社会保障都有所提高和改善，但是其社会态度反而变得比较消极。作者分别从生活压力的感知、社会保障以及教育程度三方面对此作了解释，认为较大的生活压力、缺失的社会保障以及新一代农民工较高的教育水平，使农民工的社会态度趋向消极（李培林、李炜，2010）。这种变化反映的实质问题或许是农民工权利意识的觉醒。"二等公民""第三种身份"存在下去的合理性开始遭到农民工的质疑和挑战。

实际上，从农民工产生伊始至今，从来就不缺乏抗争，从而也不缺乏关于农民工抗争的研究。关于农民工的抗争理念，主要有两种，一种是"生存伦理"（刘金源，2001），一种是"底线正义"（于建嵘，2008；黄振辉、王金红，2010）。"生存伦理"是农民工抗争的最基础的也是永恒的理念，这是作为弱者的最后的反抗，而"底线正义"是对"生存伦理"的补充，二者的区别是，基于"生存伦理"的抗争是为了"恢复道义"，而从"底线正义"出发而起的抗争则是"为道义而道义"（黄振辉、王金红，2010），颇有些"士可杀，不可辱"的气节。这两种理念为农民工的抗争行为提供了最基础的动力，而在实际情况中，影响农民工采取不同抗争方式的因素多种多样。蔡禾等通过研究发现，相对剥夺感、法律认知水平、社会网络规模和集体宿舍制度对农民工的利益抗争行为有影响；而在抗争方式的选择上，教育程度越高、社会关系网络资源动员能力越强的农民工，越倾向于投诉，居住于集体宿舍的农民工则倾向于集体行动，而没有签订劳动合同的农民工则倾向于采取既投诉又集体行动的方式（蔡禾、李超海、冯建华，2009）。在现实中，集体行动的产生很多时候是由于投诉无门或者投诉没有能够发挥其应有的作用。这在某种程度上可以说明，暴力抗争的根源源自于对农民工生存权利和合法权益的践踏。

以上研究表明，农民工的境况、意识和行动直接受到制度的形塑和约束，即使其人力资本和社会资本也无不打上制度作用的烙印（亓昕，2013）。同时，宏观制度结构因素不仅影响群体的身份地位，而且从微观层面建构了成员对于群体的依附、归属和群体边界（亓昕，2013），使得社会歧视、相对剥夺感以及社区融合等，具体而微地从心理上斩断了农民工与城市生活发生关系的可能性（崔岩，2012），生存状态由"被边缘化"转变为"自边缘化"（刘传江，2013）。当然，农民工群体本身也是分化的，代际、性别、人力资本和职业，都会对其城市境遇和主体选择造成重要影响（符平、唐有财、江立华，2012；李培林、田丰，2012；卢晖临、潘毅，2014），但只要当前农民工市民化所面临的深层次制度障碍未予以根除（刘传江，2013），其融入城市的进程就会受阻。

**（二）作为特殊劳工的建筑农民工**

根据国家统计局《2017 年全国农民工监测调查报告》，在农民工的就业行业分布中，建筑业农民工占到了农民工总数的 18.9%，虽然比重较 2016 年的 19.7% 有所下降，但建筑业依然是农民工在非农产业就业的主要领域之一。与制造业、服务业等农民工就业的其他主要领域相比，建筑业用工在劳动力来源渠道、劳动力构成、劳动力素质、劳动组织形式、劳动管理方式、劳动保障情况都有其自身的特点，这使得建筑农民工在境遇、意识和行动方面又表现出自身的独特性。

1. 受控于"关系"的建筑工

周潇（2007）通过研究发现，建筑工地普遍存在的工人之间和工人与管理者之间的老乡、亲戚、朋友关系网络，形塑了"关系霸权"这种独特的控制与反抗的形式。"关系"既被包工头作为一种控制资源，以此保证建筑工地的基本生产秩序，甚至使工人甘愿投入到对自己的剥削当中；同时，"关系"也使包工头自我设置了权力的边界，避免将工人置于专制控制与非人待遇之中。在看到"关系"被管理者用来作为一种控制手段的同时，作者也注意到了"关系"所蕴含的抗争的潜力。在涉及根本经济利益（欠薪）的时候，管理者和建筑工之间的"关系霸权"就有破裂的可能，工人会打破族群、技术等方面的差异，形成共同的被剥削者的认同，从而团结起来反抗管理方。

蔡禾和贾文娟（2009）的研究，很大程度上是对周潇"关系霸权"的进一步发展。周潇（2007）看到了管理者透过"关系"在工人中间生产支持、认同乃至忠诚，即通过构筑管理与被管理之外的私人的非正式的关系，征服工人的情感，生产工人的同意，从而确保生产秩序。这里所针对的工人主要是有技术有非正式关系的核心工人和半边缘工人，那么对于边缘工人，包工头又如何来安抚呢？蔡禾和贾文娟（2009）的研究回答了这个问题。在路桥建设业中，当工程款出现断链，无法支付所有工人的工资时，包工头选择将有限的工资优先支付给与其"关系"较远的边缘工人，以此安抚他们，避免过激抗争事件的发生。而对于与其"关系"较近的核心工人，由于有"关系"所生产的支持和忠诚，产生激烈冲突的可能性较小，因此，工程款缺位的情况下会拖欠他们的工资。此为工资发放的"逆差序格局"。在这种行为选择模式下，包工头最大限度地降低了风险，而核心工人则承担了更大的风险。

说到底，"关系"只是管理者用来控制工人的障眼法，对核心工人和半边缘工人温情脉脉的笼络和关怀背后是维持生产秩序、保证工程进度的利益和目标。当面临更危险的来自边缘工人的抵抗时，不论是出于维持生产秩序的目的，还是出于个人权威合法性的考虑，包工老板往往会牺牲核心工人的利益来保全自己，甚至可能通过"关系"来使核心工人无奈却又心甘情愿地为其做出牺牲。

与以上研究集中于从建筑业的劳动过程解释建筑农民工的劣势处境不同，赵炜（2012，2013）主要从更宏观的行业态势和制度层面分析了建筑农民工劣势处境的原因。首先，在分析欧美国家建筑业生产管理体制的基础上，赵炜（2012）提出建筑业生产和劳动过程的特殊性并不必然导致建筑工权益受损，中国建筑农民工的恶劣处境源自于中国建筑业对行业特殊性的过度"放大"，即中国建筑农民工的恶劣处境是建筑业生产和劳动过程特殊性与中国建筑业特殊性双重作用叠加的结果。此外，赵炜（2013）通过文献研究以及实地调查，发现看似完善和有力的法律法规保障，在强大的地产资本和层层分包的生产体制面前，难以有效保护处于分包链最末端的建筑农民工的职业安全权益。

2. 组织化抗争的可能性

以上研究都侧重于从"关系"的视角论述劳资关系中的控制，而对反抗的考察有限。下面研究则分别从两种不同的路径探讨了"工人阶级形成"的可能性。亓昕（2011）从建筑业普遍存在的欠薪和连年不断的讨薪这一社会事实切入，采用工地民族志的研究方法，全面再现了楼宇建设工程中的微观权力关系和建筑工的劳动、生活场景，并运用"过程—事件"分析方法，真实记录了一次讨薪事件是如何酝酿、爆发直至消解，探讨了建筑业的欠薪何以可能、建筑工缘何缺乏讨薪能力、其建构能力是如何被消解的等问题。作者认为管理方正是利用欠薪制造了多重不确定性，以此加强了工人班组之间的竞争和分化，而分包链的阻隔、欠薪所制造的包工头与分包老板之间的复杂关系，以及工人对包工头的依赖，所有这些因素共同作用瓦解了工人的建构能力。在此研究中，作者紧扣劳动过程和劳动力的再生产，从工地政体的路径展开研究，发现了建筑工建构能力的缺失及其机制，从而事实上否定了现阶段阶级形成的可能性。如果说在周潇（2007）的研究中，"关系"被用来作为组织劳动过程，实现劳动力转化为劳动的生产控制手段，那么，在亓昕（2011）这里，"欠薪"对于管理方来说，发挥了同样的功能。不同的是，在周潇（2007）那里，我们模糊看到了"关系"作为形成工人抗争能力的可能性，而在亓昕（2011）的研究中，"欠薪"只有一种消极作用，就是瓦解了工人的建构能力，其研究结论更令人悲观。

任焰和贾文娟（2010）将"包工制"这种建筑工地普遍存在的生产体制赋予空间政治经济学的意涵，探讨了包工制作为一种生产组织方式，是如何被国家和资本通过怎样的空间策略整合进城市空间生产和土地资本弹性积累的进程中的。而在其中，"农民工"这个概念本身就是政治建构的产物，其所包含的"模糊的身份认同和暧昧的阶级地位"恰当地服务于其政治经济功能的实现。但作者已经指出，这种非正式的不公正的生产制度本身隐藏着严重的社会危机，城市空间生产的表面繁荣下潜藏着农民工权利意识觉醒后的压抑愤懑的暗流，如果没有有效的制度变革和社会公平机制的建立，城市空间将会成为农民工抗争行为的中心所在。

与亓昕（2011）和任焰、贾文娟（2010）从"工地政体"出发探索工人阶级形成的可能性的研究路径不同，潘毅、卢晖临、张慧鹏（2010）从"未完成的无产阶级化"这个视角出发，发掘工人阶级形成的可能性。在《大工地》一书中，作者们不仅考察了改革开放后国家层面的市场化、工业化、城市化所主导的制度变迁和建筑施工企业利润导向的生产管理体制变迁，而且一定程度上再现了建筑工的生存境遇、阶级体验、阶级意识及可以预期的阶级行动。在此研究中，"未完成的无产阶级化"或者说"半无产阶级化"居于分析的核心，只有这个社会事实或学术概念，才能充分地说明市场导向的国家制度变革与"农民工"生存选择二者之间的作用与张力。作者认为，市场经济体制改革后的中国，一方面是政治层面的阶级话语的消失，另一方面是流动于城市的农民工作为事实上的半无产阶级的形成，农民工作为一个同质群体正迈向其阶级形成的道路上。

潘毅、卢晖临、张慧鹏（2010）的研究，以丰富的经验材料为基础，从理论上论证了农民工作为一个阶级形成的可能性。但是，这种可能性一旦放在像亓昕（2011）所提出的具体的工厂政体下，工人反抗意识的觉醒和反抗能力的建构似乎就不是那么乐观了。二者都对国家干预、市场竞争、劳动过程以及劳动力再生产这四个形塑工厂政体的要素进行了考察，但是就像布洛维（1985：12—13）所说的，四者之间不同的组合，会产生不同的工厂政体，在不同的工厂政体下，工人的抗争意识和能力自然不同。阶级形成的可能性在这两种研究路径下遭遇了不同的前景预测。关于阶级形成研究在这两种不同视角下的张力，或许可以从许叶萍和石秀印（2006）的研究中有所启发，尽管其研究中所提到的工人不尽然是农民工。许叶萍和石秀印（2006）提出："如果工人阶级的行动被导向体制内，为现存体制所容纳，那么工人阶级就不会形成；如果工人的行动被导向体制外，与现存体制对立，那么工人阶级难免会形成。决定工人行动导向的是社会体制能否对工人的诉求进行合理回应，能否在回应困难的时候对现存体制进行修改，以期实现工人所期望的社会公平。"西方早期工业化国家的发展历史也恰恰说明了这一点，无论是自由主义阵营的英国和美国，还是民主社会主义的欧洲国家，都是通过政治、经济以及社会权利的扩展，将工人阶级吸纳进现存体制，分享社会发展的成果，以对其生存和发展权益的保障和维护，使其自愿加入体制再生产的行动中，从而瓦解了马克思所预言的工人阶级的暴力行动（曼 in 郭忠华、刘训练，2007：195—203）。

3. 评论：从境遇到行动的多重可能性

以上五项研究的核心议题都是控制与反抗。控制的实现机制，既有微观层面的弹性"关系"，也有中观层面的生产组织制度，还有宏观层面的经济体制和社会管理制度。反抗的形式既有斯科特意义上的"弱者的武器"和"隐藏的文本"（郭于华，2002），也有有组织的集体行动。控制的方式和强度决定了反抗的张力。

这些研究向我们具体地展示了建筑业的生产图景和建筑工的生存图景，为我们了解建筑生产体制中的权力关系模式打开了多维的视角。尤其是研究采用社会学的质性研究方法，考察了特定时空条件、制度安排、生产场景与生活方式下的"具体工人"，展现了一个个活生生的个体，突破了作为"类"的农民工的研究。此外，这些研究或多或少都将"生产"放在了研究的中心，透过生产的组织和劳动过程来研究劳资关系。这两方面都实践了沈原（2007：179—181）所倡导的农民工研究的"两个转变"，即"抽象工人到具体工人"的转变和"返回到生产的中心性"的转变。研究"具体工人"和重视对"生产"与"劳动过程"中关系模式的分析也将是本书的研究取向。但与此同时并不否定将农民工作为"类"的研究价值（主要是概况性的定量研究），也并不表示不关注"生产"之外的农民工人际关系和网络。

回到文献，受到研究主题的限制，以上各项研究也各有局限。周潇（2007）、蔡禾和贾文娟（2009）以及亓昕（2011）的研究，对于建筑工地层面的微观作用机制都挖掘得很深入，无论是劳动过程中的"关系霸权"，工资发放的"逆差序格局"，还是"欠薪"机制对劳动控制的作用，但是对于支撑这些机制顺利运行的背后的国家制度，以及建筑业生产体制变迁的分析不够充分。如果对于宏观层面的制度变迁了解得不透彻，那么对于微观层面的社会事实的描述和解释就只能停留于描述和解释，是优秀的社会学研究成果，却无法为进一步的行动提供方向。相对来说，潘毅、卢晖临和张慧鹏（2010）的研究更具有总体性，既有关于国家和企业制度变迁的分析，也有关于工人主体意识和行动的探讨，但是作者在对建筑工的主体性的分析方面，通过事实陈述和理论拔高，对于建筑工作为工人阶级形成的愿景可能过于乐观了。就像李静君（2010）在一次讨论会议上所说的，"我做中国劳工研究二十多年，一直能够看到单个工人的主体性的发挥，但是二十多年过去了，中国的工人阶级再形成依旧是一个问题"①。历史的经验已经证明，阶级永远不会常态地形成，而只有在真正地针对对立阶级的抗争的集体行动过程中，在某种来自外界但却能够引起工人集体认同的意识形态的感召下，阶级才会真正形成。阶级形成是一个没有终点的永恒过程。而任焰和贾文娟（2010）的研究虽然立意是试图从市场、国家与社会的分析框架中探讨包工制的空间政治经济学意涵，但实际上，即使作者本人也已经认识到这种意涵能够实现的制度根源是城乡二元分隔的户籍制度、就业制度、社会保障制度及公共管理制度等。进一步说，包工制是现在国际建筑行业普遍采用的生产组织方式，那么为什么只有在中国会产生空间政治经济学意涵？因此，需要进一步深入研究这背后的深层次历史、制度变迁及社会文化因素的作用（赵炜，2013）。亓昕（2011）所提出的改革前农村人民公社的工分制这种社会主义传统使得改革初期建筑农民工能够接受"年薪制""半年薪制"，并形成了心理惯习，使得这种"传统"一直延续至今，就是从历史的角度对这一问题的解释尝试。

---

① 2010年10月10日，李静君在《富士康研究工作坊》上的发言。

## 三　劳工所处的权力关系格局：来自经典理论的启示

### （一）工作场所的权力关系

#### 1. 资本的逻辑与马克思的劳动二重性

资本，在马克思看来，是一种社会生产关系，是资产阶级及其社会的生产关系（马克思，2012：724）。构成资本的生活资料、劳动工具以及原材料，并非生而就是"资本"的，只有被纳入资本家对雇佣劳工的剥削中时，这些物质才成为了"资本"（马克思，2012：726—728）。狭义的资本逻辑①概括起来就是，资本家通过最大限度地剥削雇佣劳工，实现最大限度的剩余价值生产和资本的积累，以进一步扩张剩余价值，并实现资本的再生产。在资本的逻辑下，生产不再是服务于需求，而是服务于资本的增值本身。

马克思通过对劳动二重性的区分，解释了剩余价值的本质和资本增值的秘密。马克思将劳动区分为生产商品使用价值的具体劳动和生产商品价值的抽象劳动。具体劳动和抽象劳动是同一劳动的两面。具体劳动体现的是人与自然的关系，是具有永恒性质的范畴，虽然生产力和社会分工的发展会改变具体劳动的形态，但是其人与自然的关系本质不会改变。而抽象劳动是特定社会的产物，只发生在劳动产品作为商品的社会，体现的是商品生产者之间的社会关系。具体劳动与抽象劳动的区分揭示了资本主义生产过程既作为劳动过程也作为价值增值过程的本质。在资本主义生产体系中，生产使用价值的劳动过程同时就是生产剩余价值实现价值增值的过程（马克思，2004：207—217）。

那么，在劳动过程中，资本家是如何实现最大限度的剩余价值生产的？马克思从四个方面给出了答案。一是延长工作时间，实现绝对剩余价值的生产（马克思，2004：367—350）；二是提高劳动生产率，实现相对剩余价值的生产（马克思，2004：471—480）；三是通过降低工资，以降低劳动力的成本，但是工资"刚性"本身限制了它的作用；四是以低成

---

① 广义的资本逻辑还包括资本对整个社会运转机制的控制，本书主要集中于资本在劳动场所内的作用。

本低技能工人取代高成本高技能工人，来降低劳动力成本，不过这一方法奏效的前提是技术的进步和劳动分工的精细化（马克思，2012：739—741）。至此，马克思揭示了，自由竞争的资本主义如何通过对劳动过程的控制，实现最大限度的剩余价值的生产和资本增值。

2. 布雷弗曼：以技术剥夺实现劳动控制

在马克思之后很长一段时期，马克思主义者都默认了马克思的劳动二重性理论，在理论上没有新的突破，直到 1974 年哈里·布雷弗曼的《劳动与垄断资本》的出版，才使劳动过程理论重新进入了学术视野。布雷弗曼在继承马克思的资本家通过"强制"来榨取剩余价值的观点的基础上，结合垄断资本主义的特点，尤其是 20 世纪兴起的泰勒制和福特制的科学管理，提出现代垄断资本的发展正是通过对工人技术的剥夺而实现降低工人自由度和强化对工人的劳动控制的目的。布雷弗曼归纳了科学管理的三个原则：一是劳动过程与工人技能的分离；二是"构想"（conception）与"执行"（execution）的分离；三是管理者利用对知识的垄断实现对劳动过程的控制。在布雷弗曼的分析中，特别强调的是构想与执行的分离（布雷弗曼，1979：第四章[①]），即管理者专司构想不事实际的执行，而工人则只能埋头执行管理者的构想，而没有必要或者说没有权利自我思考。20 世纪垄断资本主义生产的机械化和劳动分工的精细化，为管理者区别"构想"与"执行"，把对劳动过程的控制权集中到自己手中，确保劳动的效率和降低工人的自由度提供了条件，工作逐渐"退化（降格）"（degradation），与此同步的是工人的"去技术化"（deskilling）。

布雷弗曼在解释垄断资本主义劳动控制削弱工人主体性的作用机制的同时，也看到了这种"去技术化"的控制蕴藏的反抗潜力，当垄断资本的劳动控制超出了工人身心能力的最大限度时，潜在的反抗就可能爆发（Braverman，1974：151）。

3. 弗里德曼：差别控制方式

布雷弗曼致力于对垄断资本主义阶段劳动退化机制的考察（Braverman，1974）；而弗里德曼（1977）则通过分析 1780 年以来英国企业管理历史的变迁，总结出资本主义生产方式本身如何自我调整，以回应

① 由于该书中文版参考文献为电子版，每一章节为一页，所以只能如此标注。

工人抗争，实现资本主义的延续。马克思认为，劳动的二重性导致资本家雇主作用的二重性。资本家一方面要扮演协调者的角色，以协调复杂的组织中的各种关系，其中包括与拥有不同能力、从事不同工作的工人的互动；另一方面，在面对工人的反抗时，资本家扮演压制者的角色，以保证剩余价值的生产（马克思，2004：581—611）。弗里德曼（1977）借鉴此观点，对劳动控制提出了二元的分类法。他认为管理者对于从事不同工作、具有不同的劳动能力、奉献意愿和抗争倾向的工人，在行使管理权威时，通常采用不同的策略，对一些工人采用强力压制，对另一些工人则采用怀柔政策。对于从事重要工作、劳动能力强、奉献意愿强的核心工人，管理者会采取"责任自治"（responsible autonomy）的控制方式，而对于边缘岗位的低技能的抗争倾向较重的边缘工人，则会采取"直接控制"（direct control）的方式。前者给予工人以地位、权威、责任以及工作的灵活性，以此赢得其心理上的忠诚；后者则通过直接的监督和威胁，限制工人的自由度，确保生产的有序进行（Friedman，1977）。当然，"责任自治"和"直接控制"只是资本主义劳动控制的两种理想类型，在此两者之间还有其他可能的情形（Friedman，1977：107）。弗里德曼最后得出的结论是，直接控制和责任自治策略的变化还受到工人抗争强度的影响，对不同强度的工人抗争分别采用不同的控制策略（游正林，2006）。

4. 埃德沃兹：劳动管理的变革

除了弗里德曼，埃德沃兹（1979）也曾致力于使劳动控制的不同模式的变化时代化的研究。与弗里德曼以英国的经验为参照不同，埃德沃兹在《争议地带：二十世纪工作场所的转型》（R. Edwards，1979）一书中，基于美国的劳动控制与管理经验，总结了企业劳动管理策略的发展历史。他的核心论点是，在第一阶段，即前工业社会以及工业资本主义早期，专断的、权威的"简单控制"是典型模式，主要是资本家亲自控制和职业经理或工头的等级控制（hierarchical control）；在第二阶段，伴随着20世纪更加复杂的劳动组织形式的出现，基于生产系统本身的"技术控制"（technical control）成为控制的主要形式，类似泰罗制的科学管理；在第三阶段，工会的发展和工人集体主义的上升，迫使雇主采用更具有协商性质的"官僚控制"（bureaucrati control），也就是"二战"以后兴起的人力资源管理实践（R. Edwards，1979）。简而言之，工业化的推进所带来的社会生产方式的变化，导致劳动组织形式的复杂化和劳资力量对比中劳方力量的崛起，从而推动了劳动控制方式的变化，即由"简单控制"到"技术控制"，再到"官僚控制"。这种变化的总体趋势是控制越来越显示出系统化和结构性的特点（R. Edwards, 1979）。

5. 布洛维：工厂政体与生产政治

布洛维批判了布雷弗曼"强制"控制的时代局限性和弗里德曼与埃德沃兹努力在劳动管理形式与"累积的社会结构"变化之间建立关系的研究路径①，在吸收葛兰西关于"专制、霸权、强制和同意"等概念的基础上，对垄断资本主义的劳动过程变迁做了另一种阐释。在著名的《制造同意》一书中，布洛维试图回答自己在工厂民族志的研究中所遇到的问题，即"什么让资本主义持续运转下来，以及为什么工人积极地再生产了他们自身的受剥削状况"（Burawoy, 1979：序）。布洛维认为，有三种机制共同生产了工人的"同意"：一是通过计件工资制度，使工人加入"赶工游戏"（the making-out game）（Burawoy, 1979：第5章）；二是内部劳动力市场，为工人提供工厂内部向上流动的可能性（Burawoy, 1979：第6章）；三是建立内部国家（internal state），主要是在公司内部建立集体谈判制度和申诉机构（Burawoy, 1979：第7章）。管理方通过前两个机制，将与工人的冲突转移为工人之间的竞争和工人群体之间的斗争，从而消解了工人的组织性和抗争能力；而第三个机制则通过工会将工人的抗争纳入内部制度，通过程式化规范化的方式降低了工人抗争的破坏力（Burawoy, 1979）。布洛维认为，所有这些机制共同作用，使垄断资本主义的生产过程已经进入到建立在工人"同意"基础上的"霸权"体制，而不再是布雷弗曼的以"强制"为主要手段的"市场专制"体制（Burawoy, 1979：第12章）。

在《制造同意》一书中，布洛维超越之前劳动过程研究者只看到劳动控制看不到工人行动的不足，将具体的工人带回了"生产的中心"，着重展现了资本主义既定工作场所结构下工人的主体性，尽管这是一种再生产结构的主体性。但是，正像布洛维后来所承认的，他在考察工人的"同意"和"赶工游戏"对于资本主义生产的作用的同时，忽视了这种"同意"同样是抗争的团结基础。而另一方面，随着20世纪70年代以后

---

① Marek Korczynski, Randy Hodson and Paul K. Edwards, *Social Theory at Work*, New York: Oxford University Press, 2006, pp. 26-52.

全球竞争的兴起和劳工运动的衰落，"工人阶级面对的是不断增长的专制，而不是霸权"（Burawoy，1979：序）。

此外，随着国别比较研究的展开，布洛维回到马克思的政治经济学视角，看到了生产的复杂性——作为经济、政治和意识形态结合体的生产（Burawoy，1985：序），也看到了生产中的关系（relations in production）与生产关系（relations of production）的差别。资本主义生产肩负了确保资本家同时取得并掩盖剩余价值的使命，因此，每一个工厂都有其由劳动过程的政治效果和生产的政治规范工具（production apparatus）共同构成的工厂政体（李洁，2005）。工厂政体决定了生产领域中工人斗争的利益和能力，决定了生产中的关系；但其本身又受制于宏观的生产关系，由劳动过程、劳动力再生产方式、市场竞争和国家干预四个要素共同形塑（Burawoy，1985：序）。而生产领域中被生产政治规范工具所规范的、针对所有生产中的关系和生产关系的斗争被称为"生产政治"（production politics）。这就在工作场所之外的生产关系和劳动过程中的工人主体性之间建立了联系，从而超越工作场所中具体的劳资关系，将工人的主体性放置于更宏大的社会和政治背景下加以理解。因此，正如布洛维所言，由于技术水平、劳动力再生产方式、市场竞争和国家干预的差别，同一国家不同的工作场所或不同国家的工作场所，出现了不同的工厂政体，由此形成了不同的生产政治（Burawoy，1985：29）。

6. 劳动控制理论的启示与实现控制的其他维度

虽然采用了不同的研究路径，归纳出了不同的理论，但是，无论是马克思，还是布雷弗曼、弗里德曼、埃德沃兹以及布洛维，他们所要回答的终极问题都是资本家如何获得并掩盖剩余价值，实现资本的增值。由这些理论变迁可以看到，随着技术进步和生产体系本身的发展，资本主义劳动管理控制方式在不断调整，由"工匠控制"到"管理控制"，由"简单控制"到"结构控制"（游正林，2006），即工人所服从或反抗的不再是个人意志，而是作为一个系统的资本主义生产体系，工人不再是绝对的受控制者，其本身也在生产着劳动控制体系。

在以上研究中，弗里德曼实际上已经看到了工人之间的分化（核心工人与边缘工人），正是因为工人并不是作为一个同质性的群体存在，因此，针对不同的工人，管理者会采用不同的管理策略（Friedman，1977）。而在现实中，工人除了作为一个被剥削的阶级存在之外，也确实存在性别、种族、族群、年龄等差异，处于不同的身份系统，而这些差异都会被资本家利用作为劳动控制的手段，因此，公民身份、性别、婚否以及族群先后进入了研究者的视野（Thomas，1982；Ching Kwan Lee，1998；何明洁，2007；闻翔，2008）。在建筑工地，建筑公司的职工和农民工分别处于不同的身份系统—职工—农民工、城里人—农村人，这种建立在劳动关系和户籍身份基础上的身份差别，不仅可能被资方利用来建构分类劳动控制体系，而且可能形成工人内部一方对另一方的压迫。

### （二）现代社会的社会秩序、个体自由与社会控制

社会控制有广义和狭义之分，广义的社会控制泛指对一切社会行为的控制，其目的是实现社会秩序；狭义的社会控制特指对越轨行为的控制。本研究采用社会控制的广义用法。

1. 罗斯：秩序的基础与社会控制

爱德华·罗斯是第一位对社会控制做系统阐述的学者，在《社会控制》一书中，罗斯详细地分析了社会变迁如何使人为秩序以及社会控制成为必要、控制的各种手段以及这些手段分别如何发挥作用，区分了社会控制与阶级控制，并对社会控制何以会变迁、包括哪些体系、其目的和界限在哪里、应遵守什么标准等提出了他的见解（罗斯，1989）。

罗斯（1989：1）认为秩序是人类的基本需要，社会秩序意味着确定共同体成员行动的边界以调节冲突，所以，社会秩序的标志之一就是避免敌对状态，而社会控制是避免敌对状态的选择之一。人性中所固有的同情心、友善、正义感以及怨恨等自然属性，在一个良好的环境中，能够依靠其自身发育出一个纯粹的自然秩序，"亦即一个没有人工设计和作用的秩序"[①]。但是，随着社会发展和变迁，当协作的主体不再是个人，而是各类共同体时，矛盾和冲突的力量就不再是自然秩序能够调和的，在此背景下，"人们强烈地需要能够提供比天生道德动机更好的秩序"[②]，于是，产生了社会控制，控制的目的是为了达至平衡，从而使社会真正存在下去。社会之所以要对个人的行为方式加以干预，有时是出于情感，有时则是出于自身利益；而控制的实现，则源自于控制中心（辐射点）所附着的威

--------

① ［美］爱德华·罗斯：《社会控制》，秦志勇、毛永政译，华夏出版社1989年版，第32页。

② 同上书，第45页。

信，这些辐射点包括大众、长者、领导者或特权阶级、教士、先知、统治阶级、资本家、官员等。罗斯指出，社会控制是支配地位形成的根源，精良的控制工具应该是经济的、简单的，并且是作用于精神的，能够实现自发控制的。

罗斯对社会控制的手段以及引起社会控制变迁的因素做了全面总结。关于社会控制的手段，罗斯的总结包括：舆论、法律、信仰、社会暗示、教育、习惯、社会宗教、典型、理想、礼仪、艺术、人格、启蒙、幻想、社会价值观、生存竞争、英雄人物以及伦理法则的维持等，这些手段或者是作用于人的身体，或者是作用于人的灵魂，或者采用强制，或者采用诱惑（罗斯，1989：第二编）。而至于引起社会控制变迁的因素，则包括社会需要的变化（社会秩序的维持是否困难）、因阶级的出现和阶级冲突而产生的部分分离（社会分层和社会流动）、人类文化和习惯的变化、无选择地获取外来品（物质或思想）、新经历（移民或淘金）、彼此倾轧的剧烈冲突（战争）等（罗斯，1989：302—312）。正是由于社会本身是在不断变化的，所以，没有一种社会控制辐射点或者手段能够一以贯之地通行于任何社会（罗斯，1989：311）。

为了进一步说明社会控制的动态性，罗斯将社会控制划分为伦理的体系和政治的（"从属于政治的"）体系两类。前者产生自人类本能的道德情感，其存在与其说是为了实现功利的社会秩序，不如说是为了维护一种道德秩序，包括舆论、暗示、个人理想、社会宗教、艺术以及社会评价等都属于这一控制体系；与伦理体系不同，政治的控制体系则是由为了达成某种目的而精心选择的手段构成，这些手段包括法律、信仰、礼仪、教育和幻想等。伦理的控制工具普遍适用于人口种族构成单一的、文化同宗的、成员互动密切的、要求个人承受的负担较轻的、社会构成与地位和寄生关系不必然相关的情况；而政治的控制工具则通行于人口组成不相容的、秩序高于个人意志和福利的、财富和机遇占有存在巨大差别的、社会流动机制缺失的、社会地位决定地位和寄生关系的情况。显然，政治的控制工具比伦理的控制工具更取决于社会的构成，二者之间并非非此即彼的关系，而是此消彼长的关系，何种情况下伦理工具居于主导地位，何种情况下政治工具居于主导地位，是随着知识、文明程度以及社会需求的变化而不断变化的（罗斯，1989：313—316）。

此外，罗斯还对阶级控制和社会控制做了区分。罗斯（1989：289）

将阶级控制定义为"寄生阶级为其自身的利益而产生的力量"①，换言之，在阶级控制中，秩序本身不再是目的，而是成了手段，成为寄生阶级实现阶级利益的手段，控制成为他们损害其他团体以谋利的手段。而在社会控制中，秩序本身就是目的，是人类社会达至协调、平衡，从而维系下去所必需的。

罗斯的这些关于社会控制的思想主要形成于 1896—1901 年之间②，虽然身在美国，但是作为涂尔干、齐美尔和韦伯的同时代人，面对早期工业化国家由传统社会向现代社会变迁过程中出现的各种社会问题，其研究的问题域是相近的，但各自的研究范式的差别以及对社会现实的判断的不同，决定了他们不同的理论关怀。

2. 涂尔干：集体意识、社会分工与社会控制

在涂尔干的研究脉络中，有一条贯穿始终的思想之链，即"人之所以为人，只是因为他生活在社会之中"③，无论是《社会分工论》（1893）、《自杀论》（1897），还是《宗教生活的基本形式》（1912），其基本主旨都是人作为一种社会性的存在，是因为置身于社会（共同体）中才体现出了其"人之为人"的价值，也就是说个人权利的基础并不是天赋人权的观念，"而是社会实践、看待和估价这种权利的方式"④，基于某种道德基础的社会整合是保障个人权利的基础，而社会整合有赖于社会控制。所以，在涂尔干看来，社会控制（无论来自于国家还是来自于次级机构），对个人来说，不是束缚，而是实现个人解放的基本条件（涂尔干，2006：45—51），"自由是一系列规范的产物……只有社会规范才能限制人们滥用这些权力"⑤。

在《社会分工论》一书中，涂尔干（2000）通过对法律这种社会团结表象（或者说社会控制手段）的历史考察，将社会团结归纳为两种形

---

① ［美］爱德华·罗斯：《社会控制》，秦志勇、毛永政译，华夏出版社 1989 年版，第289 页。

② 同上书，序言。

③ ［法］埃米尔·涂尔干：《职业伦理与公民道德》，渠东、付德根译，上海人民出版社2006 年版，第 49 页。

④ 同上书，第 54 页。

⑤ ［法］埃米尔·涂尔干：《社会分工论》，渠东译，生活·读书·新知三联书店 2000 年版，序言 15 页。

式，一种是机械团结，一种是有机团结。前者的实现仰赖于对共同意识和权威的遵守以及对对立行为的压制，后者的实现得益于具有明确道德规范指导的劳动分工。换言之，集体意识和劳动分工分别代表了通行于不同人类历史时期的两种社会控制方式。前者通过压制个人意识与集体意识之间的差异性，使前者统一于后者，其方式既有展示性质的使人痛苦的惩罚，也有凝聚集体意识的仪式、庆典等，它的作用在于维护这种基于相似性而产生的社会团结；而关于后者，社会的发展赋予他的使命是调节各种社会关系，以此实现社会整合。

两种不同的社会团结形式对应两种不同的社会类型，机械团结对应环节社会，有机团结对应组织社会，尤其是职业组织社会（涂尔干，2000：33—92）。与西方古典经济学派对劳动分工的经济作用的考察不同，涂尔干（2000：序言）认为，现代劳动分工最大的价值在于其道德上的意义，即实现社会整合和团结，而文明的进步和生产的扩大，既非劳动分工的功能，也非劳动分工的原因，充其量也就是一个无意中的成果。进言之，职业群体的存在，"并不在于它促进了经济的发展，而在于它对道德所产生的切实影响。在职业群体里，我们尤其能够看到一种道德力量，它遏止了个人利己主义的膨胀，培植了劳动者对团结互助的极大热情，防止了工业和商业关系中强权法则的肆意横行"①。与此类似，涂尔干（2006：56—58）认为，国家作为高于职业群体的组织，其本质上是一个"道德纪律的机构"②，其基本义务不是监督或者干预社会生活，也不是经济掠夺机器，而是"促使个人以一种道德的方式生活"③。

简而言之，在涂尔干的思想体系中，社会规范是个人作为一个道德存在的内在需要，相反，失范对于个人来说不是自由而是焦虑与毁灭（迪尔凯姆，1996：254—298）。

3. 韦伯：权力、支配与理性铁笼

韦伯对于社会控制的论述沿着两个方向展开，一个是沿着国家这种特殊组织中支配—服从关系的演变说明政治控制的演变，一个是沿着西方世

---

① ［法］埃米尔·涂尔干：《社会分工论》，渠东译，生活·读书·新知三联书店 2000 年版，序言 22 页。

② ［法］埃米尔·涂尔干：《职业伦理与公民道德》，渠东、付德根译，上海人民出版社 2006 年版，第 58 页。

③ 同上书，第 56 页。

界的祛魅和理性化进程说明理性主义对现代社会以及现代人的结构性控制。实际上，现代国家以科层官僚制和现代法治为特点的政治控制本身就是理性主义的表现之一。

权力是韦伯理论中的基本概念，在韦伯看来，权力是行动者贯彻自己意志的一种能力，"意味着在一种社会关系里哪怕是遇到反对也能贯彻自己意志的任何机会，不管这种机会是建立在什么基础之上"（韦伯，1997a：81），换句话说，权力是控制（支配）得以实现的基本前提。统治是一种特殊的权力（韦伯，1997b：263），通过这种能力，国家垄断了正当使用暴力的权利，并体现为一种由正当的暴力手段支持的支配—服从关系。国家（即人与人之间的支配—服从关系）的支配权的合法性来自于三个渠道：一种是对神圣化了的习俗的遵从和信仰，统治者的统治地位来源于传统，即"传统的"支配；一种是对领袖的个人崇拜，即"超凡魅力型的"（chrisma）支配；第三种是对以理性的方式建立的规则的信任，即现代社会"法制的"支配。至此，韦伯回答了政治控制（支配）何以可能的问题（韦伯，1998：56—60）。

然而，韦伯所看到的现代人所遭遇的控制绝不止于政治支配，而是有另一种更严密的结构性的控制，即"理性铁笼"的控制（韦伯，2007：186—190）。在现代社会，理性主义已经突破了个人的界限，成为现代经济秩序的主宰，并进一步突破了经济领域，成为现代政治和社会秩序的主宰。基于利益计算的经济理性、政治领域的科层官僚制以及法律领域的形式理性法，吞噬了每一个现代人独立的自我意识。那么，对于置身于这种囊括了经济、政治和社会的密不透风的理性铁笼中的现代人来说，个体的自由与发展何以可能？控制现代人的不再仅仅是某种实在，而是理性结构，这才是韦伯的忧思所在。

4. 福柯：权力技术与治理术

回顾福柯的主要研究成果发现，社会控制以及在这种控制下个体的自由何以可能始终是他的学术关怀所在。从《疯癫与文明》（1961）中对控制的权力技术以及个体回应的系统分析起始，《临床医学的诞生》（1963）、《规训与惩罚》（1975）都是关于微观权力的运作机制以及权力与知识生产之关系的研究，而《治理术》（1978）则是突破微观权力技术走向更宏观的权力配置的研究。

在研究的早期阶段，福柯的控制和干预问题研究没有沿着经典理论的总体性的宏观分析展开，而是另辟蹊径，以微观权力的运作作为切入点。在福柯这里，权力不再是一种行动者所拥有的强制性的能力，其本质不再是占有，而是运用，权力成为一种弥散性的、细微的渠道，抵达个人的身体、姿态以及全部日常行为的技术，是为"权力效应"。通过权力技术，控制的表象不再是压制性的，而是润物细无声的，不再是外部强加的，而是个体自我内化的。权力的运作离不开对知识的利用，与此同时，权力运作本身就伴随着知识的生产。疯癫被定义为一种精神疾病和精神病院的产生（福柯，2010）、临床医学和门诊的出现（福柯，2011）以及惩罚手段的变迁和全景敞视监狱的诞生（福柯，2010），都服从于理性权力对异己者的权力的剥夺，而这些机构以及与此伴生的知识，进一步完善了权力技术，权力所造就的不仅仅是个体表面的驯服，更是具有自我规训、自我审判倾向的自我反思主体本身。服务于规训的纪律不再是外部强加的力量，而是成为主体内心的道德。换言之，权力发挥作用的方式的表象不再是对个体自由的压制，相反正是个体自由；但个体没有意识到这种自由本身就是权力构造的，其本身依旧是权力压制性的产物。至此，"秩序借助一种无所不在、无所不知的权力，确定了每个人的位置、肉体、病情、死亡和幸福。那种权力有规律地、连续地自我分权，以致能够最终决定一个人，决定什么是他的特点、什么属于他，什么发生在他身上"[①]。

福柯并没有止于对疯癫和精神病院、临床医学和诊所以及刑罚和监狱的历史学分析，而是进一步研究了作用于精神病院、诊所以及监狱的干预和控制机制，对于更为宏观的国家的控制具有怎样的意义？由此，他的研究指向由微观的权力技术转向了宏观的治理术。福柯在《治理术》[②] 一文中提出了西方权力形式的三种类型，分别是产生于封建型领土整体的司法国家、产生于有确定领土界限并对应一个管制和纪律的行政国家，以及主要以人口的多寡和密集程度界定的治理国家；并进一步指出"治理化"是现代国家的普遍趋势，与之伴生的是治理特有的机器（apparatus）的形成和一整套知识（saviors）的发展。福柯在这里再一次强调了权力与知识互为伴生的关系。在福柯看来，治理所仰赖的已经不再是"法"，而是一系列形式

---

① ［法］米歇尔·福柯：《规训与惩罚：监狱的诞生》，刘北成、杨远婴译，生活·读书·新知三联书店 2010 年版，第 221 页。

② 参见 ［法］福柯《治理术》，赵晓力译，李猛校，豆瓣网（https：//www.douban.com）/91862887/。

多样的"手法"，换言之，治理术是"由制度、程序、分析、反思以及使得这种特殊然而复杂的权力形式得以实施的计算和手法组成的总体"①。治理化并不意味着主权和纪律的削弱。这是因为，治理的目标是人口，而人口治理决定了主权基础的重要性和纪律的必要性，只不过治理国家采用了更为精巧的方式，即利用由家政演化出来的政治经济学作为知识形式，以安全配置（apparatus of socurity）为核心机制，从而在表象上弱化了主权和纪律。而实际上主权—纪律—治理的三角才是现代治理国家的本质。

由此可见，福柯对微观权力技术的考察和对国家治理术的洞见，所指向的是同一个观点，即主体实际上是权力征服的产物，但在现代社会，权力发挥作用的方式不再是强力压制，而是通过一套披着科学和理性外衣的知识为权力的运作提供合法性。主体不是被强制，而是在权力机制的作用下自愿成为自我反思性主体，即"自由主体从本质上而言是他律的，是由权力所构成的"②。在这一点上，福柯和韦伯实际上是一样的悲观主义者，在他们看来，现代人自以为摆脱了传统的宗教、风俗习惯、君王、官僚等的束缚，在匿名社会和民主政治下获得了前所未有的自由，殊不知掉进了另一个更加严密的控制系统，操控这个系统的力量不可见却又无处不在，这种力量在韦伯那里是理性铁笼，在福柯这里是权力—知识樊篱。

5. 评论：社会何以可能 VS. 个体自由何以可能

以上研究虽然都对作为一种社会事实的社会控制做了详细考察，但是研究的出发点却不尽一致。大体来说，罗斯和涂尔干的研究问题的出发点是"如何更好地实现社会秩序"，韦伯和福柯的研究问题的出发点则是"在现代社会，个体的自由何以可能"。在罗斯和涂尔干看来，个体的价值在于其在社会中的价值，平衡的社会秩序是实现个体自由的首要保证；而韦伯和福柯则倾向于认为任何一种秩序都是对个体自由的束缚，因为所谓秩序，本质上是"多数人的暴政"，只不过由于现代西方国家将控制的职能由国家下放给了社会，并采用了更加巧妙和柔性的方式，所以看起来是个体行使权力，而实质则是权力构造个体。

实际上，罗斯和涂尔干与韦伯和福柯所关注的社会事实是相同的，即

---

① 参见［法］福柯《治理术》，赵晓力译，李猛校，豆瓣网（https：//www.douban.com）/91862887/。

② 参见彼特·丢斯《福柯论权力和主体性》，汪民安译，豆瓣网（https：//www.douban.com）group/topic/1038804/。

由传统向现代的社会转型，以及在此过程中出现的新的社会问题和为了应对这些问题而产生的新的机构、机制和机器。只不过他们的理论关怀不同，罗斯和涂尔干更关心"社会何以可能"，而韦伯和福柯则更担忧"个体的自由何以可能"。但无论思想家们是乐观的或是悲观的，历史的齿轮都负载着现代社会飞速前行，或许与传统社会一样，现代人依然是受束缚的不自由的。但是，既然使个体获得自由的总体性的解决方案短期内无以形成，那么，作为个体来说，要实现相对的自由或解放，就只能服从于现有的秩序和控制法则。

### （三）现代公民身份制度与社会控制

#### 1. T. H. 马歇尔与现代公民身份理论

马歇尔对于公民身份的阐述，最早见于其 1949 年在剑桥大学的两次讲座。当时作为对英国经济学家阿尔弗雷德·马歇尔的《工人阶级的未来》的社会学回应，T. H. 马歇尔做了题为《公民身份与社会阶级》的演讲。在这次演讲中，马歇尔不仅回顾了英国公民身份的发展历史，而且对公民身份的发展与资本主义固有的不平等之间的张力做了阐释（马歇尔 in 郭忠华、刘训练，2007：3—40）。马歇尔的公民身份主要包括三个要素，分别是公民的要素（civil element）、政治的要素（political element）和社会的要素（social element）。公民要素"由个人自由所必需的权利组成，包括人身自由，言论、思想和信仰自由，拥有财产和订立有效契约的权利以及司法权利（right to justice）"，马歇尔称之为公民权利（civil rights，也译作民事权利），与之最直接相关的机构是法律的统治和法庭体系；政治要素指"公民作为政治权力实体的成员或这个实体的选举者，参与行使政治权力的权利"，被称作政治权利（political rights），与之联系在一起的是代议机构；社会要素指"从某种程度的经济福利与安全到充分享有社会遗产并依据社会通行标准享受文明生活的权利等一系列权利"，即社会权利（social rights），主要指教育和社会公共服务（马歇尔 in 郭忠华、刘训练，2007：10—11）。在英国，公民权利产生于 18 世纪，并于 19 世纪得到充分发展；政治权利形成于 19 世纪早期；而社会权利在被 1834 年《济贫法》扼杀后，在 20 世纪得到重建（马歇尔 in 郭忠华、刘训练，2007：12—22）。

除了对公民身份概念和构成进行了阐述之外，马歇尔还试图以公民身份与社会阶级的框架回答"推动社会平等的现代动力是否存在无法或不可逾越的限制"这个问题。早期公民身份的发展，主要是公民权利的发展，是契合于资本主义发展的，这些权利使资产阶级突破了封建等级制度的壁垒，获得了与封建贵族平等的公民地位（status），因此，这一阶段公民身份（citizenship）的发展与资本主义是相辅相成的，"公民权利是一个竞争的市场经济所不可或缺的"（马歇尔 in 郭忠华、刘训练，2007：18）。到 19 世纪，政治权利随着公民权利的发展而成长起来，其核心是选举权和被选举权，即社会成员通过议会选举进入权力的决策过程。与公民权利与英国的社会阶级体系相兼容不同，政治权利在当时对社会阶级结构是一种潜在的威胁。但是，由于大多数新近获得投票权的下层选民还不懂得如何使用它，还"没有掌握有效的政治权力"（马歇尔 in 郭忠华、刘训练，2007：21），因此，直到 19 世纪末，公民身份对于减少社会不平等都"收效甚微"（马歇尔 in 郭忠华、刘训练，2007：21）。然而，20 世纪社会权利的发展，以一种颠覆传统的方式消除阶级差距，"它不再仅仅试图减少社会最底层阶级的贫困所带来的明显痛苦，而开始采取行动以改变整个社会的不平等模式"（马歇尔 in 郭忠华、刘训练，2007：24），社会权利要求市场价格服从于社会正义，这并不是说要消灭阶级差别，而是要阶级差异遵循社会正义的原则，而不再是自由市场的原则。因此，20 世纪的公民身份与资本主义阶级体系是处于"敌对状态"的（马歇尔 in 郭忠华、刘训练，2007：33）。

马歇尔从发展史的角度对英国公民身份的演进做了概括，开创了社会学和政治学研究的一个全新视角。但是，他的公民身份的历史是以英国作为范本，并没有以其他国家的经验验证过，而且马歇尔的理论没有从发生学的角度解释公民身份演进的动力机制。迈克尔·曼和布莱恩·特纳分别从两种不同的路径对这一问题做了阐述（曼和特纳 in 郭忠华、刘训练，2007：192—230）。

2. 曼和特纳：公民身份发展的动力机制

曼从统治阶级的策略（ruling class strategies）的角度解释公民身份的发展。曼认为发达工业国家的统治策略包括以下五种类型，分别是自由主义的、改良主义的、威权专制主义的、法西斯主义的和威权社会主义的。而马歇尔所考察的英国公民身份只是一种混合了自由主义和改良主义的策略（曼 in 郭忠华、刘训练，2007：195）。曼将欧洲前工业社会的政体分为两种理想类型，一种是绝对君主政体，一种是宪政政体，并且进一步探讨了传统政体是如何发展出一些策略，以期在工业资本主义的发展阶段首先能够从政治上对付资产阶级，其次对付城市工人阶级（特纳 in 郭忠华、刘训练，2007：215—220）。在德国、奥地利、日本等绝对君主政体中，采取了从绝对主义到威权君主制的策略，君主通过任意的分而治之、有选择的战术性压制的方式，首先发展了社会权利，而对公民权利和政治权利只是有限度地对小范围的团体逐渐开放（曼 in 郭忠华、刘训练，2007：198—203）。在法国、西班牙、意大利等国家，保守派与世俗的自由派之间围绕着政治公民身份而斗争，激进的资产阶级、农民和工人一直变动不居但又始终被排斥在政治公民身份之外，从而产生了竞争性的、相互排斥的意识形态，并在无政府主义与工联主义、革命的社会主义与改良的社会主义之间，出现激烈的竞争（曼 in 郭忠华、刘训练，2007：197—198）。在斯堪的纳维亚国家，由于资产阶级、劳工和农民之间的广泛联盟，绝对主义/宪政主义的斗争促成了一个更加和平的胜利，协商体制提供了一种更具有合作主义的氛围（曼 in 郭忠华、刘训练，2007：195）。而以英国和美国为代表的盎格鲁-撒克逊宪政政体，由于内部自由主义的兴起，公民权利和政治权利先后发展并且扩展了覆盖范围。在这些国家，国家制定了行之有效的游戏规则，以约束和保障各个团体合法地使用其市场的权力，压制只是针对那些游离于游戏规则之外的人而设。英国与美国的不同在于，在保持国家自由主义性质的同时，通过福利国家将工人阶级成功整合进来，即自由主义与改良主义的混合。而在美国，社会权利则没有得到充分发展（曼 in 郭忠华、刘训练，2007：195—197）。第一次世界大战催生了两种进一步的策略：法西斯主义和威权社会主义。两者使用了更多的压制，并宣扬暴力合法化的意识形态，政权不给予公民权利，也不保障真正意义上的政治权利，尽管他们也提供虚假的合作主义和社会主义制度，尽管在社会权利方面做得较好（曼 in 郭忠华、刘训练，2007：203—204）。

特纳（2007）从批判曼将公民身份视为"统治阶级的策略"的观点出发，提出公民身份形成的另一个版本。第一，特纳认为曼忽视了种族秩序的问题，尤其在美国这个典型的移民国家，公民身份的发展一直伴随着种族斗争（特纳 in 郭忠华、刘训练，2007：216—217）。第二，特纳认为曼忽视了公民身份形成中的宗教—文化变量，他以韦伯对宗教—政治关系的阐述为基础，提出宗教与政治之间、神圣与世俗之间的紧张关系导致了早期对于政府的反抗，而正是这种反抗推动了公民身份的产生，以此驳斥了以世俗化①解释公民身份的产生的命题（特纳 in 郭忠华、刘训练，2007：217—218）。第三，特纳认为曼将公民身份看作一种自上而下的"统治阶级策略"的观点，"阻止或限制了对自下而上的公民身份——为争夺资源而进行社会斗争的结果——的分析"②，即公民身份的发展既可能是自上而下的权力控制的方式，也可能是自下而上的社会抗争或社会运动的结果（特纳 in 郭忠华、刘训练，2007：219）。在特纳这里，公民身份的发展有两条并行不悖的路径，受国家政治背景和历史文化传统的影响，公民身份或是自上而下被赋予的，或是自下而上争取而来的。公民身份的获得存在被动与主动、积极与消极之分。

3. 评论：现代公民身份制度与社会控制

马歇尔等人的公民身份理论研究对于中国经济社会转型过程中的公民身份问题研究有重要启示：第一，在现代国家内部，每一个公民都有获得平等公民身份的权利，这是人类文明进步和维护人之为人尊严的题中应有之义；第二，现代国家公民身份的制度内涵虽然不尽相同，但都包括公民要素、政治要素和社会要素；第三，公民身份的获得不是一蹴而就的事情，而是一个长期的历史过程，英国公民权利、政治权利和社会权利的发展经历了二三百年的历史；第四，公民身份的发展并非一定按照"公民权利—政治权利—社会权利"的顺序进行，不同的国家制度、历史传统和统治策略，会制造出不同的权利组合方式；第五，获得公民身份的路径不是单一的，既可能通过自上而下的"赋权"实现，也可能通过自下而上的"争权"实现，这一方面取决于国家的历史、文化、政治传统，另一方面取决于民众的诉求强度和抗争能力；第六，公民身份的发展不是单一向度的"增权"和"扩容"过程，也可能是相反的过程，比如，西方福利国家在 20 世纪 70 年代遭遇全球竞争的压力后，其公民权利（citizenship rights）就明显呈现出收紧的趋势；第七，公民身份存在"实质"和"名义"的差别，为文本所规定的"名义公民身份"，与现实中的"实质公民身份"并不对等，比如，我国法律规定每一个公民都有平等就业

①　即"认为公民权的产生是宗教衰落的后果，或者说，公民权一定要求社会从宗教霸权中解放出来"的观点。参见［英］恩靳·伊辛、布莱恩·特纳《公民权研究手册》，王小章译，浙江人民出版社 2007 年版，第 359 页。

②　郭忠华、刘训练：《公民身份与社会阶级》，江苏人民出版社 2007 年版，第 218 页。

的权利（名义公民身份），但是实际上城市部门的劳动力市场却将农民工排除在了正规就业序列之外（实质公民身份）。

在马歇尔看来，现代公民身份是一种社会成员资格，是使国家范围内的所有人成为"社会的完全成员"（马歇尔 in 郭忠华、刘训练，2007：6），其制度内涵在不同的国家虽然千差万别，但隐含的基本假设是，只要公民身份的平等得到保证，社会阶级体系的不平等就是可接受的。但是无论是马歇尔本人还是其后继研究者，都表明平等的公民身份从来不是一蹴而就的，而是一个制度确立的过程。这种渐进的制度确立过程，表面看来是一个扩容和普遍化的过程，而实际上则总偏向系统地区别陌生人（strangers）和外人（outsiders）①的过程，其间充满了不同社会阶级之间的斗争和妥协，统治阶级利用其统治权威为现有的公民身份架构和覆盖范围提供合理性，而受压迫阶级则通过运动和抗争争取推动公民身份的平等化，正是这种上下博弈推动了公民身份制度的发展。

现代公民身份的本质或许应该从福柯的权力技术和治理术那里找答案。作为被压迫阶级寻求自我解放的追求平等的社会成员资格的过程，同样也是其逐步进入新的社会控制体系的过程。如果用一句话来概括社会控制与公民身份的关系，或者可以这样说，即"公民身份是现代国家正式的社会控制方式，同时，也是主要的社会控制方式"。无论公民身份的动力机制是统治阶级的策略还是社会运动的推动，其对于社会的效果是一样的，即公民身份作为一种新的社会控制方式以体系化的制度组合出现在了现代历史舞台上，其基本特点是，国家通过赋权实现了公民的自我约束、自我治理和相互约束、相互治理；其根本目的是，通过明确国家与公民的权责关系，确立一套为公民所承认的规范社会运行的规则，从而减少社会冲突，维护社会秩序，实现社会整合。换言之，公民身份的本质就是个体以解放自我的方式建造了限制个体自由的樊篱。

但是，就像不能否定社会控制的积极意义一样，也不能贸然否定作为现代国家社会控制主要方式的公民身份的积极意义。如果说人类社会特定历史阶段的必然是"个体的自由无以可能"的话，那么，现代西方公民身份至少是一种相对不坏的控制方式。毕竟，这种方式是经过精心设计的

①　[英] 恩靳·伊辛、布莱恩·特纳：《公民权研究手册》，王小章译，浙江人民出版社2007年版，第5页。

柔软地作用于个体的，个体作为一个人所应享有的某些权利和权力至少在形式上能够得到保障，而不至于完全被粗暴的意志和强力所践踏和扼杀。

当然，现代国家除了公民身份这种正式的社会控制方式外，还有很多非正式的方式，比如宗教信仰、风俗习惯、生活方式、价值观念等。这些方式对于个体的作用同样不可小觑。非正式的社会控制与正式的社会控制之间的界限并非截然明确。比如，法律作为一种正式的社会规范，在英美法系中，本身就是民俗、风俗规范化的表达，是为"习惯法"；而即使是大陆法系国家所采用的"成文法"，也是以对习俗的认可为基础而创制的。反面观之，非正式的社会控制方式也会被正式的控制方式所形塑。比如，在苏联社会主义国家，通过暴力革命所建立起来的新政权，通过一系列的正式的制度设置，完全打破了旧社会的运行机制，代之以新的政治、经济、社会、国际关系以及政治意识形态结构，在此背景下，个人对其他人、对各种次级组织、对国家以及对政党都树立了新的认知标准，并在此基础上形成了新的社会文化和价值观念体系，从而形成了与正式控制方式耦合的非正式控制方式。

# 四　关键概念：身份区隔

身份在政治社会学的语境下，包括两层含义，一层是作为 status 的身份，另一层是作为 identity 的身份。前者侧重于社会设置和社会定位，后者侧重于个体选择和个体认同（张静，2006：3）。身份本质上是一种"成员资格"，是一种排斥标准，不同的身份群体掌握着不同的权力，拥有不同的资源和权利，因此，共同体的身份系统的基本特点就是差异性。身份系统的存在是一个普遍性的社会事实（张静，2006：4—6），不仅存在于建立在等级制基础上的封建社会，而且存在于标榜自由、民主、平等的现代西方国家，二者之间的差别在于身份系统赖以确立的标准是什么，以及不同的身份群体之间是否存在社会流动机制。

身份区隔（identity segmentation）是指共同体通过一定标准对成员进行类别区分，并赋予不同类别的成员以不同的权利、责任和义务，从而制造出不同的身份群体，构成共同体的身份系统。身份区隔既是一个建构差异性的过程，也是一种以差异性为主要特点的状态。区隔是身份系统的本质所在，也是身份作为一种成员资格的意义所在。

身份系统之所以会存在，张静（2006：8—10）认为是为了实现有效的社会整合，即通过身份系统形成公共生活的"支配—服从"秩序，这种社会整合的本质是社会成员对不平等的公开认可，换言之，身份系统的本质是一套社会控制体系，目的是秩序和整合。但是，要使这种社会整合的目的真正实现，还必须保证作为社会设置的身份系统与作为成员个体选择和认同的身份之间能够相契合。如果微观的个体认同对宏观的身份系统不予承认，那么，身份系统非但无法实现社会整合的目的，反而可能成为滋生矛盾的温床。

公民身份（citizenship）是现代国家确定国民资格（national manhood）和配置权利义务的制度，包括国家法律所规范的关于公民的一系列权利、责任和义务。公民身份是社会成员享受公民权利（citizenship rights）的前提，由于受政治、经济、社会以及文化因素的影响[1]，公民权利在不同身份群体间的配置是不平衡的，并因此形成了不平等的差别公民身份系统。换言之，公民身份作为确立个体与共同体关系的价值体系及其制度规范，其内涵和外延是具有历史性的（肖滨、郭忠华、郭台辉，2010：序言）。差别公民身份是指在承认社会成员拥有民族国家国民资格的前提下，对不同的公民进行了不同的权责配置，从而形成国家的资源配置体系，使得同样的国民却遭遇不同的公民权利。差别公民身份通常是一种有意识的政治排斥，其本质是以制度化的身份区隔作为实现特定社会秩序的社会控制方式。

本书的核心议题是：在资源配置方式由再分配向市场转型的过程中，建筑工地职工和劳务工之间何以没有实现雇佣工人的团结，而是形成了工人内部的分化与隔离关系？围绕这一核心议题，以身份区隔作为关键概念，延伸的问题包括：在建筑工地，职工和劳务工的公民身份和社会身份差别，如何被国有建筑企业建构为身份区隔的劳动管理策略？促使国有建筑企业采用身份化用工和在建筑工地实施身份区隔劳动管理的原因是什么？国家的公民身份策略及其所形塑的身份文化和价值观念，在国有建筑企业基于身份的用工管理体系建构过程中扮演了何种角色？在身份区隔的

---

① 现代西方国家公民身份的发展史，就是破除这些因素对同等国民待遇的影响的过程，从早期的劳工阶级的公民身份问题，到女性、少数族裔以及移民的公民身份问题。

制度历史、社会结构和劳动控制下，职工和劳务工分别是如何行动的？带来的结果是什么？

# 五　篇章结构

全书共分为七章。

第一章"导论"。本章以在建筑工地所发现的职工和劳务工（农民工）之间不同的劳动境遇作为切入点，对国内的劳工研究文献、马克思主义的劳动价值和劳动过程理论、社会控制理论、现代公民身份理论等做了系统梳理。在此基础上，以身份区隔作为关键概念，提出本研究的研究问题：在建筑工地，身份区隔是如何发挥作用的，国有建筑企业为何要采用身份化用工和在建筑工地实施身份区隔的劳动管理，这种身份区隔是何以可能的，其取得合法性的机制是怎样的，其对于职工和劳务工的地位和主体性又有着怎样的影响等。

第二章"田野与方法"。本章首先根据田野工作搜集的资料对所调查地铁工地的整体概貌、生产组织管理模式、人员的性别、年龄、地域以及教育程度构成及其社会机理等做了说明，以便为下文的分析做情景和背景铺垫；其次，介绍本研究所采用的两种研究方法，即个案研究和文献分析法，并结合人类学研究方法和自己的实地体验谈了田野中信任的获得的体会，最后就建构主义谈了一些个人见解。

第三章"身份区隔：生发于本土土壤的劳动管理策略"。本章以史国衡在《昆厂劳工》中对职员、技工、帮工和小工之间身份差别的阐述作为起点，通过对田野资料的整理归纳，分别从劳动分工与劳动控制、劳动和社会保护以及劳动力再生产三个方面，来说明在地铁工地，资方是如何将职工与劳务工之间的"城—乡"身份差别，建构为身份区隔的劳动管理策略的。本章将对资方如何利用社会结构和社会环境中的有利条件，将身份区隔深入到劳动分工、工资、工时、工作自由度、劳动合同、劳动安全与保护、社会保障、公共食堂、住宿生活设施以及休闲娱乐等工地生态的各个方面，做全面详尽的分析。

第四章"行业改革、国企改制与身份化用工"。本章主要回答企业组织在工作场所建构身份区隔这种劳动管理策略的根本原因。以这一问题为导向，本章将对建筑业市场导向的改革历程和国有建筑企业公司化的改制过程，以及国家控股上市建筑企业绩效导向的业绩考核体系等几个方面做详细介绍分析，从宏观上说明改制后的国家控股上市建筑企业在地铁工地实施身份区隔劳动管理策略的根本原因。以此为基础，本章还将从工资总额核定方式的变化、社会转型期不完善的劳动政策、激烈市场竞争下低价竞标的行业生存策略以及强势业主下抢工期的生产常态等四个方面，进一步挖掘国家控股上市建筑企业身份化用工和管理产生的微观机制。

第五章"国家现代化、治理意识形态与差别公民身份"。本章主要回答国有建筑企业身份化用工和地铁工地身份区隔的劳动管理何以可能这一问题，即其存在的合法性依据是什么。本章将从国家现代化历程和国家治理意识形态变迁的角度为这一问题寻求解释。在 1949—1977 年的传统社会主义阶段，全能主义意识形态下的城乡分治，建构了"城—乡"差别公民身份；在 1978—2001 年的快速经济转型阶段，发展主义导向下形成了国际经济竞争中的农民工政治；2002—2017 年，民生/稳定主义引导下开始重视农民工保护和有条件吸纳。但利益调整过程中的制度惯性决定了消除差别公民身份的长期性。

第六章"身份再生产：多重身份区隔下的职工与劳务工"。本章主要研究在身份区隔的制度历史、社会结构和劳动控制条件下，职工和劳务工的主体性。本章以对田野资料的分析为基础，对职工和劳务工不同的道德准则、行动逻辑以及身份认同做出归纳和提炼。并通过对劳务工发生工伤后以农民工身份作为武器的维权过程的跟踪，探讨这种以身份作为防御武器的行动后果。最后，通过研究两个身份群体的流动特点、身份认同和群际关系，说明国家的身份制度，组织的用工体制以及工作场所的管理策略，是如何作为一种社会排斥机制，再生产了职工和劳务工的劳动身份和社会身份。

第七章"结论与讨论"。作为全书的总结，本章一方面梳理了全文，提炼出身份区隔作为劳动关系和社会关系互为再生产的机制这一结论；另一方面，对当下身份区隔作为组织管理策略的普遍性以及国家在其中的作用做进一步探讨，来阐述身份区隔作为中国转型期劳动问题研究的一种研究视角的普遍意义以及通过国家—公民关系的调整来推动劳动—资本力量平衡的设想。

# 第二章

# 田野与方法

## 一 田野概况

本书的田野选择在北京 M 号线地铁二期工程的 E 标段①。田野的选择依据可及性、便利性和可研究性三个原则确定。第一，在本田野有认识的熟人，提供田野的基本情况介绍，并作为介绍人帮助进入田野，这满足了田野的可及性要求；第二，本地铁项目标段就在北京市市内，无论是住在工地或者往返于工地和学校之间都比较便利；第三，本地铁标段是一个独立的地铁项目，施工单位特点、工程规模、工程特点、职工和农民工的构成等都具有典型性，而且项目内部架构规范清晰，具有可研究性。

本研究的田野工作分为全时段参与观察和后期跟踪调查两部分。全时段的参与观察主要集中于 2010 年 6 月至 2010 年 9 月间，历时三个月，形成田野笔记约 10 万字；累计深入访谈各类职工、劳务工 65 人，整理出访谈逐字稿将近 20 万字。这一阶段，除了每周回校一次和去外地参与过一次为期一周的调研之外，其他时间笔者基本上都在项目上，全方位记录 E 标段的生产、生活。后期跟踪从 2010 年 9 月至 2012 年初项目完工。虽然时隔五年，但无论是 E 标段所属企业在地铁项目施工中的生产组织方式和劳动管理体制，还是建筑业整体的行业状况，都没有发生大的变化。经验材料对于研究问题仍然具有很强的解释力。此外，从本体论角度讲，田野研究从离开田野那一刻起，所有的记录就已成为历史，研究者所做的就是对历史问题的记录和剖析。因此，比起田野材料的时效性，更重要的是

① 按照社会科学研究的伦理规范，为了保护研究对象的隐私，本书对田野中所涉及的建筑企业、地铁工地以及所有的职工和劳务工全部采用化名。

借分析和展示田野材料而阐明的研究问题。

## （一） 田野概貌

### 1. E 标段的基本情况

M 号线地铁 E 标段项目包括三个地铁车站和车站间的区间建设，全长约 3.56 公里，工程总造价 8 亿多人民币，这在地铁建设项目中属于规模比较大的工程，资金来源于北京市政府投资。原计划合同工期从 2008 年年底到 2013 年 9 月，总日历天数 1727 天，2011 年年初，应业主要求，竣工日期提前一年，改为 2012 年 9 月。本项目的施工单位 S 集团公司属于国资委直接管辖的中央企业 A+ 股份公司的全资子公司，作为主营铁路、隧道和城市轨道交通建设业务的企业，S 集团公司在项目施工和人员的组织管理方面有其自身的特点。依照当时 S 公司内部的项目分级标准①，该项目属于 A 类项目，即由局级集团公司中标，然后分给下面的处级子公司施工，但由集团公司作为责任主体全权负责项目管理。因此，该项目有三个项目部，分别是集团公司的局项目部和两个子公司的工区项目部。两个子公司中，J 公司负责车站施工，G 公司负责盾构区间施工。局项目部的构成人员中，各部门主要负责人由集团公司人员担任，其他工作人员分别从两个处级子公司抽调，一共 70 多人②。所有三个项目部职工，一共大概有 300 人。

该项目的施工内容包括土建工程、装修工程、安装工程、降水工程、专项工作和站前广场六项工作，土建工程包括建筑、结构设计图纸所示的全部内容，含主体结构、二次结构、地面建筑等；装修工程包括车站精装修设计图纸所示的全部内容（商业区除外）；安装工程包括车站及区间内给排水、动力照明（含应急照明）、暖通空调系统地安装、车站外通信入

---

① 按照 S 集团公司当时的项目等级分类标准，A 类项目是指以集团公司资质中标，并由集团公司负责组织管理人员、构建项目部，全面负责项目的管理，其责任主体是集团公司；a 类项目是以集团公司资质中标，但集团公司只负责监管，项目的主要管理工作由集团公司指定的子/分公司负责；B 类项目是以集团公司资质中标，但由指定的子分公司负责项目的全面管理。Z 类项目就是子/分公司以自己的资质投标中标的工程项目。

② 2011 年春节期间，由于 G 公司的区间工区在盾构施工过程中发生一起挖断光缆的事故，局项目部的所有领导遭到了行政处分，除了工委书记，项目班子成员被尽数撤职或降职，项目级别也由 A 类改为了 a 类，项目管理不再由 S 集团公司直接负责，改由 J 公司管理，集团公司的责任改为只负责监管。

孔制作、综合接地和防雷接地、在设备专业的监督和确认下进行所有管路、线槽、空洞、防水套管等的预留预埋和设备基础的混凝土浇筑（含预埋件）等；降水工程包括车站、区间降水工程中的全部内容；专项工作包括本合同段内的建（构）筑物保护、管线保护、管线拆除、管线改移、临时用地及地上物拆迁、交通导改、商业补偿、临水引入、交通安全协管等工程或事务；站前广场包括广场铺装、照明、休息设施、服务设施、景观、小品、绿化、喷灌、市政配套管线、自行车车棚及近期交通接驳设施等。由此可见，E 标段的施工内容涵盖了地铁建设从前期原有建筑物拆迁到最后站内站外安装装修投入运营的所有环节，工期长，工程内容繁复。

E 标段管理采用"项目部+架子队"的管理方式，明确了管理层、监控层和作业层的职责分工和衔接。项目部在项目经理、副经理和总工程师下面设置了六个部门，分工履行管理和监控职责，这些职能部门包括安全质量控制部、工程管理部、经营财务部、设备物资部、机电安装部以及人事行政办公室。架子队的安全员、技术员负责现场的施工安全和技术指导工作，既履行监控职能，又担负作业任务。不过，作业层的主体是由架子队队长（正式职工）所领导的农村劳务工，包括各竖井的井长、带班以及普通劳务工，是劳务工的劳动真正将工程从设计图纸变为实体建筑。

该项目土建工程中，预算人工费成本占总成本比例分别是：暗挖车站20%；暗挖区间22%；盾构14%；地面线10%；明挖11%。安装工程中，预算人工费成本占总成本比例分别是：车站26%；区间18%。人工费成本比重取决于工程内容的劳动密集型程度和工艺复杂程度等。车站工程主要靠人工劳动完成，所以人工费成本比重较高，与通常的楼宇工程人工成本占总成本比重大致相当，而区间工程主要靠盾构机械完成，技术密集程度较高，所以人口费成本比重较一般的楼宇建设工程更低。

2. 田野的特点与我的疑问

此项目作为本研究的调查田野，具有以下特点：

第一，遍布全国的城市轨道交通和地铁基础设施建设，为 S 集团公司提供了良好的发展机遇，也为农民工进入这样的大型国有建筑企业打工提供了机会。S 集团公司前身可追溯至 1978 年由国务院批准组建的铁道部某工程局，2001 年改制为集团公司，在行政上属于局级单位，是国内隧

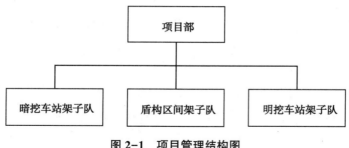

图 2-1　项目管理结构图

道和地下工程领域最大的企业集团。2004 年国务院批准的《中长期铁路网规划》为中国红红火火的高铁建设拉开了序幕，这是 S 集团获得的第一个发展机遇；而从 2006 年开始，全国各大主要城市兴起的城市轨道交通和地铁建设热，为 S 公司提供了另一个大好机遇。越来越多的工程建设项目，使得企业对农民工的需求越来越多。

第二，S 集团公司作为在国内建设领域较为有影响力的国有企业，有其自身的企业文化、形象建设以及社会压力，在农民工的管理方面有其独特性。在业务建设方面，企业奉行"至精、至诚、更优、更新"的企业精神，在文化建设方面，弘扬"大产业、大学校、大家庭、大舞台"的企业理念，在具体的项目管理操作层面，贯彻"同学习、同劳动、同参与、同生活、同娱乐"的"五同"做法。国有企业的企业形象建设对农民工的管理方式有重要影响。

第三，在中国目前情况下，地铁项目都是市政工程，全部由地方政府投资，而且主要分布在直辖市、省会城市或其他经济较为发达的地级市，政府投资建设的财政预算较有保证，所以，与商品楼宇工程和园林工程等不同，此类项目业主拖欠工程款产生的影响更严重，也更复杂。这使得因业主拖欠工程款以致拖欠农民工工资的情况较少发生。

第四，本地铁工程标段是在北京市内较为繁华的地段，企业出于维护中央企业形象的考虑以及北京市政府对于施工企业进京施工资质考核的硬性要求，都使得企业在项目施工和劳动管理方面比郊区或者外地的工程要规范得多，农民工的劳动保障和生活服务工作也做得较好。

第五，S 集团公司彼时的项目管理采用"项目部+架子队"的扁平化管理方式，在实际操作中主要采用内部承包的办法，即将工程承包给有施工管理经验的正式职工，由其来领导架子队完成主要生产任务。架子队由正式职工和农村劳务工构成，职工负责一线生产管理、监控和技术指导，劳务工则是实际的施工者。在架子队中，不存在层层劳务分包，劳务工直接归架子队管理。这种扁平化的管理，有效避免了因层层分包而引起的欠薪问题。

第六，当时 S 集团公司在劳务工的使用和管理上，主要的方式并非是使用外部劳务公司，而是在各个处级子/分公司下面分别成立独立核算的劳务公司，让农民工与这些劳务公司签订劳动合同，然后采用劳务派遣的方式进入各个项目。彼时 S 公司共有 5 家这样的劳务公司。虽然企业这样做的出发点是为了降低劳动成本、规避用工的法律风险、应付上级检查，但是在实际执行过程中，相较于风靡建筑行业的外包劳务公司，更能保障农民工的权益。

这些因素使 E 标段在农民工工作生活条件方面，表现出一些与其他建筑工地不同的特点。第一，工人都有免费的入职体检，然后才与劳务公司签订劳动合同，并且所有进场的工人都有工伤保险；第二，工人的工资可以按时发放①；第三，发生工伤以后，工人能够得到有效救治和较为合理的赔偿；第四，工人的住宿条件比较好，有专人负责宿舍卫生，有带锁的铁制贮物柜，有电源插孔，有冷暖空调，有统一免费发放的床上三件套等；第五，有比较干净的卫生间和 24 小时供热水的男女浴室；第六，工人入职后有免费的工服和安全帽，每个月有劳保用品②；第七，过端午节、中秋节等节日，会有粽子、月饼等；等等。

但同时，在劳动用工和管理方面与其他建筑工地表现出同样的特点。第一，建筑农民工和项目部人员居住、饮食和交往的隔离；第二，虽然建筑业的流动性决定了无论是职工还是劳务工都远离亲人，但职工有双休日和探亲假，而劳务工都没有；第三，劳务工虽然签了劳动合同，但是合同

---

①　根据《2011 年京渝沪深四城市建筑工人生存状况调研报告》，其调查样本中，75.6%的建筑工人没有签订劳动合同，重庆市的工伤保险覆盖率为 77.0%，深圳与上海的覆盖率为 45%左右，北京的工伤保险覆盖率只有 23.8%。调查样本中只有 28.1%的建筑工人能够每月结清工资，22.5%的工人在工程结束时结清工资，40.2%的工人要到年底才能结清工资。其中，北京市能够按月结清工资的只有 6%。

②　根据《2011 年京渝沪深四城市建筑工人生存状况调研报告》，北京市建筑工地有超过 1/3 的工人喝热水有困难，有 1/3 的工人不能在宿舍为手机充电，有一半以上的工人没有条件洗热水澡。

不在自己手里；第四，严格的劳动分工，井下一线作业的都是劳务工，而正式职工则负责管理、行政、安全检查和验工等工作；第五，直接管理劳务工的不是项目部人员，而是公司里负责生产的内部承包人，类似于其他建筑工地的分包公司老板；第六，职工是 8 小时工作制，而劳务工是 12 小时工作制；第七，中秋晚会的时候，在台上表演节目的只是职工，而劳务工则只有台下观看的权利，看完后继续回井下工作；等等。总之，身份区隔无处不在。

此外，地铁建设主要是在地下施工，因此，地面的天气因素不会影响地下作业，无论雨雪，井下都照常施工。另外，相比于地面施工，地下空间的封闭性使得施工中的两个问题更加突出，一个是粉尘危害，一个是潮湿。工地虽然备有防尘口罩，但工人为了呼吸顺畅，很少会使用，这就使得大量粉尘进入呼吸道，一个工（12 小时）下来工人咳嗽都会咳出水泥块儿，长此以往的危害，可想而知；另一个问题是，地底的湿气很重，夏天的时候闷热，冬天的时候阴冷，皮肤和关节疾病在井下作业的工人中很流行。

在调研过程中，对这些共同点和不同点引发了我的特别关注，尤其是为什么有些方面改善了，改善的动力是什么？而有些方面为什么始终没有发生变化，改变的障碍又在哪里？在针对这些问题寻求答案的过程中，发现了建筑工地的身份区隔的劳动管理策略及其形成机制。

### （二）内部承包：生活统一与生产包工

E 标段的生产组织采用内部承包的方式。建筑行业的内部承包是指项目部作为发包方，就特定的生产资料及相关的经营管理权与内部职工达成的权利义务的约定，这种经营方式的目的在于提高职工的积极性、主动性，提高整个项目的生产经营效率和效益。内部承包的特征表现在以下几个方面：第一，承包人是建筑企业的内部职工，发包方与承包人之间存在上下级间的行政隶属的管理关系；第二，通过正式合同约定发包方与承包人之间的权利义务；第三，承包人需接受发包方的行政管理，遵守其规章制度，尤其是在安全生产、劳动保护等方面；第四，在资产所有权上，承包人承包经营的资产为发包方所有；第五，承包人独立核算、自负盈亏。

内部承包分"清包工"和"包工包料"两种，E 标段的内部承包是

"清包工"，即承包人只负责组织劳务工完成生产任务，其他的技术交底和机械、材料管理都由项目部负责。E 标段的内部承包表现为，项目部将生产任务分成几部分，分别承包给内部的职工，由他们担任具体负责施工的架子队队长，组织指导人员开展生产，公司赚取工程总承包时的中标价和内部承包发包价之间的差价，正如项目经合部员工小琴所说："承包就是把活给架子队干。我们把人和材料给你，你去干吧。你们给我干完就行，我不参与进去。我是管理者，你们就是施工者嘛。"（访谈，PXQ20100630）但是，承包人必须遵守公司的安全生产规章和劳动用工制度。

在公司和架子队队长看来，内部承包是一个双赢的选择。对于公司来说，通常都选择公司内部在施工技术和经营管理各方面都比较有能力的职工来合作，这样比搜寻外部劳务队伍的信息成本更低，而且劳动关系的约束使得与内部职工的合作比和外部劳务队伍合作的沟通成本更低，工程质量有保证。而对于内部承包工程的职工来说，与本公司的合作是旱涝保收的，不用担心没有工程可接，只需要在承包前核算清能否接受承包价即可，"我一米 60 块钱包给你了，如果你感觉 60 块钱也能赚钱，有利润，你就干，如果没利润你就别干"（访谈，PXQ20100630）。

公司与内部承包的职工之间是相互依赖相互支撑的关系。在当时的 S 集团公司，每一个有资质的项目经理手下都有长期合作的能够担任内部承包人的职工，这些职工手下通常有固定的技术和管理都过硬的井长和带班。一个项目干得好不好，很大程度上取决于内部承包人的生产经营管理水平。在内部承包生产经营体制下，项目经理的竞争力主要取决于内部承包人是否得力。而职工要获得内部承包资格，与项目经理以及公司领导的关系显然是必不可少的。不过，在当下建筑工程质量责任终身制的约束下，相对于关系，技术和管理经验更重要。E 标段中，车站工区的施工任务被承包给了两个职工小兵和阿坤，这两个职工同时也分别是项目一架子队和二架子队的队长。这里就凸显出内部承包中经营权的"你中有我，我中有你"的问题，即作为内部承包人的职工，既是独立核算、自负盈亏的主体，同时又是项目的管理人员。

在这种内部承包的生产经营模式下，担任架子队队长的职工通常被劳务工看作"老板"，小兵和阿坤分别被称作"赖总"和"黄总"。架子队队长下面有两套人员系统，一套是正式的架子队的职工，包括安全员、技术员、劳资员等，对他们的管理和考核归项目部管理；另一套是非正式的直接抓生产的竖井井长和带班等人，这些人都是劳务工，以其技术和管理经验赢得架子队队长的欣赏，从而达成长期的固定合作关系。劳务工的大多数事情都在架子队层面解决，很少与项目部发生直接关系。在职工中，平时与劳务工接触最多的是架子队的安全员、技术员和劳资员，而项目部各个职能部门的职工，只有在例行各项检查时，会与劳务工有接触。在劳务工的心目中，小兵和阿坤是真正的老板，有什么事情必然是先找他们，然后由他们找项目部解决，除非遇到工伤这样的特殊情况，劳务工一般情况下不会直接与项目部交涉解决问题。这说明，虽然 E 标段对劳务工的进场、离场以及生活等有一套统一的管理体系和标准，但在生产组织管理方面仍然是包工制。

## 二 职工与劳务工的构成情况及其社会机理

建筑施工业区别于其他的工业生产，有其自身的特点，主要表现在：第一，生产的流动性，包括生产人员和机具，甚至整个施工机构，都要随施工对象位置的变化而迁徙流动，转移区域或地点。第二，生产的灵活性，与其他制造业生产为了提高效率人员和机具相对固定的标准化生产不同，建筑施工本身需要人员和机具具有较大的灵活性。第三，生产的周期长，现代社会较大的城市楼宇建设项目或其他如铁路、公路等基础设施建设项目，其生产周期往往以年计算。第四，生产的艰苦性和危险性，建筑施工通常是露天作业或地下作业，受到自然气候条件影响，或冷或热，或雨或雪，很艰苦，而且施工过程中要求人员爬高爬低，或者操纵各种机械和工具，比较危险。当然以上只是建筑施工业总体的生产特点，在各种具体的建筑工程中，又各自有差别。比如，一般的公共基础设施和民用建筑工程都是露天作业，很多时候要面临自然天气所带来的问题；而像隧道或者地铁建设这类项目，大多数时候是在隧道中或者地下作业，其风险源显然与露天作业不同。

建筑施工业所独具的特点决定了其行业人员构成是以体力健壮的男性为主，而女性和年龄较长的工人则较少。这是因为，女性不论是生理特质还是通常扮演的社会角色都决定了其不适合长期从事与建筑施工相关的工作，大多数女性在生理方面显然比男性更难以适应长期从事艰苦工作，更重要的是女性所扮演的社会角色决定了她们不可能长期离家工作。中国传统的性别分工是"男主外，女主内"，一般家庭中子女或者老人的照料通常都是女性在做，这种社会期待和社会安排使得女性更适合选择较为稳定的工作。而年龄较长者限于体力和精力的缘故，也不太适合长期奔波劳顿于各个工程项目之间。

但是，在具体的工程项目中，比如 E 标段，虽然同样从事建筑施工业，但建筑企业职工和农村劳务工这两个不同的身份群体，其内部的人口构成情况有很大差别。

由于在 E 标段，无论是职工还是农村劳务工，都是进进出出流动性很大，人员每天都在变动，无法做到准确的统计，所以本文只能选择一个时点（2011 年 6 月 1 日）的统计数字，来说明本项目中两个不同身份群体的人员构成情况。

### （一）性别构成：分工、关系与住房资源的影响

E 标段职工和农村劳务工的性别构成情况如下：在所有 210 名职工中，女职工人数为 35 名，男女性别比为 5∶1；农村劳务工的时点人数是485 名，其中女工人数为 28 名，男女性别比为 16.3∶1。之所以出现职工队伍的性别比要低于农村劳务工这种情况，主要有以下几方面原因：第一，职工所从事的项目管理工作或技术指导工作相较于劳务工所从事的施工现场工作较为轻松安全，尤其是一些办公室内的文案、协调等工作，在工作内容上与其他行业的白领工作没有太大差异，不存在岗位的性别分工。第二，项目部为职工提供的生活设施，能够满足双职工家庭的生活要求，能够使职工在项目上有和在家里一样的家庭生活，所以双职工家庭通常是全家随着项目流动。而劳务工由于享受不到住房方面的便利，所以很少有夫妻在同一个工地打工的情况。第三，农村劳务工所从事的主要是繁重危险且对身体有危害的工作，不适合女性，所以主要以男性为主，即便有个别女工，也主要是做炊事员、保洁员、卫生护理员以及遥控电动起重机等轻便的工作。

但实际上，即便是在职工队伍中，只要有可能，女职工通常不愿意到项目上工作。显然，相较于在建筑公司内部的机关、学校或设计院等其他单位，跟着项目跑是最苦的工作。到处流动、水土不服、生活条件

艰苦都不算是大问题，根本的问题是无法顾家。留在项目上工作的女职工，一种情况是未婚的单身女职工，第二种情况是家本身就在北京或燕郊，离项目不是很远，第三种情况就是双职工家庭，夫妻俩一起流动。只要有条件，大多数女职工都会通过各种关系和渠道找到稳定的工作，不再跟着项目流动。女职工的去向主要通过关系调到机关、职工大学和辞职回家三种，只有既没有关系调动，又需要工作挣钱养家的职工，才会留在项目工作。

> YH："一种是关系比较硬的，有关系的，都调到机关，可能他家就在那儿，在机关上班。第二种就是通过关系调到公司的职工大学教书去了。还有一部分没有关系的，就在家里坐着。但是家里面条件比较好的，比如说老公当个项目经理，就不用上班了。还有不上班的，回家带孩子去了。最后就是像我这种的，又得挣钱，又得养家，又没有关系，所以只能在项目上干着。"（访谈，YH20100610）

YH 后来为了孩子能有固定的地方上幼儿园，也通过自己的努力应聘到了业主北京市轨道交通公司工作，离开了项目。

与职工的情况不同，劳务工队伍中少有女性，一方面是因为施工现场的工作性质不适合女性，另一方面是因为除了一小部分例外之外，项目上基本没有为普通劳务工提供能够供夫妇两人一起居住的宿舍。调研中所遇到的女性劳务工都是和丈夫一起在这个项目上工作。其中，除了三名炊事员是和丈夫分开各自住在宿舍外，其他女工是和丈夫住在一起。能够有夫妻房住的劳务工，都是和架子队队长或项目经理等领导关系较好的井长、带班或者亲友，普通劳务工显然没有这样的待遇。YH 的哥哥 YY 是一名劳务工，因为 YH 是正式职工，而且 YH 的丈夫也就是他的妹夫是盾构工区的土木总工，所以 YY 和妻子有机会得到一间大约五六平方米的探亲房，但是，每个月要交 300 元的管理费。而项目副总的妹夫，也是一名劳务工，住同样的房间就不需要交任何费用。可见，劳务工能不能把家眷带到工地上一起生活工作，主要取决于和项目上有影响力的职工的关系如何，而鉴于项目上的住宿资源确实紧张，只有那些关系特别强的劳务工才能得到照应。

### （二）年龄构成：人力资本与社会资本的作用

由时点统计数据发现，职工队伍的平均年龄为 36.01 岁，年龄中位数是 36 岁，劳务工队伍的平均年龄为 36.76 岁，年龄中位数是 38 岁，略高于职工，从这一方面看，两个群体在年龄构成方面差别不大。但从二者的年龄标准差来看，职工队伍的年龄标准差为 8.04，劳务工队伍的年龄标准差为 9.23，劳务工队伍的年龄分布显然更为分散。具体来讲，在劳务工队伍中，16—25 岁的青年工人占总人数的 12%，45—65 岁的中老年工人占总人数比例为 25%，其余的 63% 为 26—44 岁的青壮年工人。职工队伍中，16—25 岁职工占总人数比例大约为 7%，45—65 岁职工占比 15%，其余 78% 的职工年龄集中在 26—44 岁之间。可见，相比于劳务工，职工的人员构成主要集中于青壮年，青年职工比例和老年职工比例都低于劳务工的情况。

年龄构成问题所反映出来的不仅仅是职工和劳务工劳动力的构成情况，在其背后有复杂的社会背景。公司对职工的招录都有学历要求，尤其是随着高校扩招和企业本身在发展过程中对人力资本的重视，新录用正式职工基本都要求至少专科以上学历。新入职职工受教育年限的延长延缓了其初次进入职业领域的时间，所以职工队伍中，青年职工所占比例较少，而且年龄集中于 23—25 岁之间，即接受完高等教育的年龄。而 45—65 岁之间的职工所占比例低主要有三方面的原因：一是部分职工在 45 岁之前由于业绩表现突出已经通过内部的晋升机制走向了更高的机关管理岗位；二是因为这个年龄段的职工基本面临孩子升学、老人养老等生活问题，而且由于年龄的缘故，自身的身体素质也不太适合常年奔波在外，客观上需要稳定下来；三是这些职工服务企业的时间较长，已经积累了一定的人脉（社会资本），在提出要求安排较为稳定的工作的申请后，通常能够获得领导的理解和同意。基于以上两方面的情况，26—44 岁的青壮年职工就成为了职工队伍的中坚力量。

劳务工的年龄构成背后的社会原因可以从以下三方面来解释。首先，相对于制造业、服务业等农民工集中从业的其他行业，虽然建筑行业的劳动强度大，劳动条件艰苦，但工资也相对较高，因此，背负家庭生计压力的青年人或已婚青壮年更容易选择做建筑工人。据中华全国总工会 2011 年 2 月发布的《新生代农民工调研报告》显示，73.9% 的新生代农民工集中于制造业。按照全总的定义，所谓新生代农民工，是指出生于 20 世纪 80 年代以后，年龄在 16 岁以上，在异地以非农就业为主的农业户籍人口①。可见，对于新生代农民工来说，从事建筑施工业的只是少数。而有些青年之所以选择在建筑工地干活，主要的目的就是两个字"赚钱"。XL 是一个来自山西南部的 17 岁男孩，白白净净，纤瘦柔弱，一张稚气未脱的苍白的脸和满是污垢的工作服很是不协调。他以前在一个酒吧做服务生，每个月收入一千多元，一方面是收入太低，另一方面是周围的环境使得花钱太快，所以总是存不下钱。后来，他通过老乡介绍决定来建筑工地工作，虽然辛苦，但是能攒下钱。而对于 25—45 岁之间的青壮年来说，大多数人都已是为人夫为人父，家庭负担和生活压力使他们无法再靠制造业或服务业的微薄收入来养家糊口，因此，虽然辛苦却依然选择了建筑业。记得在一次 AQM 的工地探访行动中，当志愿者和工人们说起在南方的制造业工厂中，工人的工资多低，劳动条件多苛刻时，有一名工人边吐着烟圈边说："900 多块钱工资？还不够我一个月生活费呢。"其次，相比于其他行业，建筑行业的用工标准更低，这就为 45 岁以上的生计压力大却没有竞争优势的农民工提供了就业空间。对于 45 岁以上的劳务工来说，两个原因促使他们来到建筑工地：一个是供孩子读书、给孩子买房等现实的生活压力；一个是由于年龄和教育程度的原因，除了建筑工地，没有其他地方愿意雇用他们。井长 LJ 说：

> 我这样跟你说。我们接触这方面的人最多，就像工地上干活，少不了这一批人。少不了 40 岁到 45 岁或者到 48、49 岁这一部分人，或者是 52、53 岁的人。因为这一帮人，根据他们知道的（知识），根据现在的薪水，他们认为他们干这个活值。……另外一个，现在这一帮人是养家糊口的，你说的这个岁数的人，他的孩子多半都是 80 后、90 后的人，（这些孩子）一开口就要钱，他不知道那个钱是怎么来的。（访谈，LJ20110101）

可见，劳务工队伍中的青年和中老年工人的比例高于职工队伍中同一

---

① 中华全国总工会：《关于新生代农民工问题的研究报告》，《工人日报》2010 年 6 月 21 日。

群体比例这一现象，所反映出的是各自拥有的人力资本、社会资本和选择机会的差别。对于劳务工来说，选择建筑工地，就是选择了生存，不仅是自己的生存，也是整个家庭的生存。

### （三）地域构成：正式渠道与非正式渠道

职工的地域来源相对比较分散，全国各个地方都有；而劳务工的地域来源则比较集中，主要来自于四川、河北、重庆、河南和山西。之所以出现这种情况，与各自的来源渠道有很大关系。职工队伍中，除了早期的本企业职工的子弟在父母退休后通过顶替工作或协议工的方式进来之外，大多数都是通过正式的学校分配或者校园招聘来的，因此，地域来源比较多元化。与此不同，劳务工主要是通过亲戚、朋友、同乡等各种非正式关系网络进来，因此，地域来源更加集中。

关于劳务工的来源问题，S集团公司作为成立时间较早的大型国有建筑企业，经历了一个特殊的过程。S集团公司的前身S局最初的农村劳务工称作"协议工"，属于混岗作业农民合同工。协议工是相对于公司的正式"合同工"来讲的。20世纪80年代，国有企业劳动用工制度改革，取消了"铁饭碗"这种固定工，逐步建立劳动合同制度，企业与所有正式职工建立了劳动合同关系，于是有了"合同工"之说。90年代初，国家实行全员劳动合同制度，不再实行退休顶替制度，变招工为招生，基本停止面向社会招工。但S局为解决平衡好该制度实施前后同时期参加工作的老工人退休后子女工作安排问题，允许退休时子女不能顶替参加工作的老工人的子女以协议工的身份到施工项目就业，局里每年考核评比后，按照20%的比例将其转为合同制工人。但此项政策仅执行了两年，由此遗留了大批协议工问题。2001年S局公司化改制，更名为S集团有限公司，建立了现代企业制度。2002年S集团公司工资制度改革时明确要求，实行岗位等级工资制前的协议工，严格按劳动合同管理，该解除合同的解除，考核优秀的继续使用，但不是作为正式职工，而是分别纳入专业化人力资源管理公司或劳务公司（内部劳务基地）管理，不过在工资待遇、社会保险以及社会福利等方面等同于正式职工。协议工主要来自于农村，他们来到公司后，以其为纽带，在工程施工需要的情况下，从老家农村介绍农民工来项目工作。在此过程中，很多协议工成长为了内部承包人。因此，农村劳务工地域来源的集中，与协议工有直接关系。E标段四川、重庆、河南、河北、山西的工人，有些是和以前为协议工的职工有亲属或老乡关系，有些是在外打工时，与由协议工成长起来的内部承包人建立了合作关系，这样一带十，十带百，项目上的劳务工就越来越集中于以上几个省份。

### （四）教育水平构成：学历高低背后

与97%的劳务工只受过初中教育的单一构成相比，职工的教育构成更为丰富，210名职工中，30.6%的职工拥有本科学历，40.1%的职工拥有大专学历，9.2%的职工受过高中或中专技术教育，另外20.1%的职工属于初中教育水平。职工的受教育水平远远高于劳务工。

职工队伍的受教育程度虽然比较多元，但总体趋势是走向单一化，即学历越来越高。教育程度为初中的职工主要是之前的农村协议工，因为业务较为突出，已经成为企业不可或缺的骨干人才，所以留了下来，和正式职工做同样的工作享受同样的薪资待遇标准。但实际上，他们中的部分人的劳动关系并不在本企业内部，而是在专业人才管理公司和劳务公司，在项目上属于劳务派遣的性质。由于企业用工制度的规范化，公司里没有大中专学历的子弟，不可能再通过顶替或协议工的方式进入企业工作，所以，只有初高中文凭的职工的数量必然越来越少。而本企业的子弟如果想要进入本系统工作，最基本的条件是有专科以上学历。所以，很多职工在子女是否升学深造以及学校和专业的选择方面都会提前有规划，以确保毕业以后能够在本系统争取到合适的岗位。随着我国高等教育扩招政策的持续执行，拥有本科文凭的人越来越多，加之企业本身属于国企改制后生存下来的大型国有企业，有一定的吸引力，所以企业的用人标准也在不断提高，以前专科生就可以获得的岗位，现在要求必须是本科毕业甚至研究生学历。这在客观上提升了职工队伍的整体文化素质。

农村劳务工的教育程度主要集中于初中水平，有个别工人受过高中或技工教育，有2%的工人承认只受过小学教育或没有受过教育。劳务工的教育程度低于职工，可以从两方面来解释：一是农村的平均经济发展水平长期低于城市和存在已久的教育资源城乡配置不均衡，使得农村人口整体受教育水平低于城市人口；二是国家的教育升学制度和以"学历"为筛选机制的就业制度，使得农村中大多数受过中高等教育的人口进入了城市正规部门就业，成为了职工，而受教育水平较低的农村人口，即便有一些技术专长，在工业部门也只能以农民工的身份进入低端劳动力市场。

以上对职工和劳务工的人口构成及其社会机理的剖析说明，在 E 标段，一个人的人口特征与其身份之间不是简单的线性关系，不同的身份群体所表征出的人口特征是各种复杂的社会、经济、政治以及历史因素共同作用的结果。这一事实说明，对于施工单位所建构的职工与劳务工之间的身份区隔，不是一句职工和劳务工的人力资本不同就解释得了的，换句话说，在地铁工地，职工与劳务工的身份划分并非主要基于人力资本标准。

# 三 研究方法

## （一）研究方法的选择

对于研究者来说，所要回答的研究问题直接决定了所选择的方法（巴比，2009：22—23）。本书要回答的问题是：E 标段身份区隔的劳动管理策略是如何运作的？国有建筑企业和地铁工地为什么要建构身份区隔的劳动管理策略？这种不平等的作为劳动管理策略的身份区隔何以可能？身份区隔下的职工与劳务工的主体性是怎样的？这些研究问题决定了本研究需要采用个案研究和文献分析相结合的研究方法。这是因为，对于中国这样一个由计划经济向市场经济、由封闭社会向流动社会转型的国家来说，解答这些问题既需要深入某一个地铁工地，通过对其进行解剖麻雀性质的全方位研究，来搞清楚身份区隔的运作机制，并对身份区隔下职工和劳务工的主体性做出概括和归纳，也需要深入解读和分析纵向历史文献，以解释国有建筑企业建构身份区隔的劳动用工管理策略的原因以及其取得合法性的时空结构背景。

本书采用个案研究和文献分析相结合的研究方法的基本假设是：通过个案研究来说明国有建筑企业施工现场劳动控制的基本方式、劳资关系结构的维系机制和产生原因，通过文献分析找寻使得这种控制方式得以形成和存在下去的纵向的历史和制度因素，以此实现米尔斯（2001：4—14）所提倡的走出情境研究，从将各种情境组织起来的更宏观的社会结构、制度变迁以及历史过程，获得解释上升为"公众议题"的"个人焦虑"的"社会学的想象力"，并在此基础上，重新回到个案，探究个体在历史、结构和制度所形塑的情境中是如何行动的，行动的结果是什么。

　　本书的研究对象除了直接田野 E 标段以外，还有其所属的各层级的上级公司，包括直接负责项目管理的 G 公司和 J 公司，G 公司和 J 公司的上级公司 S 集团公司，以及 S 集团公司的上级公司 A+股份公司。S 集团公司是一家以隧道、铁路、轨道施工而闻名业内的国有建筑公司，其前身为原铁道部某工程局，2001 年实行公司制改造，组建为 S 集团公司，并作为全资子公司被重组进 A 工程总公司，后者负有 S 集团公司管理层的任免权，并且参与企业经营管理的重大决策。2007 年，A 工程总公司整体重组为 A+股份公司，并于上海和香港两地上市。

　　本书的个案研究主要以对 E 标段及其所属的各级上级公司的田野调查和基于田野资料的分析展开，并通过这种"分析性概括"（卢晖临、李雪，2007）实现劳动过程理论在中国背景下的发展，即提炼出经济组织的劳动控制和整体的社会控制之间的作用关系，以及身份区隔在当下中国作为一种劳动控制方式的普遍存在。文献分析主要是对反映国家制度变迁和组织变革历史的正式的法律、法规与政策文件的文本分析，包括与公民身份相关的历年宪法以及户籍制度文件、农村治理以及农民工相关的法律法规与政策文件、国家经济体制改革和国有建筑企业改革相关法律法规与政策文件、国家劳动用工管理相关法律法规与政策文件以及所调查的地铁工地所属建筑公司的政策文件等，共计 236 份。

### （二）田野中信任的获得

　　本书主要通过参与观察、相处共话、半结构式访谈以及定向文本搜集获得经验材料。研究者先后以一名项目部实习生和一名建筑工的身份实地参与 E 标段的生产和生活，全方位多角度地观察工地权力关系的运作。并通过在此过程中与职工和劳务工建立的非正式关系，通过相处共话的方式，对他们的人格特征、内心世界以及行动取向有了更多的了解。同时，围绕研究问题，通过半结构式访谈获取访谈资料。此外，通过私人关系借阅了 E 标段所属处公司、局公司以及中央公司与劳动用工管理相关的政策文本。

　　在做一项个案研究之前，如何进入田野往往是摆在研究者面前的首要问题。这里说的"进入"不仅是指空间上的进入，更重要的是如何建立起研究对象对研究者的信任。人类学通常将田野的参与经历概括为进入、文化冲击、建立和谐关系、理解文化的过程（吉尔兹，2000）。由于研究者与被研究者之间所存在的文化、社会地位甚至性别差异等原因，研究者初入田野时，首先遭遇到的往往是文化冲击，即由对研究对象生活世界的完全陌生所带来的心理上的冲击、不适应甚至抗拒。但是，田野工作的目的在于最大限度地接近并且理解被研究者的生活世界（格尔茨，1999），只有如此，才能够为进一步的解释性研究提供基础。

因此，笔者认为对于研究者来说，文化多元主义的理念、包容的心态是基本的专业素质，而且这种包容不是出于完全工具性的获得被研究者信任的考虑，而是由作为研究者的人文关怀精神所自然生发出的情感。在笔者的田野工作中，构建信任关系的最基本的方式是互动，这种互动不仅是指语言上的沟通与交流，而且包括身体语言和共同的行动。在这种互动中需要把握的度是既要通过"同理"进入研究对象的世界，让他们觉得我们与他们之间是有共同关切的，但同时也要时刻保持自己作为研究者的客观性，避免过度"移情"。

在 E 标段，为了全面地了解地铁工地的控制关系及其作用机制，笔者不仅要与劳务工建立信任关系，还要与职工保持良好关系。通过亲戚的介绍进入项目部后，职工们都知道笔者是实习的大学生，虽然对于为什么一个学社会学的大学生来地铁工地实习，他们有些匪夷所思，但似乎也没有多想。笔者试图和他们解释过，但是似乎也没有人特别在乎这件事。这让人想起布洛维在联合工厂的经历，"我告诉他们我做这个工作是为了写我的博士论文，但是他们既不在乎也不相信我。这当然不是他们所能够想到的大学教育"[1]。在与职工同吃同住一个月以后，笔者和其中的几个人已经建立了良好的私人关系，而与其他人则保持了有效的正式关系。尽管如此，他们还是不理解笔者为什么那么愿意和农民工交往，为什么那么愿意跑到又闷又热又潮粉尘又多的施工井下待着。他们会觉得和笔者聊天好玩，也会尽自己所能提供帮助，并且由着笔者问这问那、跑东跑西。

笔者之所以能够获得这么大的自由，并且基本没有对职工的行为表现造成影响，根本的原因是笔者是由项目部的一个部门领导介绍来的。对职工来说，这种身份本身已经去除了笔者的可疑性和危害性。有一件事能够在很大程度上说明这一点。笔者到了工地的第三天上午，正拿着相机在劳务工生活区拍照的时候，被一个领导模样的人叫住，厉声问说："你怎么

---

① Michael Burawoy, *The Politics of Production*, London: Verso, 1985, p. 1.

进来的？谁让你在这儿拍照的？"笔者一看他的工牌，写着办公室主任，马上笑着说："F主任啊，不好意思，没看到您过来了。我是××部L部长的亲戚。"他听后放缓了表情说："哦，你这样什么都不说来咔咔乱拍一通，我还以为是记者呢。"笔者连忙道歉："实在抱歉，没提前跟您打招呼，放心，我不是记者，哈哈。"这以后，除了因为没戴安全帽进工地被安全员呵斥过一次①，就再也没有职工干涉笔者的行动了。

　　而在与劳务工建立信任关系的过程中，对笔者来说，最基础的一点就是抹杀自己的性别特征，而最重要的一点，是让他们觉得我能够给予他们实质的帮助。劳务工群体的构成以男性为主，作为男性的劳务工有其特有的互动语言和互动方式，笔者作为一个女性研究者，与他们建立关系的第一步，就是通过改造自己的言谈举止和穿着打扮使他们只在"人"的意义上而不是"女性"的意义上理解我，因为笔者希望他们在与笔者的沟通中能够撇开性别的考虑，将他们的日常表现全部呈现。他们一开始对笔者的出现表现出很莫名其妙的态度。他们不知道一个"女娃娃"没事跑他们宿舍或者满是粉尘的井下做什么，我一直跟他们解释我是一个学社会学的学生，比较关注农民工的打工生活，但是，一开始很长时间他们都不太理解。有的人会问，你做这些事情，每个月可以拿到多少收入；有的工人更幽默，直接就说："你这样的工作好啊，找人聊天就能赚到钱。"笔者回答："没人给我发工资，是我自己喜欢关注你们，想了解你们。还有就是完成博士论文。"有的人问："你写的东西国家领导人能不能看到？能不能让他们多关注关注我们农民工？"笔者坦白地说："他们应该看不到。"有人就会不屑地问："那你写了有什么用？"笔者诚恳地答道："我希望让更多人了解你们。"

　　劳务工对笔者的信任直到在我帮两位工伤工人做了法律咨询，并且使他们得到了应得的赔偿后才渐渐建立起来。或许直到那时工人才意识到，笔者的工作不仅是找他们聊天或者写没有人关注的博士论文。而且笔者平时和劳务工的相处也确实让他们觉得我一点不像博士，而只是个有好奇心的女学生，和他们一起吃食堂，聊家常，向他们请教一些修建地铁的工程技术问题，问他们很多关于农村的情况，这使他们觉得和笔者在一起很平等，所以慢慢就交出信任了。多年后重新整理田野笔记，才忆起当年在工

---

① 这主要也不是针对笔者，而是工地的安全纪律要求，也是对笔者的安全负责。

人零乱的宿舍吃山西大叔自己调拌的黄瓜丝和在破旧的小吃店和四川工人大哥一起喝啤酒的往事。

也正因为相互之间的这份信任，笔者才有机会在 2011 年春节期间跟着一位四川籍劳务工大哥还有他的妻子造访了他们川北的家乡。从作为一个家庭成员参与到他们的饮食起居、走亲访友以及民间信仰的活动中，目睹和感受了他们在家乡是如何作为一个完全意义上的有尊严有自信的人而不是城里的农民工的状态；也从当地偏僻的地理位置、贫瘠的梯田了解了四川为什么会成为劳务输出大省。虽然川北之行的材料论文中基本没有涉及，但是对于笔者了解农村、了解农民工却助益甚多。

概而言之，在田野工作中，职工对笔者的信任或者说不提防态度，是因为笔者作为××部部长亲戚的身份，使他们默认笔者已经被告知什么事情是可以说可以写的，什么事情是不可以的，所以也就不会提防什么了；而劳务工的信任，却完全是因为笔者和他们的平等相处以及对他们的力所能及的帮助，使他们觉得笔者和其他职工或城里人不一样，这是一种由尊重、承认和接纳所赢得的反向信任与接纳。

## （三）关于社会建构主义的讨论

在研究的方法论方面，本研究秉持社会建构主义的视角，这不仅是指研究者对田野材料或历史和制度文献的理论解读是一个知识建构的过程，还指研究者所搜集的经验材料本身就是其与研究对象"共同建构"① 的结果。在本研究的研究过程中，虽然没有刻意去影响研究对象，但是笔者的进入本身已经使得地铁工地不再是原来的工地，而笔者与职工和劳务工的相处共话无意中已经包含了相互影响的成分，因为互动的本质就是个体间的共同建构。无论是新闻采访性质的所谓价值中立的访谈，还是作为平等个体间的相处共话，其材料都是研究者与研究对象共同建构的产物，只不过互动的方式不同，所建构的结果不同而已。相对来说，由正式访谈获得的材料中，研究对象自我建构的成分多一些，而由相处共话获得的材料中，由于除了研究对象的话语呈现之外，加入了研究者对研究对象的行动的观察和理解，所以研究者建构的成分更多一些。

---

① ［美］约瑟夫·A. 马克思威尔：《质的研究设计———一种互动的取向》，朱光明译，陈向明校，重庆大学出版社 2007 年版，总序。

此外，即便笔者有条件不置身其中，而是作为一个完全的局外人对地铁工地做一个全景扫描，所看到的、感知到的、体验到的所谓"事实"也已经是被笔者过往的经历、研究立场以及所处的学科话语等所建构了的，换了另一个人做这个全景扫描，看到的或许是另一个版本的"事实"。比如在企业管理者眼中，所看到的可能更多的是劳务工如何开小差而不是劳动条件有多差。也就是说，在研究中，并不存在唯一的社会事实，当然也就不存在唯一的对社会事实的解释。我们所能够感知、思考、表达的社会现象都已经是一种被建构过的"话语性实在"（谢立中，2009：297），被建构的不仅是理论，而是所谓"社会事实"本身。

但是，强调"建构"在质性研究中的作用，并非是否定"社会事实"本身的意义，更不是否定互动主义和建构主义作为方法论的意义，而是倡导一种兼容并包的学术胸怀。无论是对"社会事实"的呈现，还是对"事实"的理论解释框架的选择，都可以通过不同研究者在多角度的透视和分析中更趋全面和完善。

## 本章小结

本章主要对田野做了全面详细的介绍，并就研究方法做了说明和讨论。田野概况包括田野的基本情况、田野特点、生产经营组织模式以及人员构成的特殊性等。田野是一个地铁工地，决定了其与其他楼宇工地的区别；田野位于首都市区繁华地带，决定了其与外地郊外工地的差别；田野属于国有建筑企业的项目，决定了其与私营建筑工地的区别，等等。在生产经营组织模式上，E 标段采用职工内部承包、使用派遣劳务工的方式，这区别于其他工地的直接外包给包工队的性质，虽然同属包工制，但本项目的劳务工却和包工队的农民工处于完全不同的两套劳动和生活管理体系。此外，职工和劳务工在人员的性别、年龄、地域以及教育构成方面差异悬殊，而这种差异背后有深刻复杂的社会、经济、政治和历史原因。

研究方法方面，所要回答的研究问题直接决定了所选择的方法。本研究采用个案研究和文献分析相结合的研究方法。通过个案研究在具体的生产过程中把握国有建筑企业用工方式和劳动管理的运作和维系机制，在组织层面梳理出其用工制度和劳动管理调整的基本方向和策略。通过文献分析找寻工作场所和组织层面劳动控制方式转变的纵向的历史和制度因素。在此过程中，实现米尔斯所提倡的走出情境研究，从将各种情境组织起来的更宏观的社会结构、制度变迁以及历史过程，去探究主体在历史、结构和制度所形塑的情境中如何行动以及行动的结果是什么。关于田野中信任的获得，进入的方式、研究者去性别化、尊重和接纳受访者、为受访者提供力所能及的支持等，在不同的情景中发挥了作用。此外，本研究秉持社会建构主义的视角，认为研究者搜集和分析经验材料都是一个知识建构的过程，并以此为出发点，倡导兼容并包的学术胸怀，通过学术对话和交流全面多维地呈现"社会事实"。

# 第三章

# 身份区隔：生发于社会土壤的劳动管理策略

## 一 身份区隔：由"昆厂"到 E 标段

中国较早的对工人进行系统比较研究的著作是史国衡的《昆厂劳工》（史国衡，1946）。史国衡当时是费孝通所创立的云南大学、燕京大学社会学实地调查工作站（即"魁阁"）的核心成员。1940 年，他运用费孝通所主张的社区调查研究方法对昆明的一个国营军需工厂进行了为期 75 天的调查，在此期间，主要考察了工人的地域构成、技术构成、职业经历，劳动、生活、心理以及工厂对工人的管理等，并以此为基础撰写了社会学调查报告《昆厂劳工》。正如作者在全书导言中所说的，《昆厂劳工》要回答的核心问题是在国家走向工业化的过程中，现代工业究竟需要怎样的劳工？我们有的是什么样的劳工？如何养成适应现代工业发展需要的劳工？从作者所关注的问题可以看出，这是一项站在劳资合作视角的研究，这既与昆厂的性质有关，也与时代背景有关。昆厂是一家国有工厂，区别于劳资关系鲜明的私营工厂和外资工厂；同时，昆厂还是一家军需工厂，在抗日战争背景下，具有了某种政治意义。这两个特点决定了昆厂独特的劳资关系和作者对研究问题的选择。史国衡试图通过研究回答，在中国当时的社会经济文化背景下，如何既能够培养适合工业现代化的人才，推动中国现代工业的发展，与此同时，又能够照顾劳工的利益，满足劳工个人生存发展的需要。这个问题的本质实际上是在社会转型过程中，如何实现劳动控制和社会控制的协调。

史国衡（1946）着重对外来的技术工人和内地的帮工小工做了比较研究，此外，还对职员和工人进行了比较研究。作者认为，技术工人与帮工小工分化的标准来自于掌握生产技术的程度和与之相应的市场竞争力，而职员与工人分化的根源在于中国传统的身份、等级意识和儒家文化中对于"劳心者"和"劳力者"的社会认识和评价，即"劳心者治人，劳力者治于人"。技术是一种资本，所以技工歧视帮工小工，学历和文化水平是一种更受社会认可的资本，所以职员有意保持与工人之间的距离，以此维持自己的尊严和权威。虽然"中华民国"的国有工厂已经引入了西方现代工业的生产和劳动管理体系，但是，几千年封建社会延续下来的文化传统依然渗透在职员和工人的意识中，影响着工人之间的团结、工人对工厂的认同以及生产的效率（史国衡，1946：109—121）。因此，作者认为中国工业建设的根本问题不是修厂房、立烟囱以及引入西方的人事管理制度，而是一个长期的社会变迁过程，其间伴随着人们的生活方式、社会价值观念的转变（史国衡，1946：157—159）。从史国衡的分析中，我们可以看到，工厂之外的社会因素是如何对工厂内"生产中的关系"产生影响的。

史国衡通过对技工、帮工小工以及职员之间的比较研究，指出了在中国早期工业化建设过程中，传统的文化价值观念对于工人的身份区隔的影响（史国衡，1946）。如果说技工和帮工小工之间的身份区隔除了受传统文化的影响外，还受到在现代工业体系中的市场竞争力因素的影响外，技工和职员的身份区隔，就完全是基于教育水平和工作性质基础上的文化意义上的建构，源自于中国传统社会中对于"劳心者"与"劳力者"的分野。因此，很多技术工人的工资虽然高于底层的职员，但是在工厂中的社会地位仍然低于职员（史国衡，1946：111—116）。而形成这种从事"笔墨事务"的"长衫阶级"更受社会认可和尊重的传统文化的制度根源，恐怕要从延续一千多年的封建科举制那里找答案。这一方面说明了社会结构对于劳动场所中的关系的影响，另一方面，也说明了正式制度的历史影响往往不只局限于制度本身，而是会塑造并形成影响更为持久的社会心态和文化，从而影响着后续的正式制度调整，这种制度变迁的过程被诺斯定义为制度的"路径依赖"性（诺斯，2008：代译序18）。

对于身份区隔对昆厂的生产效率的作用，史国衡是持否定态度的。作者认为这种横亘在职员、技工和帮工小工之间的有影无形的身份壁垒，影响了工人之间的内部团结、员工对工厂的认同以及工厂的生产秩序，进而影响了劳动效率和工厂的生产力。因此，作为厂方来讲，应该通过改革人事管理的方法，弱化员工之间的身份壁垒，加强员工之间的团结协作，只有如此，才能够提高劳动生产率（史国衡，1946：116）。

　　与 70 多年前史国衡所倡导的消除身份壁垒促进工人内部团结提高劳动生产率的建议不同，本研究考察的是当代国有建筑企业如何利用职工和劳务工之间社会身份的差别来建构出身份区隔这种劳动管理策略，以阻碍工人团结、提高生产效率、降低用工成本、增加利润水平的。当然，与昆厂由中国的传统社会文化价值观念所建构的身份区隔不同，E 标段对职工与农村劳务工身份化用工和管理的形成有其自身的历史和制度特点。总体来讲，这是市场经济条件下，企业追求经济绩效最大化的必然选择，身份区隔被作为一种劳动管理策略，制造并且强化工人内部的分化，以此降低劳动成本，提高生产效率。这不是 E 标段的独创，也不是 S 集团公司的独创，而是现代市场体制下劳动管理的基本策略。

　　E 标段的劳动控制和管理通过两套完全不同的系统展示出来，一套是文本和话语的系统，即"为名"的系统；一套是实际的执行系统，即"为实"的系统。在 E 标段，处处可以看到 S 集团公司的企业文化标识系统。S 集团公司在企业文化建设方面，以社会主义的国有企业劳动组织理念为指导，总结出"6852"的用工管理模式，即在每个架子队中，把好资质关、合同关、技能关、健康关、培训关、风险关"六关"；落实"八个一样"，使劳务工与企业员工做到政治权利、经济利益、思想教育、管理要求、技能培训、权利维护、生活环境、文化娱乐一样；做到"五同"，即同吃、同住、同劳动、同学习、同管理；厘清"二责"，即在劳务工离场（备注：即离职）时，做到人走工资清，职业健康档案完整闭合；等等。虽然这种出自于文本和话语的身份平等的宣传，对于劳务工的劳动和生活状况有一定的改善，相比于其他的建筑公司，S 集团公司对劳务工的劳动权利和生活条件给予了更多重视，但是，在实际的劳动管理过程中，职工和劳务工之间的各种差别是显而易见的。企业文本的和话语的企业文化宣传与其实际的劳动管理实践存在显著的差异。

## 二　劳动分工与劳动控制：两个系统

### （一）身份主导的劳动分工与控制

　　劳动分工，作为组织生产的一种方法，是指通过使每个劳动力专门从事生产过程的某一部分，以实现提高劳动生产率的目的。亚当·斯密在《国富论》第一次提出了劳动分工的概念，他认为分工是一种提高劳动生产率进而增加国民财富的有效方法，人性中的交换倾向必然推动劳动分工的产生，而分工的精细程度则取决于彰显交换能力的市场范围的大小（于秋华，2007）。但斯密也承认，分工是以牺牲个体其他方面的智力、交际能力为代价来提高其在特定职业的技巧和熟练的（于秋华，2007）。马克思继承了斯密对劳动分工的经济意义的观点，并且发展了斯密对劳动分工的社会消极后果的预见。马克思认为，劳动分化是对抗性社会一切矛盾的基础，分工和交换并不是单纯的经济事实，而是复杂的社会现象。这是因为：第一，劳动分工瓦解了人类的原初共同体，使得作为个体的人的孤立化和相互独立成为可能。个体的意义不再体现于共同体的生活，而是体现于其劳动能否为社会所承认。第二，劳动分工以及由此产生的社会交换使得人们之间的社会联系只能通过物的交换关系而体现。第三，专业化劳动分工的发展，使得人本身的机能和需要发生分裂，"人的一部分技能处于亢奋或过度疲劳的状态，大部分技能则处于萎缩或退化状态"[1]。当机器大生产取代工场手工业成为人类社会主要的生产方式时，劳动分工也由一种自发形成的经验而"成为资本主义生产方式的有意识的、有计划的和系统的形式"[2]。

　　与斯密将社会内部的分工与工场内部的分工不加区分不同，马克思严格考察了社会内部的分工与工场内部的分工之间的区别。马克思认为"社会内部的分工和工场内部的分工，尽管有许多相似点和联系，但二者不仅仅有程度上的差别，而且有本质的区别"[3]。这些区别主要表现在：第一，社会分工的产品都是作为商品而存在，而工场内部分工的局部工人不生产商品，转化为商品的只是局部工人的共同产品；第二，社会内部的分工以不同劳动部门的产品的买卖为中介，而工场内部的分工以资本家将出卖给他的不同的劳动力结合为一个劳动力为中介，以建立各局部劳动之间的联系；第三，社会分工以生产资料分散在许多互不依赖的商品生产者中间为前提，而工场内部的分工以生产资料集中在一个资本家手中为前提；第四，在资本主义条件下，社会分工是由市场竞争和无政府规范而自

---

[1]　景天魁：《打开社会奥秘的钥匙》，山西人民出版社 1981 年版，第 53 页。

[2]　［德］卡尔·马克思：《资本论》（第一卷），人民出版社 2004 年版，第 421 页。

[3]　同上书，第 410 页。

发形成的，而工场内部的分工是通过计划和管理强加于人的；第五，社会分工使独立的商品生产者互相对立，除了竞争的强制权威不承认任何别的权威，而工场内部的分工的前提是资本家对于承担商品生产各个环节的劳动力享有绝对的权威（马克思，2004：390—426）。马克思通过对社会内部的分工与工场内部的分工加以区分，说明在采用资本主义生产方式的社会中，资产阶级一方面极力反对社会生产过程的任何有意识的社会监督和调节，另一方面又坚持通过劳动纪律将工人强制固定于某种局部操作。资本主义生产方式的发展，要求社会分工的无规制无政府状态与工场内部分工的绝对专制相互配合。

随着 20 世纪垄断资本主义的发展，在微观的生产空间中，劳动分工不再仅仅是一种提高劳动生产率的生产组织方式，而且成为一种合理化劳动控制方式的理论依据。布雷弗曼从劳动过程的意义入手，说明了管理的起源和"脑体分工"是如何实现的（Braverman，1974）。资本主义生产的奥秘在于，资本家以购买劳动力的形式掩盖了其购买劳动的实质。因此，对于资本家来说，如何控制劳动过程以使其购买的劳动力最大程度地释放劳动，成为一个重要问题，于是出现了管理问题，管理的实质是劳动控制问题。在垄断资本主义阶段，构想职能和协作职能采取了管理的形式（Braverman，1974）。劳动管理和控制的主要方式，就是将劳动过程分解为一个个标准化的简单劳动，使其与工人的技能分离。工人不再需要对生产的商品和劳动过程有整体的"构想"，而只需按照管理人员的要求和机器的标准化程序"执行"就可以了，从而使工人成为听话的机器（布雷弗曼，1979：152—153）。于是出现了管理人员专司"构想"，工人专司"执行"的脑体分工（布雷弗曼，1979：179—185）。布雷弗曼（1979：278—310）认为垄断资本主义时期的办公室工作人员与资本主义早期的办事员不可同日而语，随着办公室的科学管理化和机械化，尤其是计算机的普及，使得思考和计划的职责只由办公室内的少数人承担，而大多数人不过是像工场一样，从事办公室体力劳动。在 E 标段，项目部每个职能部门的工作都被细分到各个岗位执行，而岗位说明已经将每个人的工作程式化，大多数职工的工作与布雷弗曼的办公室体力劳动相类似，但尚且保留有少许"构想"的空间，而劳务工则是完全的"执行"部件。

E 标段职工和劳务工之间的劳动分工，表现在职工主要负责管理工作，包括项目日常管理和技术指导工作，劳务工主要从事一线施工作业。

职工和劳务工这两个不同的身份群体之间的劳动分工，从企业管理的角度讲属于职能分工。一个项目就像一个小公司一样，各个职能部门一应俱全。E标段采用了"项目部+架子队"的扁平化管理方式（见图3-1），力求通过实行"人员统一管理，设备统一调配，成本内部核算，责任落实到人，材料限额发放"的运作机制，优化资源配置，增强管控能力，提升运行效率。项目部的领导班子由项目经理、项目副经理、总工程师以及工委副书记组成，项目经理统管项目各项工作，总工程师全面负责有关生产和工程的各项工作，项目副经理分别负责各自分管工区的项目管理工作。在领导层下面设置了主管项目各项实际管理工作的职能部门，包括工程管理部、经营财务部、设备物资部、机电安装部、安质环保部以及行政人事办公室，各职能部门由部长/主任负责本部门全面工作，另外有专门的职工负责具体的部门内部工作（见图3-1）。所有在项目部工作的人员都属于职工，但项目领导层属于公司的代理，相当于资方，所以本研究中所指的职工不包括他们。项目部下面是实际作业的架子队，根据地铁施工对象和施工方式，本项目共有三个架子队，分别是暗挖车站架子队，明挖车站架子队和盾构区间架子队（见图3-1）。车站架子队负责地铁车站的施工，区间架子队负责连接车站之间的通道路线施工。架子队是由职工和劳务工共同构成（见图3-2）。在图3-2中，虚线以左部分的工作全部由职工负责，虚线以下的部分是劳务工的分工。这种职工和劳务工之间的职能分工在图3-3中表现得更清楚，即便是在作为一线作业层的架子队中，职工的岗位分工主要是管理、技术指导、施工监督以及安全检查等，而劳务工的职责是在现场实际操作生产工具完成生产任务。

职工和劳务工之间的劳动分工是其身份和人力资本共同发挥作用的结果，但身份的作用居于主导地位。职工和劳务工进入地铁工地前的身份已经决定了他们在地铁工地分别从事什么样的工作，而不是因为从事了相应的工作才成为职工或劳务工。大致来讲，职工主要由城市人口或受过高等教育的农村人口构成，而劳务工主要是一般农村人口。之所以说在建筑工地身份先于人力资本决定了劳动分工，是基于这样的两个事实：第一，一个与建筑施工以及建筑管理毫不相关的文科大学生可以成为正式职工进入项目部工作，而一个有着丰富的建筑施工技术和现场管理经验的农民工只能作为劳务工进入建筑工地；第二，一个在同一个建筑企业工作20年的农民工不能转为正式职工，而一个刚刚走出校门的大专生可以直接获得正

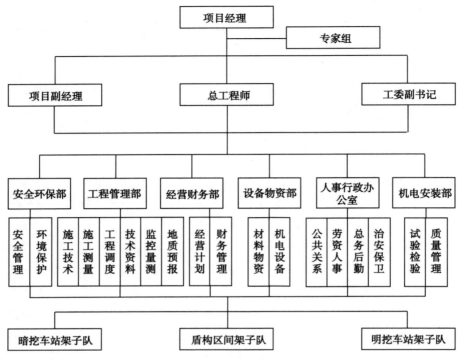

图 3-1　项目组织结构图

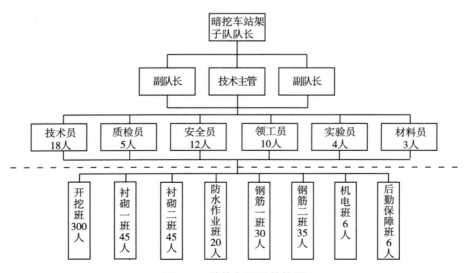

图 3-2　暗挖架子队结构图

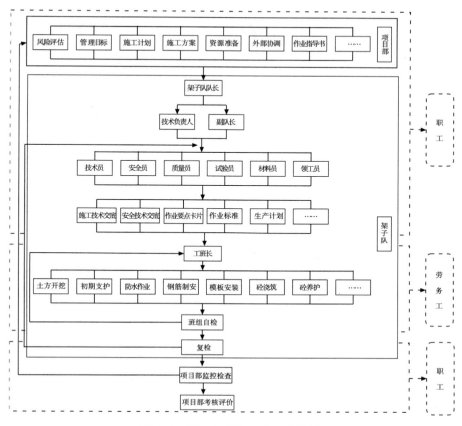

**图 3-3　职工与劳务工分工结构图**

式职工身份。如果说这样的用工安排是以人力资本而不是身份为标准，那么什么才是真正的人力资本就成为一个需要思考的问题了。

现代企业组织中的职能分工本身是为顺应劳动控制方式的发展而产生的，因此，自其产生伊始，就包含了地位和权力的分化。脑体分工的背后不仅是职能和专业的分工，更隐含了地位等级和劳动控制策略的差别。从事脑力劳动的管理人员是企业加强劳动过程控制的协助者，被赋予更多的信任、地位、权威以及工作的灵活性，弗里德曼称其为"责任自治"（1977），埃德沃兹称其为"技术控制"或"官僚控制"（1979）；而从事具体的体力劳动的工人，作为剩余价值生产的主要来源，被强加了更多的监督、强制和更少的自由度，属于弗里德曼的"直接控制"（1977）、埃德沃兹的"简单控制"（1979）的对象。通过这种分类控制方式，施工单位保证了项目的生产秩序。在 E 标段，对职工和劳务工的分类控制主要表现在劳动时间、劳动自由度、奖惩措施以及工资计算方式等几个方面。

### （二）劳动时间设计背后的经济与社会动机

在马克思那里，工作日是一个充满社会和政治意涵的概念。工作日的长度一直是资本家和工人斗争的焦点之一。马克思（2004：268—269）认为，工作日并不是一个不变量，而是一个可变量，工作日的长度，一方面取决于再生产工人本身所必需的劳动时间，更主要的却取决于资本家所要求的生产剩余劳动的劳动时间。工人为维持自身的再生产而在一天当中必须从事必要劳动的时间是工作日的最低限度。而工作日的最高限度则取决于两点，一是劳动力的身体界限，即工作日的延长不能够损害到劳动力的恢复；二是工作日的道德界限，即工作日的延长不能够剥夺社会文化状况所约定俗成的精神需要和社会需要。"工作日是在身体界限和社会界限之内变动的。"① 比如，在早期资本主义阶段，工人的日工作时间甚至高达 18 小时，而在当代某些福利国家，员工的日工作时间只有 4 小时。

在马克思所处的时代，工作日对于资本家来说，主要是能够用来强制工人生产剩余价值的时间，而对于 E 标段的劳务工来说，工作日不仅是他们为企业生产提供免费的剩余劳动、生产剩余价值的时间，而且是企业用来限制约束劳务工的业余生活、以防止在项目上发生治安事件的手段。

以 2005 年为分界点，S 集团公司对职工和农民工两个群体的工时制度做了重大调整。在 2005 年以前，S 集团公司对农民工的用工方式是，每年由各项目部所属子公司与所管项目的农民工签订劳动合同，然后将农民工和职工统一编班混岗作业、统一管理，实行八小时三班倒的工作制。业余时间，职工和农民工都要参加学习，"那时候工人晚上学习，民工也全部要学习，不像现在"（访谈，LX20111018）。2005 年以后，各项目所属子公司不再与农民工直接签订劳动合同，而是让录用的农民工与指定的劳务公司签订劳动合同，然后以劳务派遣形式进入项目工作，项目与其之间不再是劳动关系，而是劳务关系，企业与农民工之间由用人关系变为了用工关系。伴随合同甲方的变更的，不仅是农民工的称呼由"农村合同

---

① ［德］卡尔·马克思：《资本论》（第一卷），人民出版社 2004 年版，第 269 页。

工"变为了"劳务工"，还包括对其劳动管理和生活保障措施的变化。与工作日直接相关的，就是劳务工的劳动时间不再是八小时三班倒，而变成了十二小时工作制，一个月白班一个月夜班轮换，白班的上班时间是早六点到晚六点，中午十二点至一点是午饭时间；夜班的上班时间是晚六点至第二天早上六点，半夜十二点为消夜时间。劳务工小李认为，施工单位之所以把劳务工的工作日增加到 12 小时，是因为"当官的"觉得八小时制产值太少，完不成生产任务，但是同时他也承认，工人干 12 小时并不比干 8 小时更出活，"对当官的来说，8 个小时干的活少吧，产值少，可是对我们来说，八小时比十二小时干得还多点。像我们以前在五标干，就是在崇文门，八小时也是两圈一圈半，现在十二小时呢，有时还是那么多，知道吗？到了八个小时往后，四个小时就干不动了，就不行了，知道吧？"（访谈，XL20100620）当然，这只是小李的感受，对于企业来说，无论劳务工是否因为延长了劳动时间而怠工，但总体上其执行新工作日标准的产值还是高于原来。

此外，12 小时工作日的作用还体现在对劳务工业余生活的约束和限制上。建筑施工行业产品的固定性和人员的流动性决定了建筑工地生产空间和生活空间毗邻或在一起的特征。因此，项目管理不仅是指生产管理，还包括对工人生活的管理。尤其是在北京这样的大城市施工，如果安全施工和文明施工不达标，会影响企业的进京施工资格。所以，项目对于劳务工的业余活动管理很严，以免在项目内部发生治安事件，影响企业的形象和资质。而对劳务工的业余生活管理主要通过两种方式实现，一种是通过强制性的明文规定和对违规行为的严格处罚，比如不允许在生活区赌博，不允许留异性在生活区过夜，不允许聚众酗酒等等；另一种就是通过延长工作日消耗劳务工的体力和精神，使其没有精力和兴趣去做这些事情。正如劳务工 WY 所言"每天上完工都很累，吃完饭只想睡觉，睡好了下一个工才有精神，要不根本撑不下来"（访谈，WY20100618），2 号竖井井长 LJ 也表达过同样的意思，"大家从事体力劳动。你像我们正常应该是八个小时，其实我们干的活最低也有十个小时。他一天忙成那样，就在工地上像我不干活，在楼梯上跑来跑去，也是相当累的（哪还有精力出去）"（访谈，LJ20110101）。正是通过延长工作日，项目不仅实现了产值的生产，而且限制了劳务工的业余生活，保证了生产生活秩序的稳定，维护了工地的形象。

　　与劳务工相比，E 标段职工在工作时间方面的优越性表现在四个方面：一是八小时工作制，上午工作时间为早上八点至中午十二点，下午工作时间为中午两点至下午六点，中间两个小时为午休时间；二是有双休日、节假日、带薪探亲假和年假；三是除少数技术员和安全员外，大多数职工只上日班，不上夜班；四是企业对职工的劳动时间的监管更宽松，不像对劳务工那样要求职工工作时间必须在个人岗位工作。当然，如果遇上抢工期，职工的工作时间也会延长，但是与此相应，奖金也会提高。

　　马克思提出了延长工人工作时间的身体界限和社会界限（马克思，2004：269）。在 E 标段，企业正是利用了社会对农村劳务工和城市职工这两个不同身份群体的双重审视标准和国家在农民工劳动保护中的缺位，而实现了执行不同的工作时间的目的。工地针对劳务工的劳动时间制度显然已经违反了《劳动法》①，但是无论是政府的劳动监察部门、上级公司、工会、职工还是劳务工本人都没有对这种不合理的工时制度提出异议。对于劳动监察部门来讲，只要农民工自己不就工时制度提出异议，他们就不会介入；对于上级公司来讲，首先考虑的是工程进度和项目盈利水平，而至于工时是否合法，只要不影响安全生产，并且项目上有办法通过政府的劳动检查就可以；企业工会虽然标榜是所有工人的工会，但实际上与企业之间的依赖关系，使得其不仅不会为维护劳务工的利益而尽力，甚至连职工的权益都维护不了；而至于劳务工本人，由于所处的建筑劳务市场整体的市场环境是一样的，没有选择的余地，所以只能接受。

　　正是由于政府、上级公司、工会和劳务工本人的集体沉默，才使得劳务工每日 12 小时的兼具经济与稳定效用的工时制度能够在建筑工地执行下去。或者说，对于政府、上级公司和工会来说，这是一种有意识的选择性沉默，因为这种超量消耗工人精力的工时制度所发挥的稳定功能，无论是对于工地内生产秩序的维护，还是对工地外社会秩序的维护，都是有益的，而秩序和稳定正是项目部和政府所期望的。

---

　　① 《中华人民共和国劳动法》第三十六条规定"国家实行劳动者每日工作时间不超过 8 小时、平均每周工作时间不超过 44 小时的工时制度"，第四十一条规定，用人单位由于生产经营需要，可以延长工作时间，但通常每日不得超过 1 小时，而且必须与工会和劳动者协商后决定，在因特殊原因需要延长工作时间时，必须保障劳动者的身体健康，并且每日不得超过 3 小时，每月不得超过 36 小时。

### （三）　先验的主体与规训策略

工人工作的自由度主要表现在两方面，一是对工作时间和工作地点的掌控程度，二是安排工作内容和工作进程时的灵活性。在企业中，工作的自由度取决于工作内容的复杂性和岗位责任的大小，同时，也反映出岗位的人性化程度和对劳动价值的不同的考量标准。在 E 标段，职工的工作属于自由度较高的工作，而劳务工的工作虽然不像流水线上作业的制造业工人那么控制严格，但其自由度相对于职工来说要低得多。

项目部职工享有较高的自由度，但其最低限度是能够按要求完成本职工作，否则，将会面临相应的处罚。在 E 标段，包括项目经理、工委书记、总工程师以及项目副经理在内的领导班子拥有的工作自由度最大，无论是工作时间、工作地点还是工作方式，都有很大的自决权。而对于各职能部门来说，每个部门都有明确的部门职责，部门领导会将各项职责分派给本部门职工，每个职工对于什么时候该完成哪项工作基本都能做到心中有数。在工作时间内，职工只要能够按时完成本职工作，不会有人干涉其是在工作还是在做工作以外的事情，他们可以上班时间上网、打私人电话、聊天，甚至可以偷偷溜出去办私事。比如，虽然项目上有规定，要求技术人员每个月下井时间不得少于 22 次，并且“一个月除了周六日之外，基本每天都得下去。它不是算次，是算天，你一天下去 20 次也只算一次”（访谈，LP20100612），但实际上，一般技术员除了在各道工序开始时向每个竖井的井长和带班做技术交底外，其他时间下井都只是晃一圈，看没什么大问题就上来了，没有人会一直在现场盯着作业。

职工工作的主动性更多的时候是依靠绩效考核、个人自觉、工作任务的紧迫性以及失职渎职后果的严重性来约束，而不是靠强制的监督。安质部职工 XM 的话或许能给我们一些启示，“我们履行管理人员的职责……就算出事了，我们的检查记录、文件什么的可以证明我们的工作做到位了”（QQ 聊天记录，XM20111228）。通常情况下，只要不影响项目工作的正常开展，职工享有充分的自由度。但是如果连本职工作都没有履行，或者其失职渎职行为给项目造成严重损失时，就会面临相应的处罚。机电部部长申明和二架子队队长阿坤就曾因为没有参加项目组织的安全检查，被各自罚款 100 元（见图 3-4）。而在 2011 年春节期间发生盾构施工损坏通信光缆事件后，项目经理、项目副经理、项目总工等领导班子成员因没有尽到领导责任和监管责任，全部被撤换，并给予行政记大过处分和扣除50%年终考核奖的处罚。

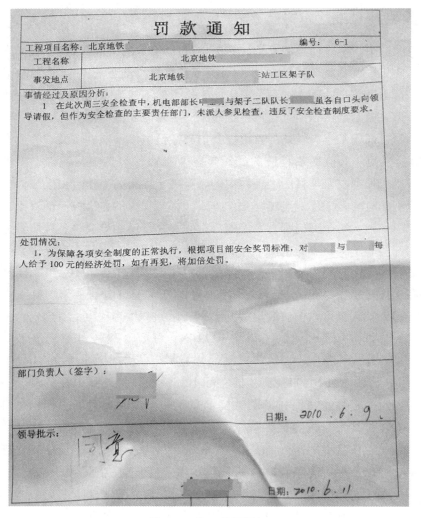

**图 3-4　职工处罚通知**

相对于职工来讲，劳务工的工作自由度要低得多，主要表现在工作时间不自由、工作任务和操作规范不能自己决定、工作受监督、请假程序严格以及遭受处罚的门槛更低。劳务工每天的工作任务都已经由各个竖井的井长按照生产进度分配好了，并且必须按照技术员规定的操作规范作业。不允许出现违章操作，更不允许私自修改工序，否则，一经技术员或安全员发现，就会面临相应的处罚，多数情况下是经济处罚，偶尔也会有被开除的情况。在每个工作日，除了吃饭和打开水的时间，劳务工被牢牢地束缚在作业现场。项目管理之所以能够实现这一点，一是因为每个劳务工作业班都受到来自带班和井长的监督，每个普通劳务工的实际工价都是由他们决定的，怠工行为过多会直接影响到工价；二是因为每个作业现场都有摄像头，对现场状况和工人的作业情况进行全景敞视的远程电子监控，这种看不见、摸不着的权力在某处，却无处不在，注视着工人（潘毅，2011：106-107）。

劳务工请、销假有严格的手续，请假要在获得本竖井井长同意、本架子队队长批准以及架子队办公室登记以后才能获批，未经允许擅自离岗会面临严重的经济处罚；休假结束后需及时到架子队办公室办理销假登记，未办理销假手续直接回队作业，不予计算工天（见图3-5）。对劳务工的处罚原因主要是不遵守安全生产规章或其他管理制度，比如在施工现场吸烟、高空作业不系安全带、不请假离岗等，处罚手段主要是罚款。管理者知道劳务工心疼钱，因此试图通过经济处罚来纠正违规行为（见图3-6）。

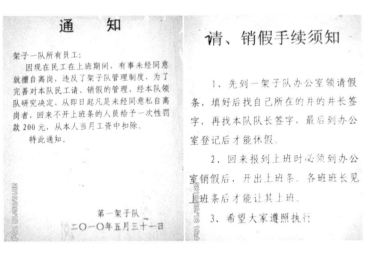

**图3-5　关于请、销假手续相关通知**

企业给职工和劳务工以不同的工作自由度，不仅是因为二者的劳动分工和职责不同，还是因为对两个不同身份群体的先验认知不同。潘毅发现在20世纪90年代的港资工厂中，香港老板和管理人员先验地认为社会主义的农民是不适合资本主义生产的，农民工被认为是没有受过教育、不讲文明、不守纪律、懒惰、没有竞争力的；但与此同时，这些农民工又是极

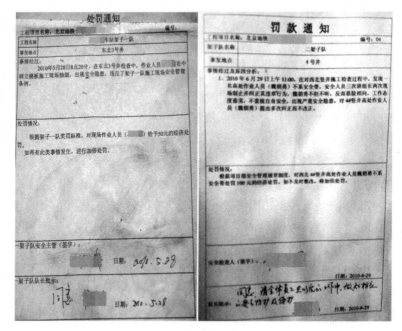

**图 3-6　劳务工处罚通知**

其廉价的。因此，对于资本家来说值得花些时间和精力设计出一种全景监视系统，来规训他们（潘毅，2011：106—107）。而实际上，在早期资本主义发展过程中，资产阶级对于进入工场谋生的农民抱持的基本看法就是，农民是懒散的、狡猾的、没有自律能力的，因此必须通过制度设置将资本主义的工作伦理内化为他们的道德准则，才能适应资本主义发展的需要（鲍曼，2010：8—61）。在 E 标段，农民工遭遇了同样的刻板印象，被认为文化水平低、纪律意识差、没有责任心等，正如安质部职工 XM 说的"农民工如果能够完全遵守安全规章，还叫农民工吗"（QQ 记录，XM20111228）。因此，在管理者看来，相比于能够自我规训完成本职工作的职工，农民工需要更多的来自外部的规训和更少的自由度，只有如此才能保证生产任务的完成和施工现场的安全生产。换言之，资方给予职工较之于劳务工更多的自由度，主要是因为职工比劳务工更能够做到自觉的自我规训。

**（四）工资计算与支付方式的刚性和弹性**

马克思在其工资理论中阐明，工资的本质是劳动力的价值或价格，而人们通常看到的作为劳动的价格的工资只是表象。表面看来，工资是资本家对工人的所有劳动所支付的报酬，而实质上，由于资本家所支付的工资购买的是劳动力，所以工人的劳动只有部分是有酬劳动，而剩下的部分是无酬劳动，而这也正是资本家剩余价值生产的秘密。① 马克思认为，无论是计时工资还是计件工资，都掩盖不了工资只是资本家支付给工人的部分劳动的报酬的事实。② 当然，作为商品的劳动力的价格虽然由劳动力的价值决定，但是与其他所有商品一样，还受到市场供求关系的影响，因此，工资也会随着劳动力市场的供求状况而上下波动。工资的计算和支付问题，从历史上来看，从来就不是一个简单的经济问题，其背后一直受到政治和社会因素的影响。③

在 E 标段，职工和劳务工工资的差别不是表现在数量的差别上，而是表现在工资计算和发放方式的差别上，正是其计算方式的不同，决定了职工和劳务工的工资在量上是不具有可比性的。

职工的工资是依照企业人力资源管理的工资制度确定的，实行月薪制。以 J 公司为例，在项目上工作的职工的工资由六部分构成，分别是岗位工资、工龄工资、生产奖金、技术津贴、加班工资、流动津贴（图 3-7）。岗位工资与职务挂钩，等于岗位工资基数乘以对应岗位系数，公司将职务按照高、中、初三排序，划分为 21 个岗位工资档别，每档确定对应系数，岗位系数范围为 1.0—6.0。本项目中，一般职员的岗位工资档别为 10 档或 12 档，部长为 16 档，总监为 18 档，12 档的岗位工资为1380 元，18 档的岗位工资为 1680 元，由于岗位工资基数通常较低，所以，普通职员与项目经理的岗位工资差别并不大。工龄工资是对员工历年贡献积累的补充性报酬，按照每工龄年 20 元/人月计发。技术津贴与技术职称有关系，工程师的技术津贴是每月 800 元，而助理工程师的技术津贴是每月 550 元。加班工资由周六、周日加班的时间确定，按照两倍工资计算。生产奖金等于奖金基数乘以岗位系数，而奖金基数随每个月的产值完成情况波动。流动津贴是只有随项目流动的职工才有的补贴，公司驻地职工没有。除此之外，夏季 6—8 月有总额 750 元的防暑降温费，分三个月发放（J 公司岗位等级工资实施办法；QQ 记录，20111230）。图3-

① ［德］卡尔·马克思：《资本论》（第一卷），人民出版社 2004 年版，第 613—622 页。

② 同上书，第 623—643 页。

③ 例如，工资和福利问题在西方的政党选举过程中总是会成为党派争取选票的重要筹码。

7 是一位入职整一年的本科学历职工的工资条。职工的工资按月计算按月发放。

| 2011年07月份 | | | | | | | | | | | | | | | | | | |
|---|---|---|---|---|---|---|---|---|---|---|---|---|---|---|---|---|---|---|
| 部门 | 职员 | 岗位工资 | 年工工资 | 技术津贴 | 其他津贴 | 加班工资 | 家属药费 | 女工费 | 流动津贴 | 工资调整 | 普降福 | 本月奖金 | 应发工资 | 扣款 | 养老金 | 失业金 | 医疗金 | 公积金 | 纳税所得额 | 应纳税额 | 实发工资 |
| 公司实保卫 | | 1380.00 | 100.00 | 550.00 | 15.00 | 1205.52 | 15.00 | | 126.00 | | 180.00 | 2932.50 | 6504.02 | | 179.92 | 4.50 | 53.42 | 250.00 | 3836.18 | 450.43 | 5565.75 |

**图 3-7　职工工资构成**

　　劳务工的工资不像职工那样有明确的工资制度，而是由劳务工和架子队队长根据建筑劳务市场行情和近期生产任务对劳务工的需求程度，协商确定日工资的大致范围，最终的工资还要根据劳务工的个人技能、工作表现以及与井长、带班、架子队队长的关系亲疏程度而定。自 2009 年起，由于业主要求压缩工期，生产任务紧迫，而劳务工一直处于短缺状态，所以，劳务工工资的总体趋势是增长的。直接在一线从事生产工作的工人的工资增长幅度较大，炊事员、保洁员和电动起重机操作员等生产辅助人员或从事轻体力劳动的劳务工的工资增长幅度较小。这是因为不同工人的短缺程度和其劳动所创造的价值不同。在本项目，2009 年，普通劳务工的最低工资是 70 元/日，最高工资是 80 元/日；2010 年，普通劳务工的工资在 80—110 元/日之间，带班工资为 3700—4000 元/月，竖井井长的工资为 4500—5500 元/月，劳务工食堂大厨的工资为 80 元/天，除了掌勺大厨以外的炊事员的工资为 55 元/日，保洁员和电动起重机操作员的工资为 70 元/日。进入 2011 年以后，劳务工的工资呈不断上涨趋势，劳务工短缺加上抢工期，使得普工的工资几乎每个月都会增长。到 2011 年 10 月，普工的最低工资涨到 130 元/日，最高工资有 170 元/日，井长的工资基本为 7000 元/月，带班工资涨到了 5000—6000 元/月，保洁员和电动起重机操作员的工资为 75 元/日。另一个影响劳务工工资的因素是个人技能和工作表现，有技术、工作积极的工人，会有更高的工资，"给你个活，你有技术，你干的行啦，有些老民工啊，干的时间长了，你懂点嘛，工资稍微高一点嘛。新来的基本上也就是 90—100 块钱"（访谈，XL20100620）。此外，由于每个人的工资都是由带班来报给架子队，架子队劳资部门再报给项目财务部门，所以与带班和架子队队长的关系会对工资有影响，但不是很大。在本项目，普通劳务工之间的工资差别总体不大。

　　关于工资的支付问题，职工和劳务工的工资都是按月支付，但是，具体操作过程却有很大差别。职工的工资就是按照财务核算的结果按月打到工资卡里，然后把工资条发到各人的电子信箱。劳务工的情况就要复杂得多。劳务工工资的核算和支付流程大致如下。首先需要先确定每个劳务工上个月的工作天数，因为其工资是以日计算的。每个劳务工的工天先由带班把签到表报给井长，再由井长报给架子队劳资人员，由架子队公示审核无误后，再报给项目财务部门（图3-8）。财务部门根据架子队报上来的工天统计表和劳务工工资标准列表确定架子队劳务工的工资总额，然后把工资总额交给架子队，架子队再把工资交给各个井长，井长再交给带班，由带班发到工人手里。在这个过程中，架子队通常会多报一些劳务工名单上去，即便名单上的很多人并不属于在这个项目工作的劳务工。这是因为，在2011年9月1日个人所得税起征点调整以前，大多数劳务工的月工资都超过了2000元的个税起征点，需要缴纳个人所得税。而对大多数劳务工来说，每一分钱都是牺牲自己的健康换来的血汗钱，每个月因为交税而损失几十到几百元不等，在他们看来是不能接受的。因此，架子队想出了一个办法，即通过多报人数，使得在工资总额确定的情况下，在财务上平摊给每个工人的工资降低，从而为劳务工实现避税或少缴税的目的。这个方案之所以能够实现，是因为项目部不再要求劳务工必须拿着身份证亲自去项目部财务处领工资。在此之前，每到发工资的日子，劳务工都需要持身份证亲自去项目部财务处签字领工资，每个人都是实缴个人所得税。项目部正是意识到了劳务工希望能够避税的需求，所以将发工资的权力从财务部门下放到了架子队，但是为了避免架子队队长拖欠工资的情况发生，依然会监督以确保工资按时交到了每个劳务工手中。

建筑施工企业由于各种原因[①]，很容易面临资金紧张问题，在此情况下，通常会出现欠薪问题。在整个建筑施工行业，农民工被欠薪是最常见的情况，有学者还就欠薪的形成机制做了专门研究（亓昕，2011）。但是在E标段不存在拖欠劳务工工资的情况，倒是存在拖欠职工工资的情况。2011年，S集团公司的所有铁路项目由于受原铁道部部长刘志军贪腐案和7·23甬温线动车特大事故影响，出现资金链全面断裂的情况。整个集团公司及其下属的所有子公司都发不出工资。但是E标段属于市政工程，其资金链没有受到铁路建设领域资金链断裂的影响，项目一直处于盈利状

---

① 例如，业主资金链断裂推迟支付或无力支付工程款，工程验收不合格业主拒绝支付工程款，项目成本高于中标价格工程亏损等。

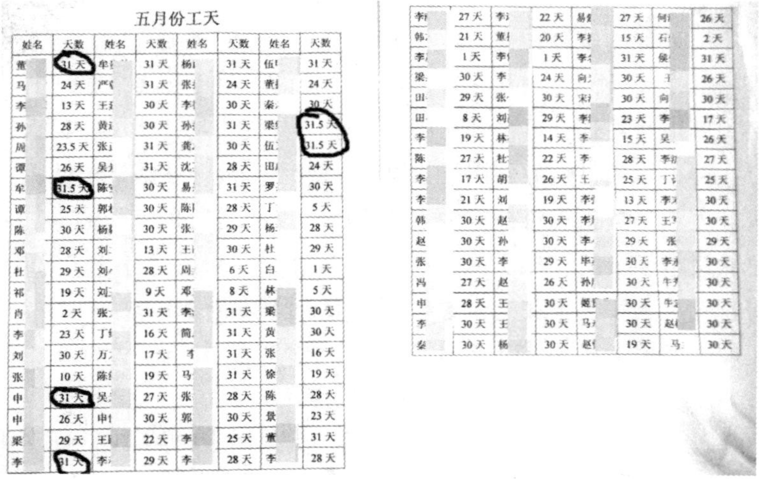

五月份工天

| 姓名 | 天数 | 姓名 | 天数 | 姓名 | 天数 | 姓名 | 天数 |
|---|---|---|---|---|---|---|---|
| 董 | 31天 | 牟 | 31天 | 杨 | 31天 | 伍 | 31天 |
| 马 | 24天 | 严 | 31天 | 张 | 24天 | 黄 | 24天 |
| 李 | 13天 | 王 | 30天 | 李 | 30天 | 秦 | 30天 |
| 孙 | 28天 | 黄 | 30天 | 孙 | 31天 | 梁 | 31.5天 |
| 周 | 23.5天 | 张 | 31天 | 龚 | 30天 | 伍 | 31.5天 |
| 谭 | 26天 | 吴 | 31天 | 沈 | 28天 | 田 | 24天 |
| 牟 | 31.5天 | 陈 | 30天 | 易 | 31天 | 罗 | 30天 |
| 谭 | 25天 | 郭 | 30天 | 陈 | 28天 | 丁 | 5天 |
| 陈 | 30天 | 杨 | 30天 | 张 | 29天 | 杨 | 28天 |
| 邓 | 28天 | 刘 | 13天 | 王 | 30天 | 杜 | 29天 |
| 杜 | 29天 | 刘 | 28天 | 周 | 6天 | 白 | 1天 |
| 祁 | 19天 | 刘 | 9天 | 邓 | 8天 | 林 | 5天 |
| 肖 | 2天 | 张 | 31天 | 李 | 31天 | 梁 | 30天 |
| 李 | 23天 | 丁 | 16天 | 简 | 31天 | 黄 | 30天 |
| 刘 | 30天 | 万 | 17天 | 李 | 31天 | 张 | 16天 |
| 张 | 10天 | 陈 | 19天 | 马 | 31天 | 徐 | 19天 |
| 申 | 31天 | 吴 | 27天 | 张 | 28天 | 陈 | 28天 |
| 申 | 26天 | 申 | 30天 | 郭 | 30天 | 景 | 23天 |
| 梁 | 29天 | 王 | 22天 | 李 | 25天 | 董 | 31天 |
| 李 | 31天 | 李 | 29天 | 李 | 28天 | 李 | 28天 |

| | | | | | | | |
|---|---|---|---|---|---|---|---|
| 李 | 27天 | 李 | 22天 | 易 | 27天 | 何 | 26天 |
| 韩 | 21天 | 董 | 20天 | 李 | 15天 | 石 | 2天 |
| 李 | 1天 | 李 | 1天 | 李 | 31天 | 侯 | 31天 |
| 梁 | 30天 | 李 | 24天 | 向 | 30天 | 王 | 26天 |
| 田 | 29天 | 张 | 30天 | 宋 | 30天 | 向 | 30天 |
| 田 | 8天 | 刘 | 29天 | 李 | 23天 | 李 | 17天 |
| 李 | 19天 | 林 | 14天 | 李 | 15天 | 吴 | 26天 |
| 陈 | 27天 | 杜 | 22天 | 李 | 28天 | 李 | 27天 |
| 李 | 17天 | 胡 | 26天 | 王 | 25天 | 丁 | 25天 |
| 李 | 21天 | 刘 | 19天 | 李 | 13天 | 李 | 30天 |
| 韩 | 30天 | 赵 | 30天 | 李 | 27天 | 王 | 30天 |
| 赵 | 30天 | 孙 | 30天 | 李 | 29天 | 张 | 29天 |
| 张 | 30天 | 李 | 29天 | 毕 | 30天 | 李 | 30天 |
| 冯 | 27天 | 赵 | 26天 | 孙 | 30天 | 牛 | 30天 |
| 申 | 28天 | 王 | 30天 | [illegible] | 30天 | 牛 | 30天 |
| 李 | 30天 | 王 | 30天 | 马 | 30天 | 赵 | 30天 |
| 秦 | 30天 | 杨 | 30天 | 赵 | 19天 | 马 | 30天 |

**图 3-8　劳务工工天统计表**

态，所以没有拖欠劳务工的工资。而职工就没有那么幸运了，因为项目职工的工资要比照公司的整体经营状况发放，所以即使这个项目盈利，也不能给他们发工资，而是要把资金抽出来先用在公司其他急需用钱的项目。这次欠薪持续了四个月，直到铁道部紧急拨款偿还了施工企业部分工程款，职工才拿到了工资。在此期间，职工虽然有所抱怨，但是并没有出现大的风波，因为首先他们知道这么大的企业不可能冒法律风险欠他们那么点工资，其次，保住工作才是最重要的，“即使欠薪又如何，总不能离职吧，你不干有的是人来接这个工作”（访谈，XM20111018）。

以上对职工和劳务工各自工资计算与支付情况的介绍说明，职工的工资是根据正式的规章制度确定的，其工资权益是受到法律保护的，而劳务工的工资则是由架子队队长的非正式的口头约定确定，并通过施工企业的监督来保证发放的，虽然有劳动合同，但是合同里并没有约定实际的工资标准。劳动合同的问题，我们会在下文专门讨论。总之，劳务工的工资权益不是由强制性的法律来保障的，而是由架子队队长的个人信誉和施工企业对农民工工资问题的重视程度决定的。

正是因为有法律作为后盾，所以职工即使在遭遇拖欠四个月工资的时候，依然能够泰然处之，虽然个别人会因此而考虑寻找其他就业门路，但是总体上对企业会发放工资是有信心的，认为只不过是时间早晚的问题。他们相信这么大的国有企业不会冒法律风险长期拖欠自己的工资。但这种情况如果发生在农民工身上，恐怕就是另一番景象了。实际上，2011 年下半年，S 集团公司的所有下属子公司的铁路建设项目，都存在拖欠农民工工资的问题。为此，集团公司还下发了专门的维稳文件，要求各项目做好农民工的安抚工作，避免因欠薪而引发的上访或群体性事件发生。农民工遭遇欠薪之所以无法像职工那么稳定，最主要的原因就是他们的工资权益没有正式的法律保障，只有钱实实在在在攥在手里了，他们才能觉得放心。

　　S 集团公司之所以对于农民工的工资问题极其重视，是因为作为国有企业和上市公司，在国家重视农民工工作和强调社会稳定的背景下，已经意识到农民工问题无小事，万一因为欠薪或工伤而导致农民工的大规模群体性事件，会直接影响其建筑资质等级、社会形象、公司股价以及企业领导的业绩考核和职位。因此，对于企业领导来说，无论从公还是从私出发考虑，都有压力解决好农民工工资问题，这不仅是一个经济问题，对于国有企业来说，更是一个政治问题。但是，依靠个人信誉或个别企业的社会责任意识，显然不是解决农民工工资问题的根本办法，如果没有明确的强制性的法律作为根本保障，即使是九部委联合部署保障农民工工资支付[①]又如何，临近年根照样每天都在上演讨薪的悲剧。[②] 解决农民工的工资问题，需要的是长效机制的建立，而不是"运动"式的集中行动。

## 三　劳动和社会保护：双重标准

　　劳动保障是指为保护劳动者的基本权益所采取的一切措施和行为的总和，保障的内容包括主体的独立人格、法律地位和物质利益，其目的在于保障劳动者的合法权益。社会保障是国家和社会依法对社会成员基本生活予以保障的社会安全制度。社会保障具有保护劳动力再生产、维护社会稳定、促进经济发展的功能（郑秉文，2001）。

　　从宏观的角度讲，劳动保障与社会保障的问题在本质上是劳动力再生

---

　　①　中国新闻网：《九部委部署保障农民工工资支付　确保春节前无拖欠》，2011 年 12 月 5 日，http：//www.chinanews.com/cj/2011/12-05/3509358.shtml。

　　②　人民网：《云南昆明一天内 5 名农民工欲跳楼跳塔讨薪》，2011 年 12 月 29 日，http：// legal.people.com.cn/GB/188502/16754040.html。

产问题，这两项措施不仅可以维持一支稳定的劳动力队伍，而且可以保证其对商品的消费，从而保证资本再生产的延续。随着人类社会的文明进步和对"人"本身的价值的珍视，劳动保护和社会保障在现代国家已经成为公民权利的基本内容（奥菲，2006：1），只不过这种公民权利的内容的增加和覆盖人群范围的扩大并不是一蹴而就的，而是经历了一个漫长的过程，其间充斥着统治策略、社会运动、工会作为一种政治势力的崛起、政党博弈以及战争，直到所有的公民都获得了现代公民身份（曼和特纳 in 郭忠华、刘训练，2007：192—220）。

在 E 标段，职工和劳务工分别为两套不同的保障标准和保障措施所覆盖。这种差别待遇体现在劳动合同、劳动安全与卫生、工时与休假以及社会保障等几个方面。工时与休假问题，已经在上一节做了分析，下面主要就其他三项做比较分析。

### （一）真真假假的劳动合同

职工和劳务工劳动合同的差别主要表现在三个方面：一是所签劳动合同的甲方不同；二是签订劳动合同的过程不同，对合同内容和意义的知情程度不同；三是二者劳动合同的作用不同。

在 E 标段，从法律上讲，职工与施工单位之间是劳动关系，而劳务工与施工单位之间是劳务关系，关系性质的不同决定了职工和劳务工与施工企业对话地位的差别。职工劳动合同的甲方是 S 集团公司下属的处级子公司 G 公司或 J 公司，劳务工劳动合同的甲方分别是与 G 公司和 J 公司合作的新乡 W 劳务公司和三河 Y 人力资源服务公司。实际上，W 公司和 Y 公司就是分别由 G 公司和 J 公司组建的，其目的主要是为了满足 G 公司和 J 公司转换内部混岗作业人员劳动关系的需要。除此之外，S 集团公司还有其他三家子公司出于同样目的也分别组建了各自的合作劳务公司。彼时，S 集团公司下属各子公司都按照便利原则与这五家劳务公司的一家签订了劳务派遣协议，建立了劳务合作关系。

职工和劳务工各自劳动合同的甲方的不同，决定了二者与施工单位的关系性质。职工与施工单位之间建立的是劳动关系，职工有义务履行劳动合同中的各项条款，而企业有责任按照《劳动法》《劳动合同法》等相关的法律法规和政策文件，保护职工的各项合法权益；如果职工不履行其应尽义务，企业有权利按照合同规定做出相关处理，而如果企业损害了职工的合法权益，职工也可以依法维权。

劳务工与施工单位之间是劳务关系，与其真正建立劳动关系的是特定劳务公司，是因为先有了劳务公司与施工企业之间的劳务派遣关系，才有了劳务工与施工单位之间的劳务关系。所以，劳务工与施工单位之间在法律上是不存在关于合同内容的对话关系的。但是实际上，劳务工的招录、劳务工劳动合同的签订、薪资待遇的确定、劳务工的管理以及发生工伤或死亡等事件后的处理，都是由项目的劳资人员代理劳务公司执行。劳务公司事实上成了有些学者称的"皮包公司"（潘毅、卢晖临、张慧鹏，2010：93），这使得施工单位与劳务工的事实关系变得比较复杂。

职工和劳务工的劳动合同的建立过程的对比就比较耐人寻味。职工签合同的过程是，首先人事部给每个人发两份空白合同，然后告诉乙方需要填哪里怎么填，填好后收回盖章并返回一份给职工，此后合同正式生效。在此过程中，乙方有充足时间了解合同内容，并且就合同中不明白的条款询问人事人员。也就是说，职工对于合同内容是完全知情的。与此不同，劳务工的劳动合同是由项目部代理劳务公司办理的。劳务工老李向我说明了签合同的整个过程，"哎呀，你来啦，人家说你签个合同。咱就过去啦，人家说好啦，你拿过身份证来，你给了人家身份证嘛。人家说好啦，明天你去体检身体吧。你体检了一下，来了，人家说，没事了，你就上班吧。说你有事嘛，说你胃部嘛，或者哪里不清楚嘛，人家说你再去复查一下吧，你自己拿上钱，再去找个医院复查一下。你复查回来了，人家说，没事了，好啦"（访谈，LL20100620）。老李有两个细节没有说到，就是劳务工签合同，合同一式三份，不仅要签名字，而且是要按手印的，另外，体检费用是由公司来出，不过复查的费用是工人自理，也有个别工人因为身体问题没有被雇用的情况。当被问到是否看过劳动合同，老李说道，"看甚呀，往哪里看。有些识字的嘛，还好一点。有些嘛，过去了还慌得，签个字就走了，你还瞪着眼老看呀"（访谈，LL20100620），老李的二儿子小李补充道，"看是让你看，但有时你也看不懂"（访谈，XL20100620）。

除了老李父子，其他很多劳务工都说到签合同通常不会看合同内容，或者是因为在架子队办公室觉得拘束，不敢仔细看，或者是因为同一批签合同的人太多，都排队等着，来不及看，或者是因为文化程度低或者干脆不识字，根本看不懂。项目部劳资人员定期把劳务工签过字的合同送到燕郊 Y 劳务公司驻地，盖上劳务公司的章存档一份，另两份带回项目部，但是没有发到劳务工手中。换言之，劳务工签了合同却不持有合同。对此他们心里有看法，但是没有人去架子队办公室要合同，有些人是不敢，有些人是觉得要不要无所谓，反正依照这个公司过去的管理习惯，万一出事了有没有合同公司都会管。虽然大多数劳务工没看过合同内容，手中也没有合同，但是明白这个东西对他们是有用的，"我们签这个也就是，出个意外啦，有这个，到时候可以给你包（赔）啊什么的"（访谈，XL20100620）。

劳动合同作为用人单位和劳动者之间建立劳动关系的法律凭证，合同条款所明确的权利义务关系对合同双方都具有法律约束力。对于劳动者来说，其劳动权益都已通过合同条款明确，遇到企业侵犯职工的合法利益时，劳动合同是处理劳动争议的有效依据，以此达到保护劳动者合法权益的目的。而对于企业来讲，劳动合同通过权利义务的形式确立了劳动者的工作期限、内容等，从而保证了劳动力队伍的稳定和生产管理的有序开展。E 标段职工的劳动合同对于职工和建筑公司来说，其作用也大致如此。

但是，E 标段劳务工的劳动合同的作用比较复杂。对于劳务工来说，劳动合同的主要作用在于确认他们和劳务公司之间的劳动关系，在发生欠薪或工伤后，作为凭证来维权。而至于其他的工资工时、劳动保护等各项条款，对他们显然没有实质作用。对于施工企业来讲，劳务工与劳务公司所建立劳动合同的主要作用在于表明其是合法用工。2005 年建设部印发的《关于建立和完善劳务分包制度发展建筑劳务企业的意见》，要求从 2005 年 7 月 1 日起，用三年的时间，在全国建立基本规范的建筑劳务分包制度，农民工基本被劳务企业或其他用工企业直接吸纳，"包工头"承揽分包业务基本被禁止；2006 年国务院发布的《关于解决农民工问题的若干意见》以及 2008 年开始执行的《劳动合同法》，对企业直接使用农民工的法律和社会责任提出了明确的要求，施工总承包、专业承包企业直接雇用农民工，不签订劳动合同，或只签订劳动合同不办理社会保险，或只与"包工头"签订劳务合同等行为，均视为违法分包进行处理。在此背景下，企业采取了内部组建劳务公司与劳务工签合同这种办法，以此达到既降低用工成本又规避用工法律风险的目的。

实际上，这种表面合法的用工方式，不仅不能完全保障劳务工的劳动权利，也不能对劳务工产生约束力，他们如果要离开项目，企业或劳务公司并不会以合同未到期阻止其离开，至多是克扣部分未结清的工资。这种半真半假的劳动合同，主要目的在于降低企业的用工成本和用工的法律风险，并在客观上一定程度地维护了农民工的利益，是一种典型的合法而不合理的存在。

**（二）工种、效率与劳动保护**

劳动安全是指在生产劳动过程中，防止中毒、车祸、触电、塌陷、爆炸、火灾、坠落、机械外伤等危及劳动者人身安全的事故发生，使劳动者人身安全获得保障、免受职业伤害的权利。劳动保护是国家和用人单位为保护劳动者在劳动生产过程中的安全和健康所采取的立法、组织和技术措施的总称，通过为劳动者创造安全、卫生、舒适的劳动工作条件，消除和预防劳动生产过程中可能发生的伤亡、职业病和急性职业中毒，保障劳动者以健康的劳动力参加社会生产，促进劳动生产率的提高。

在 E 标段，劳务工作为一线的施工作业人员，其所从事的工作比职工艰苦、繁重、危险，但是其所享受的劳动保护却比职工差得多。这里并不是说对职工有劳动保护过度的嫌疑，而是说对劳务工的劳动保护没有做到应保尽保。

职工基本都在项目部工作，虽然每个人的工作职责里有每个月去施工现场不少于 22 次的规定，但除了架子队的安全员和技术员，其他职工在现场工作的时间很少，大多数时间还是在室内，有空调有纯净水。并且，职工都享受国家法定的防暑降温费。此外，尽管大多数职工并不经常去施工现场，但职工的安全帽相对于劳务工的安全帽材质要好得多，价格也是后者的两倍多。大多数职工不直接从事现场工作，所以不需要防护口罩、钢丝手套、墨镜、安全带以及雨靴等防护装备。

而劳务工只要是在工作就必须是在施工现场的，由于是地铁项目，所以他们大多数时候都在地下工作，粉尘、噪声、潮湿是劳动环境的基本特征，这些分别有可能伤害到呼吸道、听力和皮肤。此外，还要面对作业层面的危险，比如塌方、机械故障等（见图 3-9）。在夏天他们是真正在闷热的井下和暴晒的井上施工的人，但是他们没有防暑降温费。夏日，井下作业虽然不会遭受高温和日光暴晒，每个竖井还有四台通风机，但是闷热、潮湿、粉尘还是极其严重，工人们不得不光着膀子干活

（见图 3-10），很多工人起了湿疹，腿上大片大片的红斑。冬天，井下渗水严重，阴冷潮湿，工人们的帆布球鞋既不防寒也不防水（见图 3-11），长期在阴冷的环境下工作很容易患关节疾病。图 3-11 右侧图，是劳务工在挖桩孔，深度 11 米，都是铁锹一锹一锹挖出来的。依照现在的施工技术，正常情况下是用机械挖桩孔的，但是由于这个地方的下面是既有地铁线路，无法采用机械施工，所以只能靠人力一锹一锹挖。挖桩孔必须是挖一米就打一米混凝土，否则就会塌方，所以挖的时候不仅会面临塌方危险，还不得不忍受呛人的混凝土。图 3-12 的左图是两名女工在铲石子，一个 36 岁，一个 51 岁，右图是挖桩孔的工人，元旦期间的北京清晨，气温在零下六七摄氏度，他却只穿了一件秋衣和一个背心，原因是挖桩孔用力气出汗热①。

图 3-9　6 月中下旬劳务工在逼仄闷热的井下工作

　　在建筑工地，劳动安全和保护与劳动效率之间彼此冲突似乎是必然的。对于劳务工来讲，虽然有专门的材料间配备有防护口罩、钢丝手套、墨镜、安全带以及雨靴等，需要用的时候可以自己去取，但是很多人都不用防护口罩，原因是妨碍呼吸，电焊工也很少用墨镜，因为戴了以后影响电焊的精确度。对于施工企业来说，更不会因为作业条件艰苦就放缓施工进度，完成生产任务是第一位的，而至于劳动保护，只要配上了硬件保护措施，能够应付安全检查就可以了。为了劳动保护而降低生产效率或减少

---

　　① 看着这些照片就不由得想起了当初朝夕相处看他们劳动时的情景，当时我没有哭，只是难过，但是现在每次看到这些照片，都会情不自禁流泪。当初试着和他们一起劳动，但是还没有开始我已经败下阵了，甚至不如五十多岁的大姐，读者可以想象他们的劳动有多繁重。

**图3-10　7月份劳务工在闷热充斥粉尘和噪声的井下工作**

劳动时间，是不可能的。

施工企业为了追求产值以牺牲劳务工的健康和安全为代价，而计件工资制与淡薄的自我保护和安全意识使得劳务工也接受这种低劳动保护的状况，不仅不去争取应有的劳动保护权利，甚至连自己都不注意自身的安全。二号竖井的井长LJ谈工人对安全规章的漠然态度：

> 有些工人不戴安全帽。安全帽佩戴的时候是怎样一个标准，安全讲话你给他说得清清楚楚，安全帽要佩戴……但是他们就不听，动不动把帽子的带放在里面（就戴上了）。另外一个，在下面干活的时候，干累的时候，把安全帽一拿就坐在那儿了。另外，用乙炔氧气，你跟他们说多少回，乙炔氧气最低也要5米，这样有什么意外的话不会引起爆炸。他给你弄个两米、三米，他就这样。还有佩戴安全带，规定是在两米以上就应该系安全带。你跟他说，他说这才多高呀……（访谈，LJ20110101）

可见，令人担忧的不仅是工地上应保未保的劳动保护现状，更是长期效率至上和缺乏劳动保护所导致的劳务工本身对自身安全和劳动保护的忽视。

**（三）社会保障：城乡之间**

社会保障，是指国家和社会通过立法确立的对社会成员特别是生活有

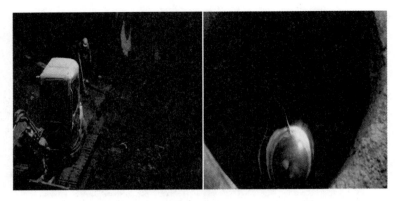

图 3-11　元旦期间阴湿的井下现场和铁锹挖出来的 11 米的桩孔

图 3-12　元旦早晨七点铲石子的女工和挖桩孔的工人

特殊困难的人群提供基本生活权利保障的社会安全制度，其本质是对国民收入的分配和再分配。社会保障一般包括社会保险、社会救济、社会福利、优抚安置等，其中，社会保险是社会保障的核心内容。依照《中华人民共和国社会保险法》，社会保险是与就业挂钩的一项再分配制度，包括基本养老保险、基本医疗保险、工伤保险、失业保险、生育保险等社会保险制度，其目的是保障公民在遭遇年老、疾病、工伤、失业、生育等人生风险时能够依法从国家和社会获得物质帮助。社会保险待遇的享受以社会保险费的缴纳为前提，用人单位和个人必须依法缴纳社会保险费。从法律上讲，所有雇佣劳动者都享有社会保险权利，包括农民工。但是在实际执行过程中，有些企业以农民工身份的模糊性和劳动关系的不稳定性为借口拒绝为农民工缴纳社会保险费，从而使其无法进入城镇职工社会保险体系，而只能从农村社会保险体系获得保障。

在 E 标段，职工和劳务工在社会保障方面的最大差别在于，职工享有的是城镇职工的社会保障制度，而劳务工享有的是国家针对农民的社会保险制度。

职工的社会保障待遇如下：第一，每一位在岗职工都享有国家规定的五险一金的待遇，即养老保险、医疗保险、失业保险、工伤保险、生育保险和住房公积金。养老保险、医疗保险、失业保险和住房公积金，依据《中华人民共和国社会保险法》和《住房公积金管理条例》，由企业和职工按照规定的分摊比例缴纳保险费，工伤保险和生育保险的保险费完全由企业负担。第二，项目的承包合同条款要求为所有从事危险作业的职员和工人办理意外伤害保险，但实际上，项目部只给职工购买了团体人身意外伤害保险，并没有为真正从事危险作业的劳务工购买。第三，按照劳动合同条款，用人单位遇到业务规模收缩、经营发生困难等情况时，可以安排部分职工待岗，但是必须保证职工待岗期间的月生活费不低于用人单位驻地的最低工资标准。

与职工不同，劳务工除了工伤保险之外，其他的社会保障权利都是按照农民的标准执行。依据 2011 年 1 月 1 日开始执行的《国务院关于修改〈工伤保险条例〉的决定》，所有农民工都被纳入了工伤保险覆盖范围，从法规上确认了企业为农民工缴纳工伤保险费的义务。但是，劳务工的医疗保险、养老保险关系还是在农村，分别依据新型农村合作医疗制度和新型农村社会养老保险制度（尚处于地区试点阶段）的缴费标准缴费并享受相应的待遇。一些长期在 S 集团公司的各个子公司打工的劳务工也曾询问过，能否把他们也纳入城镇职工养老保险范围，即使完全由他们自己来缴纳养老保险费，但是得到的是企业否定的答复。在 S 集团公司工作了接近 20 年的 LX 说：

> 我们那时候给那个公司常干，目的就是搞点什么养老保险，挂靠公司。我跟张文说，我说张总我们干了十多二十年了，我们挂靠你这个公司，我们自己交点养老保险不行吗？他说我不给你开这个先例，他就说这个话，他说我不敢给你开这个先例。（访谈，LX2011101801）

建筑领域劳务工的劳动关系和用工关系的复杂性，即虚假的劳动关系和真实的用工关系，使得没有真正为劳务工的社会保险权利负责的用人单位，这使得他们不可能被覆盖职工的城镇职工社会保险制度所覆盖，而只能依靠农村老家的社会保险体系获得保障。在 E 标段，施工单位正是以与劳务工之间只是用工关系不是用人关系为由，规避了为劳务工缴纳社会保险费的义务，从而实现其降低劳动成本的目的。

# 四　劳动力再生产：双向分隔

劳动力再生产是指劳动者的劳动能力即其体力和智力的恢复、更新和发展。广义的劳动力再生产既包括劳动者本人劳动能力的恢复和发展，也包括下一代劳动力的哺育和培养，实现劳动力的新老更替，以满足社会化大生产的需要。本研究所指的劳动力再生产仅指劳动者本人劳动能力的恢复和发展。劳动力再生产从来就不是一个单一的经济概念，而是嵌入在特定的社会结构和文化环境中的。劳动力再生产的标准存在社会阶级差异，恩格斯笔下的爱尔兰移民以土豆和茅草屋完成劳动力的再生产，而同时期的封建贵族和新兴资产阶级在牛津剑桥实现阶级的再生产。

E 标段毗邻北京最繁华的商业中心之一，与外面的世界相对照，工地是一个自成一体的小王国，用围挡与外面的世界隔离开，只许围挡内的人走出去，但围挡外的人不经允许不得走进来（警察、城管、工商等行政部门的人例外）。在工地，除了少数在北京有房的职工外，大多数职工和劳务工都住在项目专设的生活区，在这里完成他们的劳动力再生产。虽然相住不到百米，彼此双方都能看到对方的生活图景，但是，职工和劳务工的劳动力再生产却沿着不同的轨道进行，有影无形的身份区隔无处不在。

## （一）公共食堂：福利机制与市场机制

E 标段一共有三个食堂，分别是局项目部职工食堂、工区项目部职工食堂和劳务工食堂。食堂的设置除了遵循办公便利的原则外，也是一种显而易见的等级区分。在 2010 年夏，局项目部食堂的伙食是最好的，好的程度就是比一般高校食堂的伙食要好，午餐和晚餐基本是每餐四样菜，每位职工每月交 100 元伙食费；工区项目部食堂的伙食次之，和高校食堂差不多，每位职工每月交 300 元伙食费；而劳务工食堂的伙食是最差的，大米是陈年稻谷，没有韧性，菜品少，油水少。局项目部食堂之所以比工区项目部伙食好而且便宜，主要是因为项目的所有财政大权都在局项目部，而且项目经理等领导班子都是从集团公司来的，而工区项目部的职工是从下属的 G 公司和 J 公司来的，公司不同层级原有的福利待遇标准不可避免地带到了项目。到 2011 年年初，项目出了一次事故，局项目部的所有班子成员都被撤换，集团公司重新从 J 公司派了领导人员下来负责项目后，局项目部食堂的伙食质量和伙食费标准才和工区项目部统一了。

与职工食堂由项目行政办公室直接管理不同，劳务工的食堂是由一架子队队长小兵承包管理的。因为劳务工要上夜班，所以食堂除了供应早、中、晚饭外，午夜还供应消夜。早饭和消夜基本上就是馒头、糖三角、稀饭和蔬菜，午饭和晚饭一般是两个素菜一个荤菜，还有米饭和馒头。在 2010 年夏，荤菜是 4 元一份，素菜是 2.5 元一份，米饭 8 角钱管饱，馒头是 4 角钱一个；到 2011 年夏，荤菜涨到 5 元钱一份，素菜 3 元钱一份。荤菜里很少有肉，只不过是漂着点油花，素菜基本是水煮菜。大多数工人为了节约生活费，一般都只买一个菜，而且不会天天买肉菜，主要靠米饭填饱肚子。我问过一些工人这么吃能吃饱吗，有一位工人告诉我："像我们干体力活，光吃素肯定是有些不饱，所以有时候隔天会买肉菜吃，平时就多打些米饭。"（访谈，SXB20100618）米饭虽然是管饱，但是米的质量很差，多是陈年的旧米，黏糊糊的没有韧性。有些工人嫌食堂的饭太难吃，会偶尔去外面的成都小吃吃一碗面或者一份盖饭。

职工和劳务工食堂的差别不仅表现在伙食质量方面，更主要的是二者属于不同的管理系统①，或者说，正是由于职工食堂和劳务工食堂遵循不同的管理逻辑，所以伙食质量和伙食费的标准会完全不同。职工的食堂由项目行政办公室直接负责，炊事员等人的工资从项目经费统一开支。职工 100 元或 300 元包月，伙食费标准相对于提供的伙食来说，具有企业福利的性质。而劳务工食堂是交给职工小兵经营的，虽然不必交承包费，但对于他来说，即便不从中盈利，也至少要保持收支平衡。他的经营成本除了每天的食材还要加上 5 个以上炊事员的工资，这些都得从卖给劳务工的饭

---

① 在"昆厂"，史国衡认为技工食堂的伙食之所以好于帮工和小工食堂，并不是由于厂方的偏心，而是因为技工食堂成立有专门的膳食委员会，监督食堂的伙食管理，而帮工和小工食堂没有这样的组织，而之所以技工中能够形成这样的组织，是因为技工有技术这个资本为其撑腰，使其有组织有机会发表意见。

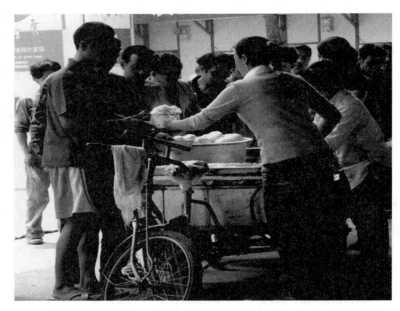

**图 3-13    劳务工中午排队买饭**

里赚回来，所以，劳务工食堂遵循的是市场原则。实际上，在 2008 年以前，J 公司各项目的职工和农民工都是在同一个食堂吃饭，后来随着农民工越来越多，公司出于节约成本的目的，就把劳务工食堂交给职工管理了。现在，只有和职工关系特别亲近的劳务工才能在职工食堂包月吃饭。可见，职工和劳务工食堂之所以会形成两种不同的运营机制，是施工企业出于降低劳动成本的目的刻意安排的。

### （二）住宿生活设施：隔离与统一

E 标段职工与劳务工在住宿生活设施方面的差别主要表现为居住空间的隔离。在空间上，工地的生活区分为局项目部生活区、工区项目部生活区和劳务工生活区。项目部职工根据办公的需要分别住在局项目部生活区和工区项目部生活区，劳务工住在单独的生活区。项目管理方对这种居住空间隔离的解释是出于管理方便的考虑，但是"管理方便"四个字却是耐人寻味的，背后是一种有意识的身份区隔，既能够安抚职工的优越感，使其在对比自身低等级的阶层生活境遇的俯视中不至于太过不满意这种流动性的工作；同时又强化了劳务工"低人一等"的身份意识，以使其安心于脏、累、险的一线作业。

在居住条件的硬件配套上，项目部生活区和劳务工生活区差别有限①。项目部的活动板房所选用的材质较好，而且加了保温层，每个房间配有办公居住的家具、空调和洗手池。各部门领导有单独的办公室，办公居住两用；普通的职工四个人一间宿舍。劳务工的宿舍也是活动板房，宿舍外面楼道都配有应急灯，宿舍里面有带锁的铁柜、空调和两个电源（见图3-14、图3-15、图3-16），比起其他很多建筑工地的宿舍条件好很多，但是比项目部的稍差。宿舍八人一间，每天有专职保洁员打扫。项目刚刚启动的时候，公司给每个劳务工免费发放了三件套床上用品、工作服和安全帽，但是如果工作未满两个月就离开，需要补交这些用品的费用。职工生活区和劳务工生活区都修建了专门的洗漱池、浴室和厕所（见图3-17），标准差别不大，但是因为劳务工人数多于职工，而且干的活也比较脏，所以这些设施的负载要远远高于职工生活区。电工班的工人告诉我，劳务工生活区的太阳能热水器经常出问题，他们经常得去修。

**图3-14　劳务工的宿舍外景**

此外，职工和劳务工的居住环境在对两个群体的生活自由度和个人隐私的维护方面存在差别。项目部的房间隔音效果都较好，各个房间之间互不干扰，同一个房间的职工作息也基本相同。而劳务工的宿舍基本不隔音，每个宿舍都可以听到隔壁的声音，而且几个人同住，有的人上白班，有的人上夜班，作息的不协调使得很多工人休息不好。此外，作为国有建筑企业延续下来的福利，项目部职工有家人探亲可以安排三个月探亲房，

①　E标段劳务工居住生活设施的条件是我所见过的建筑工地中最好的，也是与职工的居住条件标准相差最小的。

图 3-15　劳务工的宿舍内景

图 3-16　劳务工的宿舍内景

而劳务工在法律上不是建筑公司的人，理所当然也就没有这种待遇了。劳务工里面，有一些是夫妻一起在这个工地打工，有些是妻子在别的地方打工，虽然同在一个工地或一座城市，但他们只能各住各的宿舍。也有个别工人在香山或二七机车厂等离市区较远的地方租了民房，每个月交 250—300 元不等的房租。但这样做的只是极少数人，因为在外面租房多出来的开销不仅是房租，还包括水电费、伙食费、交通费等各项费用，所以大多数劳务工都宁愿艰苦一点把钱省下来。

　　那么，为什么 E 标段在职工和劳务工的住宿生活设施的安排上，有的方面走向统一，而有的方面要维持甚至强化隔离？从上文介绍可以发现，逐步走向统一的是看得见的硬件设施，而维持乃至强化隔离的是看不

**图 3-17 劳务工的水房和浴室**

见的群体认同的心理界限。按照现代企业管理理念，良好的企业社会形象是企业实现发展的必备要素之一。劳务工硬件生活设施的改善，既是因为 S 集团公司乃至其上级 A+股份公司有关于企业形象的明确标准，其中一项就是农民工的硬件生活设施要向职工靠齐；还因为 E 标段地处北京市区，身处政府和社会的视线范围之内，这既是一种监督力量，也是做企业形象宣传的机会，为农民工提供的高标准的硬件生活设施是企业用来展示企业形象的机会。而隔离的维持和强化的原因，前文已经说过，与工地上整体的劳动控制策略一样，是一种有意识有目的基于身份的区隔建构，通过差别管理实现维持生产秩序、降低用工成本、提高劳动效率的根本目的。

### （三）休闲与娱乐：身份与惯习

对闲暇的支配方式是身份的重要表征之一，每一个身份群体都有与之相应的文化惯习。北京的下岗失业职工即便经济拮据以"低保"为生，也不会像社区经商打工的外来人口那样边做买卖边休闲，在他们看来只有和熟悉的朋友聊天、喝酒、打牌才是休闲（郭伟和，2010：116—119）。与之类似，E 标段的职工和劳务工也各自有着完全不同的休闲娱乐方式。

首先，职工和劳务工的劳动分工和工时制度的差别，使得职工比劳务工有更多的休闲娱乐时间。一方面，职工的工作基本没有体力劳动，因此下班以后还有精力去休闲娱乐，而劳务工干的是重体力活，下工以后已经很疲惫，胡乱吃口饭之后就只想上床休息了，"睡好了下一个工才有精神，要不根本撑不下来"（访谈，WY20100612）。另一方面，职工的双休日和节假日在大多数时候是有保证的，很多职工的家就在北京市内或者是离北京不远的河北燕郊，所以周末或节假日他们都会回家；即便是在平时，下班以后的时间也是完全自我支配的。这些在封闭的工地内工作的人，下班以后三五成群去周围的商场逛街、去公园锻炼身体、去饭店吃饭，与普通的都市白领基本没有差别。而劳务工没有法定的休假，且每个工都是 12 小时，下了一个工以后，刚休息好就又得准备上下一个工，所以基本没有闲暇。而至于回家，北京周边省份的工人在农忙的时候会请假回家夏收秋收，其他省份的工人除非家里有急事否则基本不舍得花路费回家。

其次，职工和劳务工不同的身份惯习和经济条件，决定了两个身份群体不同的休闲娱乐方式。如果以对现代文明的接近程度为标准区分的话，职工属于"现代人"，而来自农村的劳务工属于"传统人"。大多数受过大中专教育的职工，无论是来自城市还是农村，都已经通过学校社会化习得了现代人（城市人）的思维方式和生活规范，并在工作以后的职业环境中强化了这种惯习。而且固定的职业所带来的稳定的经济收入也足以支持他们以现代人的方式休闲，比如逛商场、看电影、看演唱会、聚会吃饭、去 KTV 等。而劳务工基本上是土生土长的农民，为了个人和家庭的生存才来到建筑工地打工，他们所肩负的赚钱养家的使命和繁重的工作都使得他们在城市只能作为劳动者存在，而没有机会习得城市文明的成果。他们中的大多数人都是中年人，承担着上有老下有小的家庭责任，所以很多人都很珍惜自己的血汗钱，不舍得出去乱花。商场饭店是绝没有去过的，最多也就是去周围的公园看看别人钓鱼，在公园旁边的市场买几个烧饼和几件廉价衣服，大多数劳务工每月的生活支出保持在 600—1000 元之间。偶尔也会请个假见见同在北京的老乡，聊聊各自的近况，但这样的机会很少。

概而言之，职业身份和社会身份的差别以及由此而形成的身份惯习和获得的经济收入，使得职工和劳务工分别处于两种不同的休闲和娱乐系统，一种是现代的、前卫的、需要以较强的消费能力为支撑的系统，一种是传统的、保守的、不完全依靠金钱的消费就可以获得的系统；一种是高成本的劳动力再生产，一种是低成本的劳动力再生产；一种是作为"人"的劳动力的再生产，一种是作为"劳动力"的人的再生产。

# 本章小结

　　本章主要从劳动分工与劳动控制、劳动与社会保护以及劳动力再生产三个方面，说明了 E 标段身份区隔的劳动控制策略是如何呈现的，并对使其得以产生和存在的社会土壤做了考察。从对中国最早的劳工研究著作之一《昆厂劳工》的回顾中发现，工人之间的身份差别是中国工业化进程中的普遍现象，当时的身份差别既有基于儒家传统文化的职员和工人的差别，也有工人内部基于来源和技术等级的技工和帮工小工的分化。这说明生产空间中的关系离不开生产空间之外的力量的作用。与70 多年前史国衡提出的劳工分化会破坏团结影响工厂的生产效率不同，E 标段正是利用职工和农村劳务工的城—乡社会身份差别建构出身份区隔这样一种劳动管理策略，来制造和强化工人内部的分化，从而实现其分类控制的目的，以维持生产秩序、提高劳动生产率、节约劳动成本。这一现实与国有建筑企业在文本和话语层面所标榜的平等观念形成了鲜明对照。

　　具体来讲，身份主导的劳动分工被作为一种劳动控制手段，职工和劳务工分别处于不同的分工和控制系统，职工的管理、劳动和社会保护以及劳动力再生产都与其他城市正规就业部门属于同一标准；而农村劳务工，虽然其生活条件和劳动保护相对于其他建筑工地有了很大改善，但总体的就业地位同样表现出处于劳动控制底端的非正规特征，这种非正规特征不仅表现在低层次，更主要的是已经突破了法律和正义的底线。无论是工资工时、工作自由度、劳动合同、劳动安全与保护、社会保障以及实现劳动力再生产的饮食起居、休闲娱乐等哪个方面，劳务工都被置于单独的低端体系。而在其背后，是国家制度、行政导向、社会文化和社会心态各自发挥作用，为这种身份区隔的劳动控制策略提供了社会土壤。如果套用布洛维的工厂政体概念，大致可以把对职工的控制划为行政—市场霸权政体，而把对劳务工的控制归为市场专制政体。

# 第四章

# 行业改革、国企改制与身份化用工

第三章分别从劳动分工和劳动控制（工资、工时、工作自由度）、劳动和社会保护（劳动合同、劳动安全与保护、社会保障）以及劳动力再生产等方面，对地铁工地上身份区隔是如何被作为一种劳动控制策略使用做了集中描述，并对其背后的社会现实做了详细分析。那么，企业组织为什么要在地铁工地实施身份区隔的劳动管理策略？推动工作场所身份区隔劳动控制产生的根本原因是什么？其得以实现的微观机制又是什么？

## 一　由计划到市场：建筑业改革与发展历史

### （一）计划经济时期的建筑业概况

自新中国成立到改革开放以前，受国家政治和经济形势变化影响，建筑业的管理体制经历了初步建立和曲折发展两个阶段（肖桐，1988）。

1952 年，在国民经济恢复工作即将完成之际，建筑工程部成立，担当统管全国建筑业和承包国家重点工程建设两项职能，并组建了一支精良的直属设计、施工队伍，成立了 8 个直属工程局（总公司）。此外，全国六大行政区各设了工程管理局，各省、自治区、直辖市也设有主管当地建筑业的工程管理局。（肖桐，1988：131）

建筑业是最早进行社会主义改造，完成私有制向公有制转变的工业部门。第一个五年计划确立的优先发展重工业的战略目标，使得国家面临着大规模的基本建设任务，而传统的建筑施工组织管理方式无法适应规模大、标准高、工期紧的工程建设需求，在此背景下，建筑业实行了公有化改造，传统的私人营造厂全部被改造成国营建筑企业和集体所有制建筑企业，并以此为基础，实现了管理民主化和生产计划化，实行了承发包制的经营方式，采取了固定工和临时工相结合的用工制度，建立了计件工资制度，确立了以生产计划为中心的各项制度。这些管理制度和管理方法适应了当时经济建设的要求和建筑业的发展，在"一五"建设期间的工业基础设施建设中发挥了积极的作用（肖桐，1988：132—133）。

此后，1958—1961 年的"大跃进"浮夸风、1963—1966 年的"四清"运动、1966—1976 年的"文化大革命"等一波接一波的政治运动，打乱了整体的社会经济环境，破坏了建筑业的管理体制和生产秩序，过度的平均主义导致劳动生产率严重下降，并使建筑企业背负了沉重的冗员负担（肖桐，1988：134—136）。到 1978 年经济体制改革以前，建筑业的特点表现为封闭的建筑市场、物随钱走的材料供应体制、类似供给制的设计取费体制、统收统支的核算制度、统包统配的用工制度以及平均主义的分配制度①，是完全计划指令性经济部门。

### （二）建筑行业市场化改革历程

从 1978 年开始的经济体制改革，先后经历了 1978—1984 年的"计划经济为主，市场调节为辅"阶段、1984—1992 年的"公有制基础上的有计划的商品经济"阶段，1992 年至今的"社会主义市场经济体制"的确立和完善阶段，其总的趋势是政府主导的市场化改革。

建筑业由于其特殊的行业生产特点，所以在改革开放后成为中国推进经济体制改革的排头兵，其体制改革的很多经验为后续其他行业的改革提供了借鉴。从 1980 年开始，建筑业以市场化和追求经济绩效为导向，进行了一系列的行业体制改革，并最终形成了国有经济、集体经济、港澳台和外商投资以及民营经济共同竞争的市场环境。

大致来说，建筑业体制改革的进程为：首先，通过分配制度改革打破计划经济时期"干多干少一个样"的平均主义，通过引入百元产值工资含量包干（简称"百含"）、作业队集体承包制以及工效挂钩的分配制度，承认了经济激励在提高企业和职工的生产积极性方面的主导作用；其次，实施劳动用工制度改革，推行全员劳动合同制，增加短期合同用工比例，通过打破"铁饭碗"提高职工的危机意识和增加灵活用工，提高劳

---

① 肖桐等：《当代中国的建筑业》，中国社会科学出版社 1988 年版，第 137—138 页。

动生产率，节约用工成本；随后，就是具体的经营管理制度、施工组织方式、市场培育和市场监管以及行业立法建设等方面的改革。下文将通过对相关的法律法规、政策文件的重点解读，对建筑行业体制改革的整个过程做全面回顾。

1. 分配制度改革：百元产值工资含量包干和作业队集体承包

1980 年 5 月 4 日，原国家建委、国家计委、财政部、国家劳动总局、国家物资总局联合发布了《关于扩大国营施工企业经营管理自主权有关问题的暂行规定》，针对 1958 年后取消建筑业法定利润的做法，提出按建筑工程预算成本的 2.5% 提取法定利润。扩大企业的财权，实行降低成本留成，规定建筑企业的法定利润 3 年内不上缴，全部留给企业；3 年过后，在扣除营业外支出和按规定提取的企业基金后，企业的成本结余和其他收入的 50% 上缴财政，50% 留给企业。这种将企业财产直接和经营状况挂钩的经济激励政策，有效地提高了企业和职工的生产积极性。

1984 年 9 月 18 日，国务院下发了《关于改革建筑业和基本建设管理体制若干问题的暂行规定》，第一条明确提出在建设项目投资中全面推行包干责任制，第七条提出建筑安装企业要普遍推行百元产值工资含量包干，与此同时，要求建筑安装企业内部必须建立经济承包责任制，以防止出现企业为了片面追求产值而忽视成本控制、经济效益和工程质量安全，以及随意压缩建设工期等情况。

1986 年 1 月 30 日，原国家计委、劳动人事部、城乡环境保护部、财政部以及人民银行联合制定了《国营建筑施工企业百元产值工资含量包干试行办法》，对建筑安装企业实行工资含量包干做出了明确规定，旨在以此办法逐步完善企业的工资制度。1991 年 4 月 3 日，原建设部发布了《关于国营施工企业实行新一轮承包经营责任制的意见》，提出了将工程承包制和百元产值工资含量包干有效结合，通过完善"百含"来搞好工效挂钩工作，但同时明确指出承包单位只能是作业队而不能是个人。

实行百元产值工资含量包干和作业队集体承包制，是建筑业分配制度的一项重大改革。实行百元产值工资含量包干从根本上改变了过去工资分配同效益脱节的状况，通过经济激励的方式达到调动职工的生产积极性、提高劳动生产率的目的；作业队集体承包制则试验了将企业的所有权与经营权分开，使企业和职工的收入与集体经营状况挂钩，从而调动了企业和职工的生产积极性。分配制度改革的要点就是确立了经济激励的主导地位。

2. 劳动用工制度改革：劳动合同制和灵活用工

1982 年 8 月 30 日，原城乡建设环境保护部和劳动人事部联合印发了《国营建筑企业实行合同工制度的试行办法》，提出在国营建筑企业实行合同工制度，其目的是搞活建筑业的用工制度，提高劳动生产率和经济效益；明确了国营建筑企业要实行固定工与合同工相结合的用工制度，企业可以根据生产需要，分别采用长期合同工和短期合同工的形式；并明确合同工的来源以城市劳动力为主，城市无法解决时才可以从农村招工。

1984 年 9 月 18 日，国务院《关于改革建筑业和基本建设管理体制若干问题的暂行规定》中明确指出，要改革建筑安装企业的用工制度，要求国营建筑安装企业逐步减少固定工的比例，除必需的技术骨干外，原则上不许再招收固定工，要求企业积极推行劳动合同制，增加合同工的比重；授权企业可以根据生产特点和需要决定用工形式，实行合同化管理或者全员劳动合同制，可以与职工签订有固定期限、无固定期限或者以完成特定任务为期限的劳动合同，可以使用长期工、短期工、轮换工、季节工、临时工以及非全日工等。

建筑业劳动用工制度改革以提高经济效益为导向，其目的是打破计划经济时期的"铁饭碗"和平均主义，增加灵活用工，提高劳动效率、压缩用工成本。

3. 企业经营制度改革：厂长（经理）负责制和现代企业制度

1986 年 7 月 4 日，国务院发布《关于加强工业企业管理若干问题的决定》，指出"要有领导、有步骤地完成全民所有制工业企业领导体制的改革"，要求"七五"期间，"企业要在总结试点经验的基础上，普遍推行厂长负责制。实行厂长负责制的企业，厂级行政副职由厂长提名，报主管部门批准；中层行政干部由厂长任免"，规定厂长在三到五年的任期内实行目标责任制，如果完成任期目标的，可以连任。

1986 年 12 月 5 日，国务院发布《关于深化企业改革、增强企业活力的若干规定》，强调"要把扩大企业自主权的落实情况，作为考核评价各级政府部门和领导人工作的一项重要内容"，要求"推行多种形式的经营承包责任制，给经营者以充分的经营自主权"，全面推行厂长（经理）负责制，以加快企业领导体制改革。

1993 年 11 月 14 日，《中共中央关于建立社会主义市场经济体制若干问题的决定》由中国共产党第十四届中央委员会第三次全体会议通过，提出建立适应市场经济要求的"产权清晰、权责明确、政企分开、管理科学"的现代企业制度。此后，国有建筑企业开始了以建立现代企业制度为目标的改革。1995 年，现代企业制度试点工作全面启动，建筑行业选择了 100 多家管理水平较好的国有大中型建筑施工企业作为试点对象。从 1998 年到 2000 年，全国范围内的国有企业推行"三年改革与脱困"。这一时期，国有企业实施了"抓大放小"的企业制度改革，建筑业企业的所有制结构发生了重大变化，国有建筑企业数量由 1997 年的 9650 个，减少到 2001 年的 8264 个，同期，民营建筑企业数量由 1997 年的 3550 个，猛增到 2001 年的 17637 个①，建筑市场的竞争格局基本形成。

　　国家在国有企业中推行厂长（经理）负责制和现代企业制度，是国家对国有企业地位的重新定位，也是对国企与国家间关系的调整（宓小雄，2007：90-91）。计划经济时期，国有企业既是经济生产系统，又是社会管理系统，还是政治控制系统，是国家统治系统的重要部件（路风，1989）。国有企业经营制度改革的目的，就是还企业作为经济组织的本来面目，强调其经济职能，剥离其所负载的社会职能。经过如此改革，虽然其领导的任命依旧主要由国家控制，并且还需要承担部分国家经济体制改革所带来的社会责任（宓小雄，2007：91—94），但总体来说，国有企业已经获得了相对独立的经营权利。国有企业经营制度改革对于企业经营权利的回归和竞争性市场的培育有重要作用。

　　4. 施工组织方式改革：工程总承包和项目法施工

　　工程总承包是项目业主为实现项目目标而采取的一种承发包方式，具体是指工程项目建设单位受业主委托，接受建设项目主管部门或建设单位的委托，对建设项目的可行性研究、勘察设计、设备选购、材料订货、工程施工和竣工投产，实行全过程的总承包或部分承包②。

　　1984 年 11 月 5 日，原国家计委和原建设部联合发布《关于印发工程承包公司暂行办法的通知》，指出"工程承包公司是组织工程项目建设的企业单位，是具有法人地位的经济实体。公司实行独立核算，自负盈亏，

---

　　① 国家统计局：《中国统计年鉴（2017）》，中国统计出版社 2017 年版（电子版），建筑业：表 14-1。

　　② 中国建筑业协会：《中国建筑业发展战略与产业政策研究报告》，中国建筑工业出版社 2011 年版，第 493 页。

有独立的经营自主权"，明确指出政府行政部门不能以工程承包公司与其存在隶属关系而干预公司正常的经济活动，确立了其作为组织工程项目建设的主要形式地位，并要求其必须具备与此地位相应的管理水平和生产效率。

1987年，建筑业开始推广在"鲁布革"水利工程建设过程中从日本承包企业那里学到的项目法施工经验，以"管理层与劳务层"的分离为标志，在建筑企业内部建立模拟市场（范建亭：156—161）。1987年10月28日，原国家计委等五部门发布《关于批准第一批推广鲁布革工程管理经验试点企业有关问题的通知》，要求试点企业要普遍推行经营承包责任制，试点企业承建的工程全部按项目施工法组织施工。

1990年10月，原建设部、原国家计委等部门联合下发了《关于进一步做好推广鲁布革工程管理经验创建工程总承包企业进行综合改革试点工作的通知》，明确指出"推广鲁布革工程管理经验的根本途径在于深化施工管理体制改革，同时确立了施工管理体制改革的总目标，即有步骤地改组施工企业，逐步建立以智力密集型的工程总承包公司（集团）为'龙头'，以专业施工企业和农村建筑队为依托，全民与集体、总包与分包、前方与后方分工协作，互为补充，具有中国特色的工程建设企业组织结构"。

在国家看来，工程总承包和工程项目管理作为国际建筑行业通行的施工组织方式，更有利于资源优化配置，实现项目的最小投入和最大产出的目标。

5. 引入和完善市场竞争和监管机制：招标投标制度和企业资质管理

1984年9月18日，国务院发布《关于改革建筑业和基本建设管理体制若干问题的暂行规定》，要求推行工程招标承包制，改变过去采用行政手段分配建设任务的单一办法，通过招标投标的方式，由发包单位择优选定勘察设计单位、建筑安装企业；提出在项目招标工程中，只要是具备投标资格的企业，不论企业性质、部门归属以及地区分布，一律可以参加投标；要求项目主管部门和当地政府，不得对外部门、外地区中标的单位采取差别待遇，更不得制造困难，要提供方便。

1989年5月，原建设部发布了修订后的《施工企业资质等级标准》，对包括建筑施工企业中的建筑企业、设备安装企业以及机械施工企业等的资质条件做了明确规定。同年6月，原建设部又发布了《施工企业资质管理规定》，明确了资质管理和工程承包管理的相关政策，通过对施工企业加强资质管理，来达到"保障企业依法承包和经营工程建设任务，维护建设市场的经济秩序"的目的。

1999 年 8 月 30 日，全国人大常委会第十一次会议通过了《中华人民共和国招标投标法》（简称《招标投标法》）。《招标投标法》的宗旨在于规范招投标活动，保护国家、社会以及参与招投标的企业的合法权益，提高经济效益，保证工程质量。本法对招标、投标、评标和中标的全部程序规则做了详细规定，并明确了违反规则的法律责任。

2006 年 12 月 30 日，原建设部通过了《建筑业企业资质管理规定》（简称《规定》），并于 2007 年 9 月 1 日开始施行，进一步明确了建筑企业的资质序列、类别和等级，资质许可的相关内容以及对企业资质的监督管理和与资质相关的法律责任等。《规定》的实施，旨在通过加强对建筑活动的监督管理，实现防止恶性竞争，维护建筑市场秩序，保证建设工程质量，确保公共利益的安全的目的。

由国家就建筑行业的招投标制度和企业资质管理的相关政策的出台顺序可以看出，国家引入招投标制度是为了打破计划经济时期行政分配工程任务的做法，代之以优胜劣汰的市场竞争机制。此后，建立和完善企业资质管理标准和规定，并通过了《招标投标法》，强化了对建筑市场违规行为的监督和处罚力度，规范建筑市场竞争行为。

6. 所有制改革：多种所有制经济竞争并存

在我国，建筑行业作为一般竞争性领域，是较早进行民营化改革的行业。1980 年以后，各地国营、集体建筑企业先后通过体制与机制的变革与创新进行了民营化改造。

1988 年 6 月 25 日，国务院发布了《中华人民共和国私营企业暂行条例》指出，私营经济是社会主义公有制经济的补充，国家保护私营企业的合法权益，私营企业可以在国家法律、法规和政策规定的范围内从事建筑业的生产经营。这是国家首次明确了私营经济的地位和建筑业对私营经济开放。

2000 年 7 月 6 日，原国家经贸委发布《关于鼓励和促进中小企业发展的若干政策意见》，明确指出国家扶持"就业型"的中小企业，建筑业属于劳动密集型的行业，从 2000 年开始民营建筑企业数量突飞猛进。1999 年全国民营建筑企业数目为 9638 个，2000 年增加到 12778 个，此后

就一直保持高速增长态势，到 2009 年，全国民营建筑企业数目达到
59661 个，占全国建筑企业总数的 80% 以上，到 2016 年，全国民营建筑
企业数量已达到 75722 个，占全国建筑企业总数的 90% 以上。①

2005 年 11 月 4 日，原建设部等六部委联合下发《关于加快建筑业改
革与发展的若干意见》，提出加快企业产权制度改革，优化产业结构，积
极参与国际竞争，加快技术创新，发展劳务分包企业和加强农民工培训，
完善工程建设标准体系和建立市场形成造价机制，改革政府投资工程建设
方式，创新政府监管体制以维护良好的市场环境等措施。

改革开放之初，建筑业是国有企业和集体企业一统天下的格局，1980
年，国家所有建筑企业由 1996 个国有企业和 4608 个集体企业所构成②。
1992 年以后，民营和外资建筑企业发展迅速。经过 30 多年的改革，从数
量看，到 2016 年，建筑业的民营化已经达到了相当高的程度，民营及其
他非国有建筑企业占全国建筑企业总数已经超过了 95%。③

7. 法制化建设：建筑业相关立法

1997 年 11 月 1 日，第八届全国人大常委会第二十八次会议通过了
《中华人民共和国建筑法》（简称《建筑法》）。《建筑法》对建筑许可
（包括建筑工程施工许可和从业资格两方面）、建筑工程的发包与承包、
建筑工程监理、建筑安全生产管理、建筑工程质量管理以及违规行为的界
定和处罚等做出了明确规定，其基本精神是建筑工程质量和安全至上，目
的是为了维护建筑市场秩序，促进建筑业的健康发展，有效发挥建筑业作
为国民经济支柱产业的作用。

1999 年 3 月 15 日，第九届全国人民代表大会第二次会议通过了《中
华人民共和国合同法》（简称《合同法》），《合同法》专设第十六章对
建设工程合同的合同主体（发包人和承包人）的权利和义务等事项做了
规定。

1999 年 8 月 30 日，《中华人民共和国招标投标法》经全国人大常委
会第 11 次会议通过，要求在中华人民共和国境内进行的大型基础设施建
设，勘察、设计、施工、监理和重要设备采购的全过程都必须进行招标。

---

① 国家统计局：《中国统计年鉴（2017）》，中国统计出版社 2017 年版（电子版），建筑
业：表 14-1。

② 同上。

③ 同上。

2002 年 6 月 29 日，《中华人民共和国安全生产法》颁布实施，对于提高建筑施工企业的安全意识、规范建筑施工企业的生产行为、保障人员生命和财产安全有重要作用。

建筑业体制改革的基本路线是将行业运行机制由行政计划转变为市场导向。这是一场由国家发起的行业市场化改革，国家通过推动建筑业分配制度、劳动用工管理制度和生产经营管理制度改革提高劳动生产率和企业经济效益；通过放开民营、外资等多种所有制经营，提高行业的竞争活力和市场化程度；通过行业立法建设，规范市场主体的竞争行为，以维持行业市场环境的相对健康。

经过 30 多年的改革，建筑业国有、集体、民营、外资多元经济竞争的市场格局已经形成。虽然建筑业竞争性的市场环境是在国家的强力干预下发展起来的，但是，目前建筑业市场主导的竞争格局却不再是行政力量所能控制的。国有大型建筑企业虽然能够借助规模优势和过去计划经济时期积累的行政资源，在融资方面和招投标过程中保持一定竞争优势，但在总体性的行业竞争环境中，其争取生存和发展空间的难度越来越大。从企业数量来讲，2016 年全国国有建筑企业 3593 个，占全部建筑企业总数的 4.32%；从企业从业人员数量来讲，2016 年国有建筑企业从业人员总数为 438.1 万人，占全部建筑企业从业人员总数的 8.45%；从企业产值来讲，2016 年国有建筑企业产值 23849.02 亿元，占全部建筑企业总产值的 12.32%[1]。可见，无论是在企业数量、从业人数还是在总产值各个方面，国有企业都不再居于主导地位，外商和民营企业的崛起使得建筑业市场的竞争日趋激烈。

## 二　经济绩效导向与国有企业改制

### （一）由行政部门到股份公司：国家控股上市建筑企业沿革简史

国有企业改革是中国经济体制改革的主要方面之一。伴随经济体制市场化改革的，是国有企业的公司化改制和股份制改造。

---

①　国家统计局：《中国统计年鉴（2017）》，中国统计出版社 2017 年版（电子版），建筑业：表 14-1。

　　20 世纪 80 年代，国有企业改革先后经历了"放权让利"和"两权分离"两个阶段。前一阶段主要是通过包干责任制的分配制度改革，激励企业重视经营状况和生产效率，但其行政管理仍隶属于相关政府部门；后一阶段主要是通过承包经营使企业的经营权与所有权分离，将国有企业建成自主经营、自负盈亏、自我发展的相对独立的经济实体，并在后期开始了"政企分开"的实践（宓小雄，2007：82—86）。

　　进入 20 世纪 90 年代后，尤其是 1992 年以后，国有企业正式进入了公司化的改革进程，并有少数企业进行了股份制改革试验。1993 年，中共中央十四届三中全会通过了《中共中央关于建立社会主义市场经济体制若干问题的决定》，确立了国有企业逐步建立现代企业制度的改革方向。现代企业制度的具体标准是"产权清晰、权责明确、政企分开、管理科学"。同年 12 月，《中华人民共和国公司法》的通过，标志着国有企业正式确立了以产权制度变革为主要内容的改制。1998—2002 年，国家全面推进国有企业的公司化改制，明确了"抓大放小""减员增效"的发展思路，进一步推进现代企业制度改革，提出剥离企业承担的社会职能、减轻企业负担、全面加强企业管理等，其最终目标是使国有企业成为有较强的科技开发能力、市场竞争能力和抵御风险能力的经济效益良好的投资主体多元的现代企业。

　　2003 年以后，建立现代产权制度的股份制改造成为国有企业改革新的主要工作。2003 年 10 月，《中共中央关于完善社会主义市场经济体制若干问题的决定》提出"大力发展国有资本、集体资本和非公有资本等参股的混合所有制经济，实现投资主体多元化，使股份制成为公有制的主要实现形式"，以此"进一步增强公有制经济的活力"；同时，提出建立健全国有资产管理和监督体制，完善公司法人治理结构，从而完善国有资产管理体制。同年，各级政府所辖的国有资产监督管理委员会成立，专司国有企业的监督管理工作。股份制改造使国有企业公司化的股权代表问题得到解决，股份制成为国有企业的主要形式，并有一些具备条件的国有企业先后挂牌上市，成为上市公司。

　　作为国有上市建筑企业，S 集团公司所隶属的 A+股份公司不仅经历了以上国有企业改革的全部过程，而且经历了中国建筑业体制由计划向市场变迁的整个过程，由一个铁道部下属的行政部门发展为国家控股上市建筑企业。A+股份公司的前身是成立于 1950 年的中华人民共和国铁道部工程总局和设计总局，1958 年合并为铁道部基本建设总局，1989 年撤销原铁道部基建总局，组建为 A 工程总公司，作为铁道部领导下的自主经营、独立核算、自负盈亏、具有法人资格的全民所有制企业，管辖原基建总局的全部所属单位。2000 年与铁道部正式"脱钩"，企业进行了第一次重组，2003 年起成为隶属国务院国资委的中央企业，并再次进行重组。2007 年，A 工程总公司内部所有子/分公司整体重组创立 A+股份有限公司，并于同年底分别在上海和香港两地挂牌上市。目前，A+股份公司拥有 46 家二级公司，其中特大型施工企业 18 家，S 集团公司是其中之一。

作为国有大型建筑企业，为了在激烈的建筑业市场竞争中谋得生存和发展，A 公司一方面通过重组不断扩大企业规模、发展多元经营、推行股份制改造，并挂牌上市扩展融资渠道；另一方面实行减员增效、推进"主辅分离"减轻企业办社会的负担，并推动企业管理和劳动用工制度变革。总之，通过一系列经营管理制度的突破，提高效率、降低成本，从而适应建筑市场的竞争形势。S 集团公司自 2001 年起作为全资子公司被重组进 A 工程总公司，后者负有 S 集团公司管理层的任免权，并且参与企业经营管理的重大决策。

### （二）国家注资与社会融资：国家控股上市建筑公司的资产关系

国有企业股份制改造的结果是确立了公有制为主的多元的产权结构，尤其对于国有上市公司来说，除了国有股股东之外，还有大量由社会组织和散户组成的社会股东。

上文已经说过，S 集团公司在资产和组织方面隶属于国家控股上市建筑公司 A+股份公司。A+股份公司的国有股股东 A 工程总公司是国务院全资出资的中央企业，由国务院国有资产监督与管理委员会（简称国务院国资委）履行出资人职能。A+股份公司 2007 年的上市公告显示，A 工程总公司所代表的国家持股比例为 71.06%，2017 年公司年度报告显示，2016 年其持股比例约为 54%。A+股份公司以铁路、公路、轨道、市政等基建为其基础业务，除此之外还拥有工业制造、勘察设计、研究院、房地产以及资源开发等其他业务，S 集团公司是 A+股份公司以隧道建设而闻名的二级施工企业之一（见图 4-1）。在法律上，国家是中央企业 A 工程总公司的全资出资人，由国务院代表行使所有权，并具体由国务院国资委代理履行出资人职责。对于上市公司 A+股份公司来说，国务院是其国有

股的实际股东，但是依据现代企业制度，必须以 A 工程总公司作为主体
法人参股。在 A+股份公司上市以前，中央企业 A 工程总公司是受国务院
国资委管理监督的法人实体，在 A+股份公司上市以后，A 工程总公司成
为虚设法人，挂名国有股股东，真正受国务院国资委管理监督的实体是
A+股份有限公司，国资委对 A+股份有限公司的管理监督权限，源自于其
国有企业出资人代表的身份。除此之外，作为上市公司，A+股份公司必
须接受董事会、监事会和股东代表大会的管理和监督。以此类推，形成了
图4-1 中所呈现的资产投资关系。

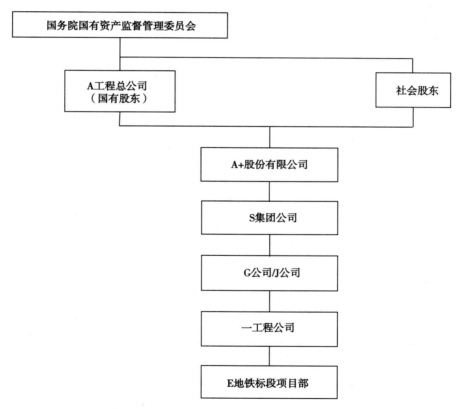

**图 4-1　A+股份公司的资产投资关系**

### （三）落实股东经济诉求：国家控股上市建筑公司的业绩考核体系

　　资产投资关系决定了企业的业绩考核体系。A+股份公司的国家控股
上市公司性质，决定了其必须接受国务院国资委（国家股东）和社会股

东的双重考核，以实现国家和股东的利益为企业目标，而 S 集团公司作为 A+股份公司的全资子公司，必须接受股份公司的考核，由此决定了 S 集团公司的发展决策和企业行为要以满足 A+股份公司的考核指标为导向，并把具体考核指标的实际落实工作下达到其下属的子（分）公司（见图 4-2）。

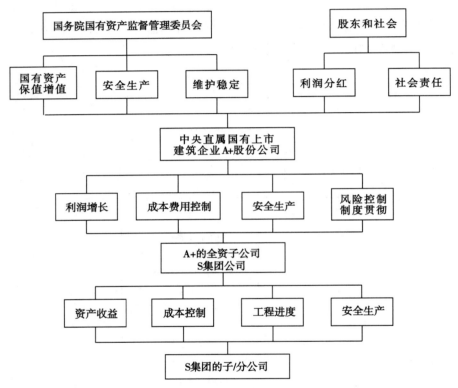

**图 4-2　国家控股上市建筑公司的层层考核体系**

A+股份公司作为国家控股的上市公司，由国务院国资委代理国务院对其履行出资人职能。国务院国资委作为中央企业的代理出资人，除了对国有企业上缴利润有明确的要求外，还对国有资产的保值增值负有直接责任，因此，有权利决定中央企业负责人的任命、参与企业重大决策和代理国家分享企业资产收益。按照 2009 年 5 月 1 日起施行的《中华人民共和国企业国有资产法》（简称《国有资产法》），"履行出资人职责的机构代表本级人民政府对国家出资企业依法享有资产收益、参与重大决策和选择管理者等出资人权利……保障出资人权益，防止国有资产损失……对本级人民政府负责，向本级人民政府报告履行出资人职责的情况，接受本级人民政府的监督和考核，对国有资产的保值增值负责"。此外，国资委将企业的经济效益和国有资产安全作为企业负责人经营业绩考核的主要指标，以此将业绩与对经营者的约束和激励结合起来。依据国务院国资委2009年12月28日下发的《中央企业负责人经营业绩考核暂行办法》，考核企业负责人经营业绩的主要原则是国有资产保值增值、股东价值最大化以及可持续发展，其考核的基本指标就是利润总额和经济增加值。所以，A+股份公司最重要的企业职责之一是生产利润，使国有资产保值增值。同时，A+股份公司作为上市公司，股东的利润分红要求也使其必须将创造企业经济效益、实现企业利润作为目标。只有如此，才能够争取社会融资，扩大企业规模、增强企业市场竞争力和市场占有率，实现做大做强。

可见，作为国家控股的上市公司，A+股份公司基本的企业责任是创造经济效益，满足国家和社会股东的利润要求。来自国家和社会股东的经济绩效主导的业绩考核体系，迫使企业通过兼并重组扩大企业规模、加强技术创新和先进设备引进制造、提高劳动生产率、降低生产和用工成本等方式提高企业的市场竞争力。虽然2016年12月8日国务院国资委新发布的《中央企业负责人经营业绩考核办法》，将企业负责人经营业绩考核遵循的原则改为坚持依法依规、坚持市场化改革方向、坚持与激励约束紧密结合、坚持短期目标与长远发展相统一等，考核导向也调整为突出发展质量、注重资本运营效率、发挥功能作用、坚持创新发展、重视国际化经营和健全问责机制等，看起来不再唯当期经济效益马首是瞻。但国资委和财政部于同年8月24日联合发布的《关于完善中央企业功能分类考核的实施方案》中也明确：对功能分类不同的中央企业，提出不同的考核要求，其中，"对主业处于充分竞争行业和领域的商业类中央企业，以增强国有经济活力、放大国有资本功能、实现国有资本保值增值为导向，重点考核企业经济效益、资本回报水平和市场竞争能力，引导企业提高资本运营效率，提升价值创造水平"。而A+股份公司显然属于这一类中央企业，因此，其经济绩效导向的考核体系不会发生改变。

S集团公司作为A+股份公司的出资子公司，直接隶属A+股份公司管理，接受其考核监督，其领导人员由股份公司任命，考核指标由股份公司确定。A+股份公司对S集团公司制定的考核指标主要包括利润增长、成本费用控制、安全生产、风险控制以及制度贯彻等，其中，最主要的是经济指标。《国有资产法》第二十一条规定："国家出资企业对其所出资企业依法享有资产收益、参与重大决策和选择管理者等出资人权利……建立权责明确、有效制衡的企业内部监督管理和风险控制制度，维护其出资人权益。"国务院国资委印发的《中央企业安全生产监督管理暂行办法》第十一条规定，中央企业应当对其独资及控股子企业履行安全生产监管职责，包括监管安全生产条件具备情况、安全生产监管组织机构设置情况、安全生产规章制度建立情况、安全生产投入和隐患排查治理情况、安全生产应急管理情况、及时如实报告生产安全事故等，并规定各级子企业逐级建立健全安全生产责任制，逐级加强安全生产监管工作。2010 年 12 月，A+股份公司印发了《A+股份有限公司业绩考核管理办法》，明确其考核总则是"从股份公司总体利益最大化出发，以企业战略为导向，将经济增加值、预算管理与业绩考核相结合，考虑科技创新、安全生产、风险控制等因素，以效益为核心"，其核心指标是经济效益，包括净利润、成本费用占营业收入比、经济增加值以及安全生产四项内容。是否能够完成股份公司的业绩要求，直接关系到 S 集团公司领导人员的职位安全，同时，作为A+股份公司基建板块的主要监管对象，其生产经营管理制度、决策以及行为倾向性直接受股份公司业绩考核指标的引导，并以此为参考制定对其下属子公司和领导人员的业绩考核办法（见图 4-2）。

对于国家来说，这样的层层管理监督和考核体系，能够确保对国家控股上市公司经济和人事的控制权，并使其绩效主导的业绩考核体系自上而下得到完全贯彻。与计划经济时期的国有企业所承担的完成生产任务、解决社会就业、实现社会组织和控制的功能不同，市场经济条件下，国家要求国有企业将盈利作为其首要目标，并因此支持企业大刀阔斧地推行改革，剥离原来承担的社会职能，完成"主辅分离"，进行劳动用工制度改革，通过灵活用工降低企业的生产成本，并将经济效益列为国务院国资委考核央企负责人的首要指标。对于央企的主要负责人来说，是否能够实现经济效益不仅能够体现个人的领导和管理能力，为个人带来承认和荣誉，获得自我实现，而且能够以此积累政治资本，实现"商而优则仕"的职业生涯跳跃。在此背景下，国家控股上市建筑企业的领导管理层有足够的压力和动力推动由其出资的二级企业进行以增加经济效益为目标的改革，并将改革落实到最基层的建筑工地。

## 三 改制后国有建筑企业身份化用工的升级

在 A+股份公司的业绩考核体系中，S 集团公司处于中枢的位置。与 A+股份公司作为完全的行政管理层和资本控制层不直接管理创造利润的生产单位的性质不同，S 集团公司直接管理下属的生产单位，例如 J 公司和 G 公司。它对于 A+股份公司来讲，是生产主体和利润中心，要接受其业绩考核；对于下属的子/分公司、工程公司以及项目部来讲，它又是管理中心，各项有关管理制度、生产秩序、技术创新以及用工制度改革等的指示都由其发出。

S 集团公司在激烈的建筑业市场竞争环境中，要实现 A+股份公司对其资产收益、成本控制方面的考核任务，只能采取开源节流的发展策略：一方面通过管理革新、技术创新和利用先进设备提高劳动生产率，另一方面通过劳动用工和管理制度改革降低劳动成本。此外，在业主地位强势特点明显的建筑市场中，建设单位出于各种各样的原因，经常会对施工单位提出压缩工期的要求。压缩工期就意味着加快工程进度，而加快工程进度对于劳动密集型的建筑业来讲，主要通过增加劳动力数量的方式实现，这就要求企业的劳动用工制度有足够的弹性。总之，市场环境和来自上级的经济绩效主导的硬性考核指标，决定了 S 集团公司必须创造出一种既能够降低用工成本又能够提高生产效率的劳动用工管理制度，并落实在每一个建筑工地的用工和劳动管理实践中。

S 集团公司的劳动用工管理制度改革是通过转换直接雇用的农民合同工的劳动关系，将农民工排除出其劳动关系体系而实现的。即将原来与公司直接签订劳动合同的农民工转为劳务公司派遣的劳务工输入，并以此为基础，不仅剥离了原本应对这些劳务工承担的劳动保护和社会保险责任，而且对职工和劳务工开始采用完全不同的劳动管理。通过这样的用工形式转换，不仅降低了用工的经济成本，避免了直接雇工的法律风险，更重要的是以用工形式的差别为依据，在职工和劳务工之间建构了差别化的控制方式。换言之，所谓"合同制员工+混岗劳务工"的用工结构，以及对两个群体采用不同的劳动管理方式，是一套建立在身份差别基础上的不平等的劳动用工和管理体系，是一种身份化用工。身份化用工是指用人单位按照年龄、文化程度、技能水平、社会身份甚至入职时间长短等标准将员工进行类别区分，并对不同员工安排在劳动分工体系的不同位置、制定不同的劳动报酬标准、提供不同的劳动权益保障的等级鲜明的用工制度。在新的身份化用工制度下，职工和农民工的差别不仅仅是 2005 年以前劳动合同期限长短和是否有社会保险的问题，而是根本就被划归到不同的就业环境和劳动控制体系。

激烈的市场竞争和来自上级公司的业绩考核是推动 S 集团公司大规模采用身份化用工制度的根本原因和宏观背景，而直接促使企业扩大身份化用工进而实施身份区隔劳动管理的还有更为具体的因素。

### （一）工资总额核定方式变化与身份化用工

中华人民共和国成立以后，在计划经济时期、市场化改革和完善阶段，国有建筑企业分别采用了三种不同的工资核定办法，这在部分程度上使得企业在不同的阶段选择了不同的劳动用工和管理策略。

从 1949 年至 1982 年，国有企业执行的是按职工人数核定工资总额的办法。支付的工资由职工人数确定，即按人头核定工资总额，不受完成的生产任务量和劳动生产率影响。当然，当时国家通过减少固定工增加临时合同工的方式提高劳动生产率，并运用工资形式调动职工的劳动积极性，以此减少人浮于事的情况，提高企业的生产效率。在用工形式方面，1954年 5 月原劳动部颁发的《关于建筑工程单位赴外地招用建筑工人订立劳动合同办法》首次提出了"临时工"的概念，明确建筑工程单位出于建设进度需要可以招用临时工，但是必须订立劳动合同。1962 年 10 月 14日，国务院发布的《关于国营企业使用临时工的暂行规定》明确规定，为保证临时性、季节性的生产和工作需要，节省人力、财力，国营企业可以使用临时职工，但是对于临时职工，只有有生产任务的时候才能用，无生产任务时必须辞退，一律不得转为长期职工；并且规定临时职工先从其他单位暂时多余的职工中借调，或者从有城镇户口的居民中招用，不到万不得已，不得从农村招用临时工。通过这些规定，国家限定了企业固定工的数量，降低了用工成本，提高了企业的劳动生产率。在工资形式方面，以按劳分配制度为基础，国营建筑企业先后采用过计时工资、计件工资和奖励制度等，以调动职工劳动积极性，提高经济效益。

可见，我国建筑业有身份化用工的传统，但是，在传统社会主义时期，至少临时工的各项劳动权益是能够得到保证的，尤其是工资权益。由于是按人数核定工资总额，而且国家有关于"同工同酬"的规定，所以，临时工与固定工之间的收入差距并不大。换言之，固定工和临时工之间虽然存在用工性质差别，但在劳动管理方面差别甚微。而且在"文革"期间，临时工制和劳动合同制、计件工资和奖励制度等作为资本主义剥削方式受到批判，1971年11月30日，国务院发出《关于改革临时工、轮换工制度的通知》，要求将大部分临时工和合同工转为固定工。其后，计件工资和奖励制度也被取消，平均主义一统天下。

1982年以后，国营建筑企业开始实行按产值工资含量核定工资总额，并在1984年和1986年一再明确实施百元产值包干的工资办法，将工资总额与企业完成的生产任务挂钩，而与职工人数脱钩，以此推动企业提高劳动生产率。此外，鼓励国营建筑企业实行施工队集体承包经营，以此激励职工的生产积极性。在此过程中，国营建筑企业重新开始推行灵活用工，恢复使用农民合同工。1984年，原劳动人事部和城乡建设环境保护部联合发布的《国营建筑企业招用农民合同制工人和使用农村建筑队暂行办法》（已废止），规定经批准实行百元产值工资含量包干的企业，在不超过包干的工资含量的条件下，可以自行招用农民合同制工人；并明确企业必须与农民合同制工人所在的县或乡有关单位签订劳动合同，合同主要条款包括招用人数、招工条件、使用期限、生产任务、工资福利和劳动保险待遇、劳动保护、劳动纪律和奖惩办法等；办法还明确了农民合同制工人的工资待遇，即进企业三个月内，按同工种固定工的定级工资标准执行，三个月后，按其技术水平、劳动态度和体力强弱等考评定级，工资待遇可相当于或略高于同工种固定工人的水平。可见，在百元产值工资含量包干阶段，国营建筑企业农民合同工虽然和正式职工存在身份差异，但是其各项劳动权利与正式工一样是受到国家保护的。

在这一阶段，对于招来的农民合同工，S集团公司的做法是将其与正式职工统一编组混合作业，所以当时叫作"混岗农民工"，除了签的是短期合同并且没有社会保险外，其工资福利待遇和劳动保护与正式职工基本一样。在S集团公司服务了20年的劳务工LX回忆道：

当初LCY（音，J公司的原总经理）对我们好了，待遇那么好，每年回家包路费。民工每一年，不管你远近，四百块钱，你回家也好不回家也好，反正四百块钱，还不说过年过节的奖金……那时候待遇多好，现在……那时候工人晚上学习，民工全部要学习，不像现在……我们在 97 年那时候，工资将近一千块钱一个月……我们在天安门东站 1999 年修完了过后，在 YJ 休息了三个月，照常开工资，一个月一千多……跟公司签合同，公司不放你们走，让你们待着，我也不让你们走，我仍给你们发着工资。（访谈，LX20111018）

LX 告诉我，在这个阶段，正式职工占多数，农民工只占少数，在一线施工作业的既有正式职工也有农民工。

2001 年，在国家新的"工效挂钩"经济政策的引导下，A 工程总公司废止了单一与产值挂钩的"百元产值工资含量包干办法"，实行"工资总额与经济效益挂钩办法"，并将全公司全系统纳入工效挂钩包干范围。这项办法明确了工资总额不再由生产总值确定，而是与企业的利润挂钩。这直接影响了 S 集团公司的劳动用工方式。S 集团公司是在 2001 年被重组进 A 工程总公司，并开始接受其管理和监督。但在 2005 年以前，其工资总额主要还是与经营规模挂钩，所以，虽然使用了大量农民工等其他从业人员，使其劳动报酬总额占到了全集团工资总额的近 1/3，但全集团工效挂钩工资每年都有较大结余，工资总额计划也能够满足企业发展和提高员工收入水平的需要。从 2005 年开始，S 集团公司开始执行 A 工程总公司确定的新的工资计算办法，新增效益工资从侧重经营规模改变为侧重利润的增加。这种工资计算方式的变化，使得 S 集团公司不得不加快用工方式的转换，将农民工剥离出工效挂钩工资总额的计算范围，以避免企业工资总额超发这种情况的发生。

但是，建筑企业的实际生产又离不开农民工，所以不得不通过其他方式保留农民工。对于 S 集团公司来说，唯一的选择就是不再与农民工直接签订劳动合同，而是转为与劳务公司签订劳务使用的经济合同，将其所使用的农民工的劳动关系转到劳务公司。这样由于以前占全集团工资总额近 1/3 的农民工的劳动报酬不再计入集团工资总额，企业不必再面临税务风险，也不必再担心工资总额超发；而且，由于与农民工不再有直接的劳动关系，可以规避社会保险和劳动保护的责任。因此，尽管需要根据使用农民工的数量向劳务公司缴纳管理费，但整体的用工成本还是下降了。最重要的是，正是这一步为国有建筑企业由身份化用工向身份化劳动管理提供了基础。截至 2007 年年底，长期与 S 集团公司保持劳动关系的 15000 多名混岗农民工全部转换了劳动关系。在这次用工形式转换过程中，利益真正受到损害的是农民工。以前与他们签订合同的是国有企业，他们虽然是临时工，但是除了没有社会保险之外，他们在工资计算和劳动保护方面和正式职工享有的是同等待遇。然而，用工制度改革后，与他们签订合同的是劳务公司，从法律上讲，他们的工资以及其他待遇都与 S 集团公司不再有任何关系，他们与他们所长年累月为之提供劳动的国有建筑企业不再有直接关系。

综上所述，在按职工人数核定工资总额的计划经济阶段，临时工与固定工之间的差别主要体现在是否是"单位人"，这种差别在"文革"中随着临时工被吸收为固定工而取消。而且，由于 1958 年以后，农民向城市流动的渠道基本被切断，所以，这种工资制度与农民关系不大。在工资总额与生产总值挂钩的市场化改革初期，农民合同工与正式职工虽然"身份"不同，但其在劳动分工、劳动条件、工资待遇、生活环境等各方面基本没有差别，差别主要体现在劳动合同期限的长短和是否有社会保险。在这两个阶段，农民合同工都是直接与企业签订劳动合同，并且其工资福利待遇和劳动保护都能够得到保证。而当建筑企业的工资总额不再与产值挂钩而是由利润决定以后，企业不得不转变用工方式，将农民工剔除出工资总额核算，不再与其建立劳动关系，而是以劳务关系代之，并以此为契机剥离了与劳动关系相关的农民工保护责任，新的由资本力量主导的身份化用工作为身份化劳动管理的基础出现了。

### （二）国家劳动政策调整与身份化用工

改革开放以后，国家劳动政策的主导方向是取消固定工制度，逐步建立与市场经济体制相适应的劳动合同制度。但是，随着经济体制改革的推进和民营、外资等多元市场主体的形成，侵犯劳动者权益的事件越来越多。这种情况要求国家必须尽快制定能够保护劳动者合法权益，规范劳资关系的法律。在此背景下，国家先后颁布了针对所有劳动者的《劳动法》和《劳动合同法》等法律，而针对农民工的劳资关系问题，国家相关部门也陆续颁布了部门意见或通知等。这些法律、政策的实施，保护了大多数劳动者的合法利益。但对于 S 集团公司的农民工来说，虽然国家的劳动政策从长远来讲是保护他们的利益的，但是在短期内，由于国家劳动政策调整的配套政策不完备所导致的企业用工行为的转变，不仅未能保护他们的劳动权利，反而损害了他们已有的权益。

在改革初期国营建筑企业的用工制度由固定工制度向劳动合同制转变过程中，农民工属于受益群体。1984年9月18日，国务院发布《关于改革建筑业和基本建设管理体制若干问题的暂行规定》要求，国营建筑企业原则上不再招收固定工，要积极推行劳动合同制，增加合同工的比重。企业可以根据自己的生产特点和需要自主决定用工形式，如使用长期工、短期工、轮换工、季节工、临时工以及非全日工等。这项规定为农民工进入国营建筑企业劳动提供了制度合法性。1986年7月12日，国务院发布《国营企业实行劳动合同制暂行规定》（已废止）明确要求，无论是五年以上的长期工、一年至五年的短期工、定期轮换工，还是一年以内的临时工、季节工，都必须签订劳动合同，并且明确了劳动合同制工人与所在企业原固定工人享有同等的劳动、工作、学习、参加企业的民主管理、获得政治荣誉和物质鼓励等权利。这两项规定有效地保障了国营建筑企业中农民合同工的劳动权益。在S集团公司，直到2005年以前，公司都延续了与农民工直接签订有效劳动合同的惯例，并且在劳动和生活上真正做到了"同吃、同住、同劳动"。

对于国有建筑企业的农民合同工，1994年7月5日通过的《中华人民共和国劳动法》（简称《劳动法》）并未能为其提供劳动保护。《劳动法》总则的第二条规定，其适用范围包括中华人民共和国境内的所有企业、个体经济组织以及与之形成劳动关系的劳动者。但是农民工由于其"亦工亦农，非工非农"的模糊身份，并未能真正享受到《劳动法》对其劳动权益的保护。《劳动法》中规定"劳动者就业，不因民族、种族、性别、宗教信仰不同而受歧视"，但实际上，农民工遭受就业歧视的根本原因是"户籍"，进城务工的农民因其农村户籍而在城市的就业体系中遭遇了各种就业歧视和劳动伤害。直到2003年，原劳动和社会保障部发出《关于农民工适用劳动法律有关问题的复函》，才从国家层面明确了凡与用人单位建立劳动关系的农民工，应当适用《劳动法》。

S集团公司在2001年公司化改制以前的工程局时代，在专业施工队伍劳动力不足时，将农民工编入班组混岗作业，并与之签订相应的劳动合同。这种状况在2001年公司化改制完成后很长一段时间，没有发生大的变化。虽然1995年《劳动法》颁布以后，1986年版的《国营企业实行劳动合同制暂行规定》已经废止，但 S 集团公司对农民合同工基本延续了过去的做法，就像以前的农民合同工小李说的：

> 待遇什么都一样，知道吗，干活什么啥都一样，就是年限不一样。……签合同啥时候都是跟公司签。你要出了什么问题啦，工伤啥啦，单位给你出嘛。……没有包工头，直接对公司。就是这里面职工嘛，像技术员呀，8 个小时，干完就走，就下班了。交接班，就 8 个小时嘛。两点钟你下班了，我们才能下去呢。两点钟准时都下去了，晚上十点钟准时都上来。（访谈，XL20100620）

2002 年以后，建筑业普遍存在的欠薪问题浮出水面，国家一方面为了兑现加入世贸组织的承诺，一方面出于维护社会稳定的考虑，开始通过各种方式大力整治建筑业拖欠农民工工资问题。国家相关部门通过调研发现，建筑业拖欠农民工工资的原因是工程款拖欠问题，2003 年全国建设项目累计拖欠施工企业工程款达 3600 亿元。[①] 于是从 2003 年开始，国家逐步加大对建设领域的工程款清理力度，并于 2004 年出台了《建设领域农民工工资支付管理暂行办法》《关于为解决建设领域拖欠工程款和农民工工资问题提供法律服务和法律援助的通知》《建设工程价款结算暂行办法》等文件，以期从解决工程款拖欠问题入手，解决农民工的工资拖欠问题。到 2005 年年底，全国建设领域累计清理偿还 2003 年以前的竣工项目拖欠工程款 1620 亿元，占拖欠总额 1860 亿元的 87.1%。[②]

但是，清理拖欠工程款的行动并没有能从根本上解决农民工工资拖欠问题。相关部门研究后发现，建筑农民工之所以遭遇欠薪却无可奈何是因为大多数用人单位通常并不是与农民工签订劳动合同，而是与"包工头"签订劳务合同，而"包工头"随意转嫁风险，克扣农民工工资，从而造成欠薪问题。为了解决这一问题，2005 年，原劳动和社会保障部、建设部以及全国总工会发布了《关于加强建设等行业农民工劳动合同管理的通知》，要求用人单位必须依法与农民工签订书面劳动合同，并向劳动保障行政部门进行用工备案；明确提出建筑领域工程项目部、项目经理、施

---

① 中国建筑业协会：《中国建筑业发展战略与产业政策研究报告》，中国建筑工业出版社 2011 年版，第 112 页。

② 同上书，第 113 页。

工作业班组、包工头等不具备用工主体资格，不能作为用工主体与农民工签订劳动合同。同年8月，建设部下发《关于建立和完善劳务分包制度发展建筑劳务企业的意见》，要求从2005年7月1日起，用三年的时间，在全国建立基本规范的建筑劳务分包制度，由劳务企业或其他用工单位直接吸纳农民工，全面禁止不具有法人属性的"包工头"承揽分包业务。换言之，国家认为消灭"包工头"和规范农民工的合同管理，是解决建筑领域欠薪问题的正确方法。

之后的事实证明，规范劳动合同管理和劳务分包制度并没有能够解决建设领域的欠薪问题（潘毅，2009），反而为原本与农民工直接签订劳动合同的国有建筑企业提供了契机，解除了与农民工的直接劳动关系，将用人关系转为了用工关系，从而降低了企业的用工成本和用工法律风险。2006年初，国务院发布《关于解决农民工问题的若干意见》，2007年6月29日，第十届全国人民代表大会常务委员会第二十八次会议通过了《中华人民共和国劳动合同法》，这两项政策和法律对企业直接使用农民工的法律和社会责任提出明确的要求，规定施工总承包、专业承包企业直接雇用农民工，不签订劳动合同，或只签订劳动合同不办理社会保险，或只与"包工头"签订劳务合同等行为，均会被视为违法进行处理。对于S集团公司来说，如果继续采取直接雇用农民工的劳动用工形式，公司将有可能陷入员工总量急剧膨胀、工资总额严重不足、劳资纠纷骤然增加的局面。所以，改变混岗农民合同工的用工性质，将企业的直接雇用行为转变为劳务输入行为，使企业由用人单位转为用工单位成为其理性选择。而2005年建设部《关于建立和完善劳务分包制度发展建筑劳务企业的意见》，为S集团公司转变用工方式提供了合法依据。其具体操作方式就是，将原来与公司直接签订劳动合同的农民合同工的劳动关系转到具有相应资质的劳务公司，并以劳务输入的方式满足用工需求。通过这种方式，企业降低或规避了直接雇用农民工所带来的经济成本和法律风险。

然而，对于S集团公司的农民工来说，他们原来是公司的农民合同工，虽然在合同期限和社会保险方面与正式职工存在待遇差别，但是基本的劳动保护和劳动权利是有保障的，而将劳动关系转入劳务公司后，他们的身份就变成了"劳务工"，对他们的劳动保护的保障不再是S集团公司的必然责任，他们成为实实在在的"农民工"，劳动权利和政治权利都与以往不可同日而语。他们与企业职工之间的身份差异体现在了劳动、生活、权益、地位的方方面面。

### （三）市场环境、低价竞标与身份化用工

改革开放 30 多年，国家经济建设的需要为建筑业的发展提供了良好的机遇。建筑业成为国民经济的支柱产业，在产业总产值、企业数量以及从业人数等方面，都获得空前发展，行业内部的竞争态势愈演愈烈。与此同时，建筑业招投标制度、施工企业资质管理等行业规范制度，也在国家的行政干预和市场的竞争环境下逐步建立起来。激烈的市场竞争使得建筑企业把提升企业资质等级、低价竞标甚至违规竞标等作为其根本的生存策略。所以，项目的中标价格往往被压到极低，以至于施工企业不得不通过各种方式降低生产成本，才能保证盈利或不亏损，其后果是身份区隔劳动管理在生产一线的普遍化和层出不穷的工程质量问题。

建筑业属于深受国家宏观调控政策影响的行业，其发展具有明显的阶段性，固定资产投资和基础设施建设是拉动建筑业发展的主要动力。新中国成立初期与"一五"计划期间，国家优先发展重工业的战略决策使得大规模的工业基础设施建设成为必要，建筑业担负起了工业化基本建设的重任，建筑职工人数从 1952 年的 99.5 万猛增到 1957 年的 229 万。[1] 据统计，1953—1978 年的 25 年中，基本建设的投资总额是 6513 亿元。[2] 其中，1978 年的数目最大，达 500 亿元。改革开放以后，国家建设投资快速增长。1981—1990 年，建设领域共完成全社会固定资产投资总额 2.77 万亿元[3]，先后建成大中型项目 1109 个，限额以上更新改造项目 879 个，各类小型建设项目 90 多万个[4]。"九五"和"十五"期间，国家采取积极的财政政策，扩大了对基础设施的投资规模，推动了建筑业的进一步发展。自 2007 年底开始，由于国内经济受全球金融危机影响出现了下滑趋势，建筑企业的经济效益也受到影响。但是 2009 年国家 4 万亿的固定资产投资迅速为建筑业的发展注入了新的活力。2009 年，建筑业总产值达

---

[1]　国家统计局：《中国劳动工资统计资料（1949—1985）》，中国统计出版社 1987 年版，第 42 页。

[2]　中国建筑业协会：《中国建筑业发展战略与产业政策研究报告》，中国建筑工业出版社 2011 年版，第 56 页。

[3]　同上。

[4]　同上。

到 76807.74 亿元，比 2008 年增长 23.8%。[①] 可见，建筑业对经济建设有高度依赖性。

中国改革开放三十多年的经济建设需要，使得建筑施工企业的数量和从业人数均得到了较大规模的发展增长，并形成了多种所有制类型并存的竞争格局。建筑业施工企业数量从 1980 年的 6604 个，增加到了 2016 年的 83017 个，从业人数也从 648 万增加到了 5184.5 万人。[②] 企业性质也由国有经济和集体经济垄断发展为国有、集体、外商投资、民营及个体多种经济成分并存。2016 年，民营和个体建筑企业数量达到 75722 个，占全部建筑企业总数的 91.21%，从业人数达到 4553.4 万人，占建筑业全部从业人数的 87.83%，实现产值 164119.81 亿元，占建筑业总产值的 84.79%。[③] 非国有建筑企业的异军突起，使得 S 集团公司这样的国有建筑企业面临着越来越严峻的市场竞争。

为了规范建筑企业的竞争行为，完善建筑行业的竞争机制，招投标制度和企业资质等级管理制度先后被引入建筑领域。这两项制度使得建筑企业只能通过市场竞争获得工程项目，过去依靠行政手段分配工程任务的时代一去不复返了。无论是国有企业，还是非国有企业，至少在形式上都必须履行规范的竞争程序。

对于因铁路、隧道、轨道建设而闻名的 S 集团公司来说，一方面国家大规模的铁路和城市轨道交通建设项目为其提供了前所未有的发展机遇，另一方面激烈的市场竞争又将这个大型国有企业置于更为艰难的发展境地。虽然 S 集团公司的企业规模、施工技术以及施工管理等使其具备多项建设资质等级，但在激烈的项目招投标过程中，面对众多的具备同等资质的竞争对象，S 集团公司及其下属子/分公司不得不采用行业通行的低价竞标策略。而低价中标有时不只意味着企业承建一个项目后无利可图，甚至意味着亏损。但是如果不争取中标，没有工程项目可干，就意味着企业的人员和设备都不得不处于闲置状态，企业的生存就会成为问题。而对于国有企业来说，企业的生存问题不仅是企业本身的问题，还关系到企业职工的生存、就业和社会的稳定。所以，在现行建筑市场环境中，低价中标

---

① 国家统计局：《中国统计年鉴（2017）》，中国统计出版社 2017 年版（电子版），表 14-1。

② 同上。

③ 同上。

成为了 S 集团公司不得已而为之的选择。①

低价中标的直接后果，就是建筑企业只能通过压缩材料、人工等生产成本，以尽量保证项目盈利或不亏损。在 S 集团公司，压缩人工成本的方式，就是减少直接与公司签订劳动合同的职工人数，增加以劳务派遣为主的临时用工和对外部劳务队伍的使用，形成"以专业公司为主，劳务公司和外部劳务队伍为有益补充"的劳动组织结构和"以合同制员工为主，混岗劳务工为辅"的劳动力结构，构建以各子/分公司的职工队伍为主体的依靠层，以内部劳务公司的劳务工为主体的紧密层和以社会劳动力资源为主体的外部劳务分包队伍辅助层的用工体系。而依靠层、紧密层和辅助层之间的差别，不仅体现在与企业关系的密切程度上，更体现在其所享有的劳动权利上。这是一个基于身份的不平等的用工体系。本研究所涉及的就是职工和农村劳务工之间的"身份区隔"，而外部劳务队伍的农民工由于从未与 S 集团公司建立过劳动关系，与本书主旨无关，所以不属于本研究的考察对象。

### （四）强势业主、抢工期与身份化用工

在当下竞争激烈的建筑市场中，面对众多备选的施工单位，业主（即建设单位）处于强势地位，强势业主的表现之一就是强制要求承包方和施工单位加快施工进度压缩工期。② 对于施工单位来讲，加快施工进度的主要方式之一是增加劳动力。③ 这就要求企业保持较高的灵活用工空

---

① 当然，除此之外，部分关系较为密切的建筑企业也会采用在招投标过程中结成攻守同盟，通过围标、串标、陪标等违规行为，提高某一家建筑企业的中标概率和中标价格。这种违规行为通常情况下损害的是业主利益，因为这种违规行为本身就是针对招投标过程中的企业间恶性竞争以致低于成本价竞标而采取的对策。

② 中国建筑业协会：《中国建筑业发展战略与产业政策研究报告》，中国建筑工业出版社 2011 年版，第 115 页。

③ 另一种方式是提高劳动生产率，即通过增加每日的生产任务，提高劳务工的劳动强度。E 标段对劳务工工资采用计时工资和计件工资相结合的方式。每个劳务工在进场前就与架子约定了日工资，即每日 12 小时工时劳动的价格，但前提是完成了生产任务。建筑工地上普遍采用班组作业，生产任务是分配给整个班组，而工资又是与生产任务挂钩的，这样个人工作的努力程度会直接影响到整个班组成员的收入，所以，管理人员不必直接监督生产过程，只需依靠班组成员的互相督促就能够保证生产任务的完成。抢工期的时候，劳务工每日劳动时间基本不会变，但是管理者会分配更多的生产任务，工人只有通过增加劳动强度提高劳动效率才能保证完成每日的工作量。

间，即在工程建设需要的情况下能够紧急招到并且留住劳动力，而在抢工期结束后能够迅速遣散冗员以节约劳动成本。S 集团公司"合同制员工+混岗劳务工"的用工形式满足了这种要求，通过内部组建劳务公司并在建筑工地随时补充劳务工，一方面作为劳动力蓄水池随时满足用工需要，另一方面以临时用工为借口降低了实行全员合同制的劳动成本和法律风险。

在我国建设领域，业主强制下的抢工期是普遍存在的现象。建设工程，尤其是与政府有关的基础设施建设工程很多时候都包含着政治意义，献礼情结、政绩需求、急功近利往往导致业主方强制压缩工期的情况。或是为了迎接一个象征性的节日，或是个别官员为了增加其政绩筹码，或是为了早日完工投入运营获取收益，业主方都可能不顾施工设计和工期的科学性，一再要求压缩工期。在买方市场条件下，为了满足业主要求，承包方和施工单位不得不通过修改设计方案、加快工程进度赶工期。因为业主方控制着工程结算，如果不能按照其要求的工期目标完工，承包方和施工单位就不能顺利拿到工程款。

以 E 标段为例，本项目属于地方政府投资的城市轨道交通项目，与很多其他的政府工程一样，E 标段也面临着压缩工期的问题。E 标段的业主（投资方）是北京市基础设施投资有限公司，建设管理方（发包人）是北京市轨道交通建设管理有限公司，二者都是由北京市国资委出资成立的国有独资公司，前者主要承担北京市轨道交通等基础设施项目的投融资和资本运营任务，后者主要承担轨道交通新建线路规划、项目招投标、协调施工以及组织验收等交付运营前的所有建设管理工作。两个公司其实都是北京市政府的代理机构。为了缓解交通拥堵压力，北京市政府召开专门会议要求加快市内所有道路的施工建设和改造速度，实现提前通车。北京市轨道交通建设管理公司将这一指示下达到各地铁施工项目部，由此，E 标段的竣工日期由 2013 年 9 月 20 日提前到 2012 年 9 月 20 日，整整提前了一年。

压缩工期不仅意味着建筑工地上人员、设备的高负荷运转，还意味着施工单位必须强化灵活用工的方式。为了实现提前一年竣工的目标，自 2011 年 3 月开始，E 标段就开始进入抢工期。在此之前，一线作业人员的工时已经达到每天 12 小时，所以通过延长工时实现抢工期的作用有限，毕竟人作为活的劳动力是受生理极限约束的，可行的方式主要是增加施工人员数量增开作业面和提高劳动效率。

抢工期要求在工程任务吃紧的情况下能够紧急招到大量劳动力完成施工任务，同时还要保证在抢工期结束后这些新增的劳动力能够尽快遣散，即要保证"进的来，出的去"。大量劳务工的存在满足了这一需求。在抢工期的时候，施工单位一方面从内部劳务公司调遣部分劳务工填补劳动力空缺，另一方面临时招用新的劳务工充实劳务队伍。无论是调遣还是新招，都必须依靠提高工资的方式。这是因为，如第三章所述，劳务工与内部劳务公司之间的劳动关系是很松散的，对劳务工没有约束力，真正决定他们是否留下来的主要因素还是工资的高低。①

为了招到和留住足够的劳务工，以满足对劳动力的需求，施工单位通常采用增加工资和延期支付工资并举的措施。在 E 标段，从 2011 年 3 月至 10 月，普通劳务工的工资从 130 元/天涨到了 170 元/天，高工资是吸引和留住劳务工的主要方式。另一项措施是延期支付工资。在 E 标段，正常的工资支付周期是一个月，即每月的 25—30 日为工资发放日，但是，遇到春节或者抢工期，项目为了留住足够的工人干活，就采用延长工资支付周期的方式，通常会延期一到两个月。但事实上，如果劳务工执意离场，项目部也无可奈何，不得不结清工资放人，所以，延期支付工资只是留住工人的辅助方式。

由此可见，在业主优势地位突出的建筑业，普遍存在的压缩工期对劳动力需求的大起大落，强化了 S 集团公司身份区隔的灵活用工和管理制度，并促使企业利用高工资作为吸引手段使得这种用工形式和高强度劳动管理能够被劳务工所接受。

综上，国家控股上市建筑企业大规模身份化用工的产生和升级，是工资总额核定方式的变化、社会转型期不完善的劳动政策、激烈市场竞争下低价竞标的行业生存策略以及强势业主下抢工期的生产常态这四个机制共同作用的结果。

## 本章小结

本章分别从宏观背景和微观机制两个方面，对改制后国家控股上市建

---

①　当然，与内部承包职工关系的密切程度也是他们考虑的因素之一，但考虑关系的前提是工资与市场的平均水平相差不大。也就是说再亲近的关系也不能完全代替工资的吸引作用。

筑企业的用工制度改革和身份化用工升级的原因进行了分析。建筑业生产体制的市场化改革、国有建筑企业公司化改制和股份制改造后作为国家控股上市建筑企业面临的经济绩效主导的业绩考核体系，使得国有建筑企业在市场竞争和国家考核的双重压力下，为了生存和发展，不得不推进自身的市场化改革，改革企业经营管理制度、用工制度以及社会职能等，提高企业的市场竞争力。伴随建筑行业市场化改革推进所形成的多种所有制并存的行业竞争格局和国家以经济效益为主导的业绩考核要求，是国家控股上市建筑企业实行劳动用工和管理体制改革的宏观背景。

此外，在微观机制层面，利润主导的工效挂钩薪酬制度、建筑领域普遍存在的低价竞标和抢工期等问题，都促使国有建筑企业采用增加以农民工为主的非正规劳动力和压缩正规人员编制的身份化用工策略，并在此基础上，以身份差别为标准，在职工和劳务工两个群体之间建构资源分配壁垒和差别化的劳动管理方式，使得身份化用工转变为身份区隔的劳动管理。而国家劳动政策调整过程中配套政策措施的缺乏，不仅没有能够保护农民工，反而使得企业为了规避法律风险加速了劳动用工管理制度调整的速度。工资总额核定方式的变化、社会转型期不完善的劳动政策、激烈市场竞争下低价竞标的行业生存策略以及强势业主下抢工期的生产常态这四个机制共同作用，推动了国家控股上市建筑企业身份化用工的升级。

事实上，在计划经济时期，国营建筑企业也存在固定工和临时工的身份差别[1]，但是，这一时期临时工的工资工时、劳保待遇等都与固定工差别不大，差别在于临时工与"单位"之间只是短期关系[2]，而不像固定工是"单位人"，个人的一切生产、生活问题都在单位解决。换言之，计划经济时期的国有企业也存在用工的身份差别，但是除了不像固定工那样完全属于"单位人"之外，临时工其他的劳动权益是能够得到保障的。即便是到了20世纪八九十年代，农村合同工除了与国有建筑企业的合同期限比职工短和没有社会保险外，其他的劳动权益和职工基本也是一样的。计划经济时期的临时工和改革早期的农村合同工，只是根据临时性、

---

[1]　1971年11月30日，国务院发出《关于改革临时工、轮换工制度的通知》，要求将大部分临时工和合同工转为固定工。

[2]　参见1962年10月14日国务院发布的《关于国营企业使用临时职工的暂行规定》和1965年3月10日国务院发布的《关于改进对临时工的使用和管理的暂行规定》。

季节性生产的需要，作为固定工的补充而使用的，其工资工时、劳保待遇受到国家保护，其本质是一种用工策略。而改制完成后国家控股上市建筑企业中所存在的职工和劳务工的身份区隔，则是中国经济体制改革过程中企业组织精心设计的基于用工性质差别的劳动控制策略。

# 第五章

# 国家现代化、治理意识形态
# 与差别公民身份[①]

　　身份区隔之所以能够被 S 集团公司作为一种劳动用工和控制策略创造出来，并在以 E 标段为代表的地铁工地发挥作用，本质上是当下社会结构的产物。但追根溯源，当下的社会结构本身与国家延续了几十年的正式的差别公民身份制度关系密切。虽然在共和国将近 70 年的历史中，"城—乡""工—农"身份化的制度区隔在不同历史时期的表现特征有所不同，但差异性一以贯之。

　　从社会发展的角度讲，中华人民共和国的历史就是国家推进现代化建设的历史。在不同的历史时期，国家面临的发展背景、环境、问题以及任务不同，相应地国家治理的主导意识形态也有所差异。自 1949 年至今，国家现代化历程大致可以划分为三个阶段，分别是：1949—1977 年的传统社会主义阶段，1978—2001 年的快速经济转型阶段，以及 2002—2017 年的中国特色社会主义阶段。在三个不同的阶段，国家确立了不同的现代化路径和主导意识形态，并对农民（工）采取了不同的身份定位和治理策略。

---

① 当然，严格说来，1954 年《宪法》依照现代国家的基本模式，对公民的权利和义务做了全面规定。但 1957—1976 年 20 年间的历次政治运动，使得整个国家的决策和管理机制都违背了现代国家的基本原则，公民这一范畴也只停留于宪法的文本层面，而在实际的政治生活中则被完全服从于单一意识形态的人民和群众所代替。直到 1978 年改革开放以后，随着市场经济的发育和政治、文化环境的逐渐宽松，公民才作为实体范畴发展起来。因此，中国语境下的公民与马歇尔公民身份理论中所不言而喻的自由主义传统的公民并不完全是一个范畴。但是，本书为了研究的方便，采用宽泛意义上的公民概念，即具有一国国籍，并且根据该国法律规定享有权利和承担义务的人。

# 一 建构差别公民身份：全能主义与城乡分治（1949—1977）

在传统社会主义阶段，国家所面临的国内外环境以及现代化任务，使得执政党选择了全能主义的治理方式。全能主义（totalism）区别于集权主义（totalitarianism），指"政治机构的权力可以随时地无限制地侵入和控制社会每一个阶层和每一个领域的指导思想"，而全能主义政治即"以这个指导思想为基础的政治社会"（邹谠，1994，参考自：郭晓刚、席晓琴，2003）。全能主义政治的特点表现为以下五个方面：党和国家的一体性，政治机构权力的无限性，政治动员的广泛性，意识形态的工具性，以及国家对外的封闭性（郭坚刚、席晓勤，2003）。全能主义产生于中国自鸦片战争以后百余年的民族存亡危机的背景下，其合法性的最初来源在于新中国成立初期实现救亡图存、富国强兵、百姓安居的民族振兴（席晓勤、郭坚刚，2003），为了这个目标，个人利益被要求理所当然地服从集体和国家利益。

从1949年中华人民共和国成立起始到1962年《农村人民公社工作条例（修正草案）》的颁布为止，经过历时13年的政治、经济、社会和文化运动，全能主义国家逐渐成熟，国家实现了对一切资源的全面垄断，行政控制权力延伸到了政治体制、经济生产和社会生活各个领域。限制人口城乡迁移的户籍制度以法规的形式为城乡分治赋予了合法性，并由此决定了几亿农民及其后代的个人命运。而在实践中，城市中国营部门机构（行政单位、事业单位以及企业单位）的"单位"和农村政社合一的人民公社，作为国家实现政治控制、行政管理、社会组织、经济生产以及群众动员的载体控制了个人活动的方方面面（路风，1993），个人的社会身份、生存境遇以及发展空间都被限制在"单位"或人民公社的范围内，并被其决定（李汉林，2008）。在这种政治整合替代社会整合的总体性社会（孙立平，1993），城乡分治被作为一项长期贯彻的刚性的治理策略固定下来，并由此建构了传统社会主义中国具有代际承继性的身份化的户籍—职业分层体系（陈光金，2004）。

## （一）全能主义政治的形成与巩固

全能主义政治起源于革命根据地时期，形成于新中国成立初期的政权巩固和秩序重建的需要，而后在新中国重工业优先的工业化模式的发展过程中得到进一步巩固，并最终实现了政治力量和行政手段对整个国家各个领域的掌控。

1. 政权巩固与全能主义的形成

新中国成立以后，新政权的巩固和国家秩序的重建要求国家力量具有高度的强制性和压制力，这是因为中国共产党通过革命夺得了新政权以后，其所接管的国家在经济、政治、社会、文化各个方面都面临严重的危机。经济方面，因财政赤字和生产停滞而引起的恶性通货膨胀、严重的失业问题和猖狂的投机倒把活动，使得整个国家的经济体系已经崩溃。政治方面，国民党虽然已经退守台湾，但是其"光复大陆"的政治方针并没有变，并且通过潜伏在大陆的残余势力从事对新政权的颠覆活动。社会方面，旧社会遗留下来的城市帮派和农村宗族等传统势力，对新政权的社会秩序重建和意识形态传播构成了障碍。文化方面，资产阶级的自由主义思想和文化与产生自革命根据地的服务于革命和群众的文艺理论相去甚远。所有这些挑战决定了新政权只能延续全能主义的方式进行总体主义的解决，只有如此，才能实现执政党理想中的国家秩序的重构。

在 1949—1952 年的国民经济恢复时期，国家通过一系列经济措施和政治运动最终实现了政权的巩固。第一，没收官僚资本归国家所有，并使之与共产党根据地的公营工商业和朝鲜战争爆发后被征用、征购和管制的外资企业共同构成了新中国的国营经济部门。由此，新政权掌握了国民经济命脉（路风，1993）。第二，统一全国的财政经济工作，通过将人员编制、粮食调度、税收、企业管辖、金融监管、财政分配等权限统一收归中央，控制了财政赤字、打击了投机活动，从而实现了稳定市场物价的目的，并为确立高度集中的经济体制奠定了基础（路风，1993）。第三，中央人民政府委员会第八次会议于 1950 年 6 月通过了《中华人民共和国土地改革法》（已失效），并以此为依据在农村发动土地改革运动，废除封建地主阶级所有的土地制度，实行农民的土地所有制。通过土地改革运动，新政权赢得了农民的拥护，并在农村用共产党的权力结构取代了旧的农村精英（李侃如，2010：101）。第四，从 1950 年 12 月至 1951 年 10 月在全国范围内开展了清查和镇压反革命分子的政治运动，基本肃清了国民党残留的反革命势力，维护了政权稳定和社会秩序。第五，从 1951 年底至 1952 年 10 月，在党政机关工作人员中开展了"反贪污、反浪费、反官僚主义"的"三反"运动，在私营工商业者中开展了"反行贿、反偷税漏税、反盗骗国家财产、反偷工减料、反盗窃国家经济情报"的"五反"运动，巩固了工人阶级的领导地位和国有经济在国民经济中的领导地位。第六，从1951年秋至1952年秋发动了知识分子的自我教育和自我改造运动，使其抛弃旧的封建主义、资本主义思想，学习马列主义、毛泽东思想，并树立为人民服务的文艺精神。通过知识分子改造运动，新政权实现了对思想和文化领域的控制。通过以上措施和运动，国家建立了新的城市和农村经济秩序，确立政权在城市和农村的合法性和领导地位，削弱了城市的社会力量，巩固了新政权（李侃如，2010：101—104），并为下一步的经济建设做好了准备。

2. 重工业目标与全能主义的强化

通过历时三年的恢复国民经济工作和政治运动，新民主主义的国家政权得到了巩固，并在此基础上于1952年确立了优先发展重工业的战略（叶扬兵，2002）。优先发展重工业的工业化模式和当时的社会经济条件的限制进一步强化了全能主义政治。

重工业优先发展战略的确定是当时多重历史因素共同作用的结果。首先是苏联经验的示范作用。苏联自20世纪20年代开始确立了重工业优先发展的战略，仅用了十多年时间就实现了国家工业化。苏联是人类历史上第一个标榜社会主义的国家，也是第一个在封建的农奴社会基础上建立了社会主义的国家，其建设经验成为后来同样没有经历过资本主义工业化发展阶段而直接进入新民主主义社会的新中国效仿的对象。尤其是苏联强大的重工业生产体系在第二次世界大战期间的紧急战备中所发挥出来的惊人作用，引起了包括新中国在内的后发展国家的广泛关注（叶扬兵，2002）。其次，中国当时所面临的国际环境决定了只能走重工业优先发展的道路。"二战"以后，虽然世界范围内的战争爆发的可能性很小了，但是区域内的局部战争却没有停止，加之美苏争霸的冷战格局，使得刚刚掌握新中国政权的中国共产党不得不保持战备思想，选择有利于国防工业建设的重工业优先发展战略。再次，旧中国留下来的工业体系不能够满足国家工业化的需要。旧中国的工业体系以轻工业为主，其产值占到整个工业的70%以上，而重工业极其落后，甚至没有本国独立的机器制造业（叶扬兵，2002）。重工业的落后严重制约了国家工业化建设和经济独立。因此，要实现国民经济的发展和国家独立必须改变重工业的落后现状。最后，以美国为首的西方资本主义世界对中国的经济封锁，使新政权只能选择对外部市场、技术、设备依赖程度较低，具有自我循环、自我发展的封闭性特点的重工业（叶扬兵，2002）。

但是，重工业优先的发展战略与社会经济现实之间存在尖锐的矛盾。首先，重工业主要是资本和技术密集型产业，对劳动力的需求比轻工制造业要少得多，而中国的现实是人口过多，要发展重工业，必须首先解决人口就业的问题。其次，重工业优先的发展战略要求有足够的资本投入作为保证，而新中国作为一个刚刚摆脱国内战争和帝国主义殖民侵略的积贫积弱的国家，资本积累显然不足。就业问题和资本问题成为束缚国家重工业优先发展战略的两大"瓶颈"。这决定了通过常规的经济调节手段，无法支持国家的工业化体系建设。只有以国家强大的资源调配能力做保证，重工业优先的工业化模式才可能得以建立和发展。

为了解决优先发展重工业所面临的人口就业不足和资本短缺这两个问题，国家选择了通过政治力量和行政手段来动员和分配资源（路风，1993），而这进一步巩固了全能主义政治。首先，将人民基本生活必需品纳入国家行政分配的范围。这是因为，大规模的经济建设所带来的工业投资和就业人数的迅速增加，使得包括粮食、农副产品等在内的消费品市场趋于紧张；此外，重工业优先的发展战略要求资本保持高积累率。为了应对这两个问题，国家从1953年年底开始在全国范围内对粮食实行统购统销，并于1954年9月对棉花和棉布实行统购统销。由此国家掌握了大多数农副产品的分配权力，一方面通过票证供应方式保证了城市居民的生活需要，另一方面通过较低的固定价格政策将大部分农业剩余转化为工业资本积累（路风，1993）。而统购统销更深远的意义还在于，它通过后来的户籍制度固定化了城乡人口的划分（路风，1993）。其次，利用政治动员加快社会主义改造进程。发展重工业的目标要求以强有力的计划手段分配生产资料和劳动力，排除市场机制对经济的影响，这就要求国家将所有的经济资源收归国有。为此，中国共产党在1952年年底提出了党在过渡时期的总路线，并于1953年6月15日在中央政治局扩大会议上由毛泽东第一次对其内容作了比较完整的表述，即"要在10年到15年或者更多一些时间内，基本完成国家工业化和对农业、手工业、资本主义工商业的社会主义改造"。但在实际实施过程中，工业化体系建设对国家强大资源调配力的客观需要与政治上的急功近利相结合，使"三大改造"只用了4年多的时间就完成了。在此过程中，全能主义的政治动员发挥了主要作用。到 1957 年，国家最终控制了全部经济资源，并在此基础上确立了计划经济体制，包括统一的资本分配制度、统一的物资调配制度和统包统配的劳动管理制度（袁志刚、方颖，1998：30）。计划体制进一步巩固了全能主义政治，并为随后的城乡分治铺平了道路。

### （二）城乡分治

在当时国家人口众多、农业劳动生产率较低的社会经济条件下，城乡分治是重工业优先发展战略的必然结果。前文已经论述过，重工业为主的工业体系吸纳劳动力的能力有限，因此城市经济无法提供足够的就业岗位给流入城市的农村人口；此外，较低的农业劳动生产率不足以提供足够的粮食和农副产品支撑城市持续膨胀的人口。因此，城乡分治成为国家的不二选择。为了实现这一目的，国家制定了城乡隔离的户籍制度限制农民的迁徙自由，通过城市统包统配的劳动管理制度和"单位"体制将农民排除出城市社会，并最终通过政社合一的人民公社将农民牢牢地束缚在了农村。

1. 城乡隔离的户籍制度的形成过程

户籍管理在历史上的主要功能是为政府征税提供人口统计数据，并不具有限制迁徙自由的作用（路风，1993；王海光，2011）。实际上，新中国成立初期的户籍政策并没有限制人民的迁徙自由。1949 年的《中国人民政治协商会议共同纲领》第五条规定，人民拥有迁徙的自由权。1951年 7 月，为了维护社会治安，保障人民的安全及居住和迁徙自由，公安部颁布的《城市户口管理暂行条例》规定，外来人口住宿超过三日，须向公安派出所报告。这一条例的根本动机是"保护好人，限制坏人"，户籍管理被作为安全保卫工作的手段（王海光，2011）。

从 1952 年起，国家已经意识到城乡巨量剩余劳动力的问题，尤其是城市中的失业问题更加严重[①]，为了缓解城市就业压力、维护城市社会秩序，国家开始限制农村劳动力向城市的流动。1953 年 4 月 17 日，政务院发出《关于劝止农民盲目流入城市的指示》，要求对从农村流向城市的劳动力实行计划管理，规定未经劳动部门许可和介绍，不得在农村招收工人。1955 年 6 月 9 日，国务院发布《国务院关于建立经常户口登记制度

---

① 国务院：《关于劳动就业问题的决定》，1952 年 8 月 6 日。

的指示》，规定全国城市、集镇、乡村全部要建立户口登记制度，对出生、死亡、迁出、迁入等内容的登记做了详细规定，从而全面建立户政体系，以适应国家建设需要。1956 年 12 月 30 日，国务院发出《国务院关于防止农村人口盲目外流的指示》，规定只有在"确有可以投靠的亲友或者已经找到工作，外出后生活不致发生困难的情况下，才能允许灾区农民外出，但要先取得外出地区有关方面的确实证明，并事先办好工作移交和户口迁移等各项手续"，并再次明确企业只能通过劳动部门统一调配农村劳动力，不应当私自招收。1957 年 3 月 2 日，国务院发出《国务院关于防止农村人口盲目外流的补充指示》，要求除了向农民宣传防止盲目外流的政策外，在外出农民流经较多的交通中心，设站劝阻，遣送回乡，在农民流入较多的城市设立机构负责外流农民的处理和遣送工作。从 1952 年到 1957 年，国家对农民向城市流动的政策逐渐收紧，但并没有完全阻止农民进城。

随着城市就业矛盾和生活必需品供需矛盾的加剧，国家开始全面阻止农民进城，并最终通过法律的强制性剥夺了大多数农民向城市流动的权利。1957 年 12 月 18 日，中共中央和国务院联合发出了《关于制止农村人口盲目外流的指示》，要求农业生产合作社加强群众思想教育，不得随便开发外流证明信，减少农民外出；要求民政、公安、铁道部门合作，在某些铁路沿线、交通要道劝阻外流的农村人口；规定城市和工矿区必须动员农村人口回乡，并由公安机关依照城市管理户口规则，进行严格户口管理；要求加强城市粮食供应控制；进一步要求所有城市用人单位一律不得擅自招用农村外流人口。这一指示实际上已经明确了城乡隔离的户籍管理政策。1958 年 1 月 9 日，全国人大常委会通过《中华人民共和国户口登记条例》，确立了以户为单位的户籍登记制度，而不是以公民个人为单位的身份登记制度，规定"公民由农村迁往城市，必须持有城市劳动部门的录用证明，学校的录取证明，或者城市户口登记机关的准予迁入证明，向常住地户口登记机关申请办理迁出手续"，公民在常住地市、县范围以外的城市暂住三日以上的，要向户口登记机关申报暂住登记，离开前申报注销，在常住地市、县范围以外的农村暂住，不办理暂住登记。此条例的颁布实施标志着城乡隔离的户籍制度的正式形成。

农民之所以向城市流动，大多数是为了能够进入工业部门就业，也有一部分是因为农业灾害导致粮食歉收，不得不外出谋生。归结起来，最根本的原因是农村的生存、发展条件比城市差。为了满足发展重工业的资本积累，国家通过农产品的统购统销政策对农业剩余进行第一次剥夺，又通过工农业产品剪刀差对农民进行第二次剥夺。而在农业劳动生产率较低的情况下，两次剥夺留给农村和农民的只有贫穷，所以，向城市寻找生活成为农民的理性选择。然而，这一谋生通道随着1958年户籍条例的颁布基本关闭。

国家在制定限制或阻止农民流向城市的政策、法规的时候，并不是不了解农民进城的原因，但是为了维护城市的社会经济秩序，依旧通过强制性的国家意志建立了城乡隔离的户籍制度，并通过意识形态工具、政治动员和隐含的政治压制，使几亿农民接受了城乡隔离制度安排。

但是，新的户籍制度对人口迁徙的控制并不是完全绝对的，而是从属于国家劳动就业的计划分配（路风，1993），只要国家的工业化建设需要劳动力，由劳动部门统一计划的人口迁移是被允许的[1]，反之，如果人口迁徙阻碍了工业化进程，就被禁止。这导致了1958—1963年农业劳动力转移的大起大落。1958—1960年"大跃进"期间，全国"大办工业""大炼钢铁"使城镇劳动力出现不足，中央将劳动力的招收、调剂权下放给了地方[2]，致使大量农村人口涌入城市。从1958年到1960年8月，共招收职工2500万人，其中1430万人来自农村（袁伦渠，1990：211—212）。这一方面造成了农村劳动力不足，影响农业生产；另一方面又导致城镇人口增加，生活必需品供应紧张。为此，国家收回了下放给地方的招工权[3]，并在随后为期三年的经济调整过程中，将1958年以后参加工

---

[1]　1958年户口登记条例规定公民持有城市劳动部门的录用证明就可以由农村迁往城市。

[2]　1958年6月22日，中共中央转发了劳动部党组《关于当前工业企业补充劳动力问题向中央的请求报告》，将劳动力的招收、调剂权下放给各省、市、自治区。

[3]　1959年1月5日，中共中央发出《关于立即停止招收新职工和固定临时工的通知》，要求各级党委通知各企业事业单位立即停止招收新的职工和继续雇用临时工人。对现有职工人数要根据节约用人、提高劳动效率的原则，确实核定各单位的人员需要量，并且报告省、市、自治区党委备查。2月4日，中共中央又发出《关于制止农村劳动力流动的指示》，要求各企事业单位一律不得再招收流入城市的农民；已经使用的，要立即进行一次清理，已有固定工作确实不能离开的，必须补订企业、人民公社和劳动者本人三方同意的合同，其余的一律遣送回乡。3月11日，中共中央、国务院联合发出了《关于制止劳动力盲目外流的紧急通知》，重申了2月4日的指示内容，并且要求各机关、企事业单位、部队、学校，都要立即向所属人员传达2月4日中共中央的指示，制止农村劳动力盲目外流。

作的来自农村的新职工全部精简，遣返各类农村临时工约 2000 万人左右①。1961 年以后，国家的劳动计划和户籍制度全面强化了对劳动者就业身份的控制，农民的迁徙权和自由择业权被全面剥夺。直到 20 世纪 70 年代末改革开放以后，农民才再次有机会进入城市寻找就业机会。

### 2. 政社合一的农村人民公社体制

政社合一的农村人民公社，既是国家为了加快资本积累快速推进工业化而实行城乡分治的手段，也是国家改造农村社会秩序和意识形态实现社会主义理想的方式（王立胜，2007），是国家在完成农业社会主义改造以后，为了进一步加强对农业、农村和农民的控制而建立起来的一套乡村秩序控制制度（于建嵘，2001）。国家通过人民公社化运动将农村传统的基于血缘和宗族的自然村落改造为人民公社下属的大队、生产队，从而实现了以社会主义的意识形态再造乡村社会秩序的目的（王立胜，2007）。农村的人民公社与城市的"单位"体制共同作用，实现了国家城乡分治的社会控制。

农村人民公社化运动起始于 1958 年，并在同年底基本完成，所采用的方式是意识形态宣传和群众动员。1958 年 8 月 29 日，中共中央《关于在农村建立人民公社问题的决议》指出，人民公社是形势发展的必然趋势，要求对人民公社的分布，以县为单位进行规划布局，建立若干分工负责的部门，实行政社合一，其任务是建设社会主义。1958 年 12 月 10 日，中共中央《关于人民公社若干问题的决议》指出，人民公社是工农商学兵相结合的社会结构基层单位，也是社会主义政权组织的基层单位，民主集中制是人民公社的组织原则，规定人民公社的生产、交换、消费和积累的计划都必须纳入国家的计划，服从国家的管理，公社实行工资制和供给制相结合的"各尽所能，按劳分配"的分配制度，要求党在领导公社工作的时候，要全面地抓思想、抓生产、抓生活，加强公共食堂、托儿所、幼儿园、敬老院、小学校、卫生院、俱乐部、商店等方面工作人员的思想政治工作，要求人民公社实行统一领导、分级管理的制度，将公社的管理机构分为公社管理委员会、管理区（或生产大队）、生产队三级，管理区（或生产大队）分片管理工农商学兵、进行经济核算，生产队具体组织劳

①　袁志刚、方颖：《中国就业制度变迁：1978—1998》，山西经济出版社 1998 年版，第73 页。

动。在实际运作中，人民公社管理了本辖区的生产建设、财政、贸易、民政、文教、卫生、治安、武装等一切事宜（于建嵘，2001）。到1958年10月，全国74万多个农业生产合作社合并成为26576个人民公社，参加公社的农户有1.2亿户，占全国总农户的99.1%（王令今，2000），全国农村基本上实现了人民公社化。

但是，受当时政治形势的影响，人民公社化运动出现了违背社会经济现实急于向共产主义过渡的"共产风"，伤害了农民的生产积极性，土地荒芜，粮食减产，导致了严重的后果（凯恩，1993）。为了纠正这些问题，中共中央对人民公社体制进一步做了明确规定。1960年11月3日，中共中央发出《关于农村人民公社当前政策问题的紧急指示信》，规定"三级所有，队为基础，是现阶段人民公社的根本制度"，生产队是三级所有制的基础，加强生产队的基本所有制，要求放手发动群众，整风整社。1962年9月27日，中共中央第八届委员会第十次全体会议通过《关于农村人民公社工作条例（六十条）》（修正草案），进一步明确农村人民公社是政社合一的组织，是社会主义社会和社会主义政权在农村的基层单位，在性质上是社会主义的集体经济组织，中国共产党在人民公社各级组织中必须起领导和核心作用，人民公社各级的干部，必须认真执行"党政干部三大纪律、八项注意"；公社管理委员会在行政上相当于原来的乡政府，管理生产建设、财政贸易、民政、文教卫生、治安、民兵和调节民事纠纷等项工作，行使乡政府的职权；公社实行各尽所能、按劳分配、多劳多得、不劳动者不得食的分配原则，实行以生产大队的集体所有制为基础，公社、生产大队和生产队三级集体所有制；明确了公社在经济上是各生产大队的联合组织，生产大队是基本核算单位，而生产队则直接组织生产和集体福利事业；规定生产大队有完成国家征购粮食任务的义务。

至此，农村人民公社作为乡村集行政控制、社会管理和经济组织于一身的体制完全形成，并在此后的20多年中[①]与城市的"单位"体制共同

①  1983年1月2日中共中央1号文件《当前农村经济政策的若干问题》，指出改革人民公社体制，实行政社分开；同年10月12日，中共中央、国务院发出《关于实行政社分开、建立乡镇政府的通知》，指出改变政社合一的体制，建立乡政府和乡党委，同时成立村民委员会作为群众性自治组织。至1984年底，全国各地基本完成政社分设、以政代社，建立了9.1万个乡（镇）政府，92.6万个村民委员会，存在了28年的人民公社制度最终废除（王令金，2000）。

发挥作用，履行着全能主义政治下的城乡分治功能。

3. 城乡分治下的差别公民身份

在这一时期国家治理的突出特征是差别公民身份。全能主义政权控制了国家整体的意识形态和政治社会生态。虽然宪法以文本的形式赋予公民以现代的公民权利（civil rights）、政治权利和社会权利，但在实践层面，国家通过城市的"单位"和农村的人民公社这两个社会整合机制，使得"公民"的意识、话语和行动与国家意志保持高度一致。国家控制全面履行着社会控制职能。个人作为"公民"的身份以对国家的绝对服从为前提，除了享受到"单位"和农村人民公社代理国家所提供的有限的生存权利的保障外，其公民权利和政治权利的体现就是作为社会主义国家人民和党的群众，加入到历次由国家发起的政治运动中。正是在全能主义的背景下，国家能够利用法律这种合法的手段赋予不平等的城乡分治以合法性。

户籍制度和农村人民公社体制作为身份化的制度区隔，剥夺了几亿农民及其后代选择生存环境和职业发展的权利。"农民"一词不再仅仅是一种职业，而是成为一种身份，一种区别于"市民"和"工人/干部"的身份。而国家工业化过程中长期过度从农村提取剩余的政策和偏重城市的资源配置政策，使得农村相对于城市成为贫穷落后的所在。国家为了巩固政权和实现"赶超型"发展，人为地制造出了农民—市民、农民—工人之间的差别公民身份，并通过代际传承将这种身份等级制度传递给后代，成为一种先赋劣势（陈光金，2004）。在此过程中，正式的差别公民身份制度所制造的身份等级差异，逐渐成为非正式的文化共识，渗透进每个个体的潜意识中，成为一种大众意识形态，由此形成了市民对于农民的身份歧视和农民对于自身身份的矮化。这种文化和心理意义上的等级观念比之正式的制度歧视更难消除。

# 二　生产新身份：发展主义与农民工政治（1978—2001）

## （一）改革开放与农民工政治

1978 年以降，吸取新中国成立以来的历史经验和教训，直面中国社会的现实和困境，党和国家做出了改革开放和建设有中国特色社会主义的决策，中国社会进入快速经济转型期。中国从 20 世纪 70 年代末开始推行改革开放的政策，党和国家的工作重心由"以阶级斗争为纲"转为"以经济建设为中心"。这是因为，改革开放前历时 30 年的极"左"的思想对经济发展的束缚，使得人民处于普遍的贫穷状态，而"文化大革命"十年动乱又彻底破坏了正常的社会秩序和人际信任关系。经济的凋敝、人民生活的贫困以及政治运动的心理创伤，使得执政党所代表的国家政权在民众中的合法性受到了越来越多的质疑。在此背景下，为了维护政权在人民心目中的地位①，同时也受世界发展形势潮流的影响，党和国家做出了改革开放的决策。

　　1978 年党的十一届三中全会正式拉开中国经济体制改革和对外开放的序幕。在农村确立了"家庭承包经营为基础、统分结合的双层经营体制"、废除了人民公社②，实现了农村经济和社会改革，提高了农业生产力，解放了农村劳动力。在城市，推动经济体制改革，一方面，鼓励个体经济、民营经济、外资经济等非公经济发展，将其地位从"补充地位"提升到"社会主义市场经济的重要组成部分"；另一方面，改革全民所有制企业的生产经营和劳动管理体制，剥离其承担的社会职能，逐步建立现代企业制度。改革活跃了市场经济，增加了大量就业岗位。

　　农村隐性剩余劳动力的显性化和城市经济发展对劳动力的大量需求共同作用，创造了史无前例的"民工潮"和农民工经济。但与此同时，城乡二元的户籍制度和就业制度，为地方政府和城市居民对农民工采取"经济性接纳、社会性排斥"的态度提供了制度上的合法性。企业通过使用劳动力成本低廉的农民工，压缩了生产成本，实现了利润的增长；地方政府通过利用农民工吸引劳动密集型的出口加工制造企业投资，增

---

　　①　邓小平"北方谈话"，"按照历史唯物主义的观点来讲，正确的政治领导的成果，归根结底要表现在社会生产力的发展上，人民物质文化生活的改善上"。邓小平从执政的高度指出："如果在一个很长的历史时期内，社会主义国家生产力发展的速度比资本主义国家慢，还谈什么优越性？……我们要想一想，我们给人民究竟做了多少事情呢？""社会主义要表现出它的优越性，哪能像现在这样，搞了二十多年还这么穷，那要社会主义干什么？""我们一定要根据现在的有利条件加速发展生产力，使人民的物质生活好一些，使人民的文化生活、精神面貌好一些。"（参见自陈述《从"以阶级斗争为纲"到"以经济建设为中心"》，《北京日报》2008 年 09 月 08 日）

　　②　1983 年 10 月 12 日，中共中央、国务院发布《关于实行政社分开建立乡政府的通知》，正式废除了人民公社体制。

加了地方税收，发展了地方经济；国家通过农民工规模大而成本低的国际竞争比较优势，大力发展出口加工制造业，创造了巨量的外汇储备，实现了 GDP 的飞速发展。① 然而，中国独特的农民工经济的代价是农民工平等就业身份和公民身份的缺失（苏黛瑞，2009：112—147）。国家在利用农民工创造中国经济奇迹的同时，不仅没有有效保护农民工的劳动权利和集体组织权利，而且正是利用了农民工公民身份的模糊性，在汲取其劳动力资源繁荣经济的同时，却以地方行政治理区隔的借口推卸了对农民工的政府责任（任焰、潘毅，2008），甚至地方政府相关部门通过各种工本费、管理费等将农民工当作了创收来源（苏黛瑞，2009：212）。

　　农民工经济的本质是国家利用劳动力的比较优势在国际市场竞争中谋求一席之地，从而实现国家经济增长。事实上，利用劳动力的比较优势发展出口导向型的加工制造业，是 20 世纪六七十年代所有新兴工业化国家②实现国家经济起飞的共同选择。在此过程中，大规模的劳动力由农村流入工厂和城市是这些国家的共性。除了部分兼业农民，大部分进入非农业部门就业的农民，最后都在就业地定居。③ 换言之，与早期工业化国家的历史一样，这些国家的工业化与城市化是同步推进的。在这些国家的工业化过程中，只存在国际竞争中的"劳工政治"，不存在"农民工政治"。

　　而中国的情况与此大为不同。行政上延续下来的城乡二元的户籍制度、城市的就业制度和公共管理制度，将农民工创造的剩余价值留在城市、发达地区和第二、第三产业，而将农民工劳动力再生产的负担留给了农村、落后地区和农业④（任焰、潘毅，2008），这是一种"拆分型"的劳动力再生产（沈原，2006）。农民工的工资不是以城市、发达地区劳动力再生产的支出标准计算，而是以农村、落后地区的劳动力再生产标准计算。农民工在城市的地位，属于经济上的"佣人"，政治上的"沉默者"，

---

　　① 据中国人民银行公布的 2011 年四季度金融数据统计表显示，2011 年年底，国家外汇储备总额 31811.48 亿美元；据国家统计局初步测算，2011 年全国国内生产总值 471564 亿元。

　　② 以韩国、新加坡、中国台湾、中国香港为代表。

　　③ 参见具海根《韩国工人：阶级形成的文化与政治》，中国社会科学文献出版社 2004 年版；黄安余《台湾经济转型中的劳工问题研究》，人民出版社 2010 年版。

　　④ 主要指满足农民工家庭的生活支出和下一代的哺育。

社会生活上的"无根者",文化系统的"边缘人"(朱力,2003)。这种发展中的农民工政治的实质,是默认农民工的流动权,承认其劳动权,而忽略其作为劳动者的其他合法权利和作为具有公民主体身份和话语权的城市生活实践者的权利。通过对其部分劳动权利和公民权利的剥夺而降低劳动成本,从而实现经济增长,而支持这种经济增长方式的意识形态正是发展主义。

### (二) 中国式发展主义

发展主义(developmentalism)是这样一种意识形态,即将经济增长置于发展的核心地位,认为经济增长是实现社会进步与政治发展的先决条件,而经济增长和现代化仰赖于工业化的持续推进(陈向义,2007)。发展主义是在第二次世界大战以后经济重建过程中兴起的学说,依据其在不同时期、不同国家和政治环境下的实践,先后出现了以美国为范本的自由发展(liberal development)范式,以拉丁美洲为范本的依附发展(dependent development)范式,以及以日本、韩国等东亚国家为范本的发展型国家(developmental state)范式(许宝强,1999)。三种理论范式虽然在实现发展的启动机制上存在分歧,但在其本质上都秉持发展的内涵即经济增长主义的观点,经济增长既是实现发展的手段,也是发展的目的。而度量经济增长水平的主要尺度就是国民生产总值(GNP)或国内生产总值(GDP),一个国家/地区的人均GDP成为衡量这个国家/地区发展水平的主要指标(陈向义,2007)。发展主义最后陷入了GDP主义。

关于工业化和经济增长,马克思主义并不否认其进步性,并认为工业化所带来的物质财富的极大丰裕,是实现社会进步的必要前提,即我们通常意义上所理解的"生产力决定生产关系"和"经济基础决定上层建筑"。但并不能由此就将马克思主义的社会发展观认定为"经济决定论",并因此将其与发展主义画上等号,因为马克思的经典著作正是致力于批判由工业化所带来的社会财富的分配不公问题,即创造财富的人与享有财富的人的权力关系易位。正是在"如何发展"以及"为谁而发展"这个问题上,显示了马克思主义的社会发展理论与发展主义的根本差别。发展主义的理论实质是"以物为本",而马克思主义的社会发展理论的精髓则是"以人为本"(陈向义,2007)。

　　中国式发展主义与发展型国家最为接近，但又不完全相同；与马克思主义社会发展观有联系，但又有背离。发展型国家是一种既尊重私有产权又遵循计划理性的资本主义模式，表现为以工业化为目标，由国家主导、驾驭甚至替代市场，强有力的国家干预和国家计划等（郁建兴，2008）。中国的改革开放是在社会主义公有制基础上的、国家主导的、以"摸着石头过河"的渐进方式进行的发展探索，是延续了原来的政体和权力配置系统的社会转型（孙立平，2005）。改革是一个由外而内的过程，即先放开以前传统社会主义阶段所不允许存在的个体、民营和外资等私有制经济，创造了私有产权的主体，从而引入了竞争和市场机制，而后逐步推动国有经济改革，使其在迫于生存的竞争、学习、模仿中实现经营制度变革，并在此过程中推动市场体制本身的发展（加拉格尔，2010：14—29）。

　　但是，市场有其自身的利益和运作逻辑，国家通过行政干预创造出市场以后，市场的运行，或者说资本的运行，就不是其所能够完全控制的了的（波兰尼，2001：50）。尤其在中国这样一个大国，一个省相当于欧洲一个国家的规模，地方政府掌握着与中央博弈的资源。中央制定政策的出发点是全国利益，而地方政府的政策和行为的出发点是地方利益，二者之间经常发生背离（李侃如，2010：182—183，273—274，293—296，311—313）。资本的逐利动机会驱使企业本能地利用这种背离谋取自身利益①，以致带来了屡见不鲜的权力寻租问题。国家与资本之间既有控制关系又有合作关系。中国式发展主义在路径选择上与发展型国家是一致的，即都是强力国家加市场经济。但是，在中国，由于针对国家权力边界的法律界定不够清晰，并且缺乏针对行政权力的社会监督机制，所以，二者之间又不完全相同。虽然社会主义的意识形态使中国在文本和话语层面倡导马克思主义的社会发展观，但实践表明，中国式发展主义不仅没有逃脱经济增长主义的窠臼，反而以"赶超型"国家的力量助长了"经济至上"的发展观，并不惜以对劳动者权利的漠视和对自然资源以及生态环境的破坏为代价。

---

　　①　比如，中央从20世纪90年代就一再提出要实现经济增长方式从粗放型向集约型的转变，但地方政府为了招商引资、留住企业和推动企业发展，以实现经济增长，基本不会认真执行这一指导思想。

### （三）农民工政治的演变

改革开放前中国走的是与城市化脱节的工业化道路。重工业优先的发展战略和接二连三的政治运动对经济建设的破坏，使得工业体系消化城市人口就业尚且困难，更不用说庞大的农村劳动力。因此，国家通过城乡分治将城市与农村、工业系统与农业系统、现代与传统隔离开，使其在各自的系统中实现自我运行。

1958—1978 年这 20 年的城乡分治和没有城市化的工业化[①]，加上控制人口过快增长的政策没有得到有效执行[②]，使农村积蓄了大规模的剩余劳动力[③]。农村经济社会体制改革以前，这些剩余劳动力都被隐藏在农村人民公社的大集体中，新增劳动力都被吸收进以土地为劳动对象的集体劳动中。农村家庭联产承包责任制以后，有限的土地和以户为单位的农业生产暴露出了劳动力过剩问题。1979 年以后，农村中素有走南闯北传统的能工巧匠最先外出谋求生计[④]（朱力，2003）。到了 1980 年以后，随着深圳蛇口工业区以及其他以开办出口加工业为主的首批经济特区的设立，越来越多的农民离开农村进入沿海的以港澳台商以及外商投资为主的出口加工企业工作[⑤]。之后，国家的鼓励民营企业发展、推动国有企业改制，以及进一步加大对外开放水平等政策，都指向了一个结果，即提供了越来越多农民工有机会从事的

---

① 据国家统计局数据显示，1958 年中国的城市化率为 16.25%，20 年后的 1978 年中国的城市化率为 17.92%，只提高了 1.67 个百分点。

② 据国家统计局的全国人口普查公报显示：1953 年第一次人口普查的全国人口总数为 601938035 人，1964 年第二次人口普查的全国人口总数为 723070269 人，11 年间增加了超过 1.2 亿人口，1982 年第三次人口普查的全国人口总数为 1031882511 人，比 1953 年增加了 4 亿多。

③ 据国家统计局第三次全国人口普查公报显示：1982 年，在全国 1031882511 总人口中，居住在市镇的人口数为 206588582 人，仅占全国人口总数的 20%，其他 80% 的人口都居住在农村。

④ 例如，温州以弹棉花为生的"弹棉郎"，衡水景县磨菜刀磨剪子的手艺人，远离故乡，走南闯北。

⑤ 建立经济特区的省份，按照"先省内，后省外"的差序原则吸收农村劳动力，先转移本省山区、贫困地区的农村劳动力，而后在就业岗位充足的条件下，吸收内地省份来的农村劳动力（刘世定、王汉生、孙立平、郭于华，1995）。

就业岗位①。而农业生产所遭遇到的高投入成本、高税费、低收益等瓶颈问题，使得获得土地经营权的农民再度陷入了贫困境地。一方面是工业经济部门对低技术劳动力需求的增加，一方面是农村劳动力的过剩和农民的贫困，拉力与推力共同作用，推动了农民工的大规模形成（陆学艺，2003）。

在这一时期，国家的两个代理人中央政府和地方政府，对于农民工流动的认识和态度是有分歧的。中央政府看到了农民工对于工业发展和市场发育的积极作用，因此，关于农民工流动的政策是逐步放松的。而地方政府一方面认识到了农民工流入对于地方经济的推动作用；另一方面，作为地方利益的代理人，从属地管理的原则出发，又认为农民工的流入带来了更多管理问题。因此，地方政府对农民工的流入是矛盾的，既想利用农民工的低端劳动力，又明确把农民工的城市权利限定在一定范围内，以避免对其社会管理带来大的冲击。

中央政府关于人口流动的政策逐渐松动，为农民工的大规模流动提供了可能性。从 1979 年至 2001 年，中央对农村劳动力转移的政策大致经历了以下几个阶段：1979—1983 年的控制流动阶段②；1984—1988 年的允许流动阶段③；1989—1991 年的控制盲目流动阶段④；1992—2000 年的规

---

① 这些就业岗位具有低文化水平要求、低技能要求、非正规等特点。

② 1981 年 12 月，国务院发出《严格控制农村劳动力进城镇做工和农业人口转为非农业人口的通知》，要点包括：严格控制从农村招工；认真清理企业、事业单位使用农村劳动力；加强户口和粮食管理。

③ 1985 年 1 月 1 日，中共中央、国务院颁布《关于进一步活跃农村经济的十项政策》，指出"要扩大城乡经济交往，……允许农民进城开店设坊，兴办服务业，提供各种劳务，城市要在用地和服务设施方面提供便利条件"。1985 年 9 月，第六届全国人民代表大会常务委员会第三次会议通过了《中华人民共和国居民身份证条例》，开始建立居民身份证制度。1988 年 7 月 5 日，原劳动部、国务院贫困地区经济开发领导小组颁发了《关于加强贫困地区劳动力资源开发工作的通知》，指出"将大力组织劳务输出，作为贫困地区劳动力资源开发的重点"。

④ 1989 年 3 月，国务院办公厅颁发《关于严格控制民工外出的紧急通知》，要求"各地人民政府采取有效措施，严格控制当地民工外出"。1989 年 4 月 10 日，民政部、公安部联合颁发《关于进一步做好控制民工盲目外流的通知》，进一步强调"各地人民政府采取有效措施，严格控制当地民工盲目外流"。1991 年国务院办公厅《关于劝阻民工盲目去广东的通知》、民政部《关于进一步做好劝阻劝返外流农民工作的通知》，要求各级人民政府要从严或暂停办理民工外出务工手续，做好民工盲目流动的劝阻工作，甚至要求"对长期盲流，要坚决收容遣返"。

范流动阶段①（宋洪远、黄华波、刘光明，2002）。1984 年以后，国家逐渐放松对农民工流动的限制，是以农业生产率的提高和农产品产量的增加为前提的。农产品产量的增加和国际农产品的进入，使国家逐步告别了短缺经济，国家不再担心农民工会给流入地的生活必需品供应造成压力。另一方面，农民工集中从业的个体、民营、外商投资等竞争性经济部门，不仅能够促进国家工业化、实现经济增长，而且是推动中国市场化改革的重要力量。与此同时，这些竞争性经济部门的生产实践和劳动管理控制实践，使得农民工无意中成了推动国有企业劳动制度改革的力量。因此，国家从整体的改革利益出发，默认了农民工的流动权。到 2002 年，外出异地务工的农民工②人数达到了 9460 万人，建筑、采掘、轻工制造业等行业的一线职工 80%以上为农民工（陆学艺，2003）。但是，中央政府在承认农民工从事非农产业的权利的同时，并没有为其提供相应的劳动权利③，遑论赋予其与城市居民同等的公民权利了。

---

①　1993 年 11 月 3 日，原劳动部发出《关于印发〈再就业工程〉和〈农村劳动力跨地区流动有序化——"城乡协调就业计划"第一期工程〉的通知》，主要目标是实现"主要输入、输出地区间的农村劳动力流动就业实现有序化，即输出有组织，输入有管理，流动有服务，调控有手段，应急有措施"。1993 年 11 月，中共中央颁发《关于建立社会主义市场经济体制若干问题的决定》，要求"鼓励和引导农村剩余劳动力逐步向非农产业和地区间有序流动"。1994 年 11 月 17日，劳动部颁发《关于农村劳动力跨省流动就业的暂行规定》，首次规范流动就业证卡管理制度：被用人单位跨省招收的农村劳动者，外出之前，须持身份证和其他必要的证明，在本人户口所在地的劳动就业服务机构进行登记并领取外出人员就业登记卡；到达用人单位后，须凭出省登记卡领取当地劳动部门颁发的外来人员就业证；证、卡合一生效，简称"流动就业证"，作为流动就业的有效证件。1997 年 11 月，国务院办公厅颁发《关于进一步做好组织民工有序流动工作的意见》，强调"加快劳动力市场建设，建立健全劳动力市场规则，明确劳动力供求双方、中介服务以及市场管理的行为规范。劳动部门要按照统一、开放、竞争、有序的原则，制定劳动力市场发展规划，会同有关部门切实加强对劳务中介服务组织的管理和指导，通过加强法律、行政、社会舆论监督等手段强化市场监管，坚决打击市场欺诈、非法职业介绍、牟取暴利等违法行为，维护劳动力市场的正常秩序"。2000 年 7 月原劳动保障部、原国家计委等颁发《关于进一步开展农村劳动力开发就业试点工作的通知》，指出要改革城乡分割体制，取消对农民工就业的不合理限制。2001 年 3 月，全国人民代表大会在《国民经济和社会发展第十个五年计划纲要》中提出，要"打破城乡分割体制，逐步建立市场经济体制下的新型城乡关系。改革城镇户籍制度，形成城乡人口有序流动的机制；取消对农村劳动力进入城镇就业的不合理限制，引导农村富余劳动力在城乡、地区间的有序流动"；要"坚持城乡统筹的改革方向，推动城乡劳动力市场逐步一体化"。

②　即"离土又离乡"。

③　国家直到 2003 年才明确了农民工适用《劳动法》和《企业职工工伤保险试行办法》。

与中央政府相比，这一时期，流入地地方政府对农民工的态度要复杂得多。一方面地方政府开始认识到农民工对于促进地方经济增长的作用，尤其是沿海地区的出口加工制造业省份，并不完全阻止农民工的流入；另一方面，计划经济时期留下的秩序观念和公共管理成本增加的经济考虑，使地方政府对于农民工的管理持保守态度。归结起来就是"经济性接纳、社会性排斥"，承认其劳动权，却不提供劳动保护，承认其暂住权，却不提供社会保护。国家的户籍制度和属地化的公共管理制度为地方政府的这种双重取向提供了合法性依据。地方政府利用户籍制度和属地管理原则将农民工排斥在城市就业、教育、医疗等公共服务体系之外（洪朝辉，2003），使得农民工只能作为"漂移的社会"而存在，而不能真正融入城市社会（于建嵘，2008）。农民工既然不能获得城市社会成员资格，理所当然也就没有分享城市资源的权利（洪朝辉，2003）。而当城市出现社会秩序危机、经济不景气或就业压力时，农民工往往是首当其冲的被清理的对象。① 即便是在正常情况下，地方政府为了保护本地就业、维护地方治理秩序，也对农民工的管理作出了严苛的规定。例如，1995 年 2 月 13 日，上海市颁布了《上海市单位使用和聘用外地劳动力分类管理办法》，对外来人口能够进入的行业做了限制；同年，北京市颁布的《北京市外地来京务工经商人员管理条例》（已于2005 年废止），对外来务工经商人员在京务工、就业、经商、房屋租赁以及卫生防疫等做出了严格规定，并明确"外地来京受聘从事科技、文教、经贸等工作的专业人员，不适用本条例"，条例针对的对象显然只是农民工。这些都是来自地方政府行政方面的公然的就业歧视。流入地政府对于农民工的总体态度是，愿意将农民工作为促进地方经济增长的力量加以利用，但是不愿意承担其带来的社会管理责任，更不用说给予其社会成员资格了。

此外，城乡二元户籍制度以及与此伴生的农村的落后、农民的贫困和文化水平低等，使得城市居民形成一种对于农民的刻板印象，即农民工是

---

① 例如，北京从 1987 年开始进行固定工制度改革试点，减少企业冗员，但解决这些冗员的就业问题还在政府的责任之内，所以，政府开始通过许可证或对企业进行罚款等方法，严格限制外来务工人员进京就业。1989 年，北京市甚至下达了清理、压缩 20 万—25 万外地农民工的任务。此外，在 1990 年经济不景气期间，天津、上海等地也都出现了驱赶流动人口的运动。

贫穷的、没文化的、愚昧的、不讲卫生的等等，这是一种文化意义上的歧视。很长一段时间，城市居民都是一方面享用着农民工所带来的城市发展成就以及其所提供的廉价商品和服务；另一方面，认为农民工的流入使得公共交通、社会治安、城市环境等遭到了破坏，这些使得他们认为自身的利益遭到了侵害（苏黛瑞，2009：116—146）。城市居民的偏见和不接纳态度使得城市中的农民工无论是在活动空间上，还是在社会关系网络方面，都与城市居民维持隔离状态，既在空间上建构区隔，也在心理上建构区隔（陈映芳，2005；赵晔琴，2007）。这是一种自我保护的建构过程，而这种空间与心理的区隔进一步阻止了农民工的社会融合（郭星华、李飞，2009）。

概而言之，农民工政治的实质，是国家在经济发展过程中，对农民工经济作用的利用，和对赋予其平等劳动权利和公民身份责任的推卸。这是一种经济至上的发展主义意识形态。在这种意识形态影响下，国家建构了市民和农民、工人和农民之外的第三维的公民身份，即"农民工"。虽然在此过程中，农民工获得了流动的权利和从非农业部门赚取收入的权利，并因此而改善了个人和家庭的生计状况，但这些权利的存在是服务于国家的经济发展战略的。农民工政治背后的隐喻是农民和农民工的工具性存在。如果国家为农民和农民工提供完全的劳动权利和公民身份，势必增加劳动力成本，那么，经济增长赖以实现的廉价劳动力的比较优势就不复存在了。而农民工政治之所以能够实现，源自于改革开放前延续20年的城乡分治。城乡分治这一强制性的制度区隔所制造的城乡身份等级差异，使得最初进入城市部门的农民工在与以往境况的比较中满足于获得了流动和从事非农产业的自由，并默认了相对于城市居民的"二等公民"身份。但是，随着农民工劳动体验和城市生活经验的积累，这种不公正的发展主义的合法性遭遇了越来越多的挑战。

## 三 迈向平等：民生/稳定主义与 农民工保护（2002—2017）

从1978年改革开放到2002年，中国经济实现了飞速发展，2002年，中国国内生产总值达到102398亿元，首次超过10万亿元，比1978年的

5690 亿元增加了将近 17 倍。① 但与此同时，片面追求经济增长所带来的各种问题越来越多：城乡差距②、地区差距不断扩大（李实，2008），贫富分化越来越严重③，农村税费负担加重，农民与基层政府之间矛盾加剧（吴理财，2001），国有企业改制和下岗分流过程中爆发出来的干群冲突（游正林，2007）、劳资矛盾（陈峰，2003；于建嵘，2011），农民工的劳动权益受损问题通过新闻媒体的报道引起了社会广泛关注（程义峰、文远竹，2002）。劳资之间、干群之间、贫富之间的矛盾积聚，使得国家政权再次面临合法性危机。

在此背景下，国家开始树立以重视民生和公平为导向的"以人为本"的发展理念，并开始在政策和实践中重视国家的再分配功能，以这种反向运动对抗发展主义的消极后果（王绍光，2008）。2003 年，时任中共中央总书记胡锦涛首次提出了科学发展观和"五个统筹"，即"坚持以人为本，树立全面、协调、可持续的发展观，促进经济社会和人的全面发展"，以及"统筹城乡发展、统筹区域发展、统筹经济社会发展、统筹人与自然和谐发展、统筹国内发展和改革开放"。科学发展观本质上是马克思主义的社会发展观，其提出是从意识形态的高度对过去 20 多年片面追求经济增长发展道路的否定，人本思想和人的发展至少在文本和话语的层面回归到了执政者的执政理念中。

虽然作为后发展国家，推动经济增长仍然是国家的主要工作，科学发展观和"以人为本"等有时不得不停留于政治宣传的文本和话语层面，但是，农民工问题作为一个关乎稳定的社会和政治问题，还是引起了政府的重视，农民工保护开始成为政府的工作内容之一。

## （一）民生/稳定主义

民生主义最早由孙中山先生提出。孙中山认为，民生问题关系人民的

---

① 参见国家统计局《2002 年国民经济和社会发展统计公报》，《关于 1978 年国民经济计划执行结果的公报》。

② 2002 年，全国城镇居民人均可支配收入 7703 元，农村居民人均纯收入 2476 元，城乡收入比达到 3.11∶1，加上城市居民所享有的社会保障方面的待遇，城乡收入比要更高，而刚废除人民公社后的 1984 年的城乡收入比为 1.71∶1。

③ 根据李实对反映收入差距的基尼系数做的调查和测算，中国基尼系数 1988 年为 0.382，1995 年为 0.455，2002 年为 0.454。

生存状况，包括"人民的生活、社会的生存、国民的生计、群众的生命"，民生主义的理想目标是实现人民的幸福，即"就是要人人有平等的地位去谋生活"，而国家则需从衣食住行各方面担负起使人民幸福的责任，"一为国民谋吃饭，二为国民谋穿衣，三为国民谋居屋，四位国民谋走路"（陈金龙，2011）。民生主义以贫富均等的社会公平为指导理念，并在实践层面通过"平均地权"和"节制资本"加以实现（陈金龙，2011）。孙中山民生思想的本质是人本主义，即发展是为了人的生存境遇的改善的思想。孙中山的民生主义与马克思主义的社会发展观一脉相承。

如前文所述，2002年以后的经济社会形势迫使执政党不得不转变发展理念，以维护社会稳定和政权的合法性。中国共产党十六届三中全会、四中全会连续把树立和坚持以人为本、全面协调可持续的科学发展观作为主题。2004年，胡锦涛在中央人口资源环境工作座谈会上对以人为本做了阐述，提出"坚持以人为本，就是要以实现人的全面发展为目标，从人民群众的根本利益出发谋发展、促发展，不断满足人民日益增长的物质文化需要，切实保证人民群众的经济、政治和文化权益，让发展的成果惠及全体人民"。2007年，中国共产党十七届全会进一步明确了重视民生的经济社会转型，以人为本、科学发展观和以改善民生为重点的社会建设得到了进一步阐述。国家的发展理念，由片面追求经济增长的GDP主义逐步转向既重视经济发展又重视民生改善和社会进步的民生主义。

在看到国家治理意识形态向"民本"回归的同时，不得不承认，这种话语回归是对极端发展主义所导致的后果的反思和补救。片面追求经济增长的GDP主义、法治建设的落后和不受制约的行政权力，使得市场和再分配不仅没有发挥利益协调机制的作用，反而加剧了资源配置的不公正，社会分化和阶层固化不仅被人们的经验所感知[1]，也为学术研究所证实（孙立平，2004：81—96）。社会不平等所导致的社会矛盾积聚，使得国家政权的合法性面临前所未有的挑战[2]。因此，国家回归以人为本的民

---

[1]　腾讯网：《人民日报：底层人群无背景无身份向上流动困难》，2010年9月16日。

[2]　赵鼎新（2006：114）认为，在成熟的西方民主国家中，政权与政府分离，政权的合法性基础建立在选举之上，不涉及政府。而在许多威权主义发展中国家中，国家政权的合法性基础往往是建立在政绩表现上（包括经济发展、道德表率和国家防御），政绩表现好，政权的合法性就高，表现差，政权的合法性就受到质疑。极端贫富差距、尖锐的劳资矛盾和严重的官僚腐败问题，在很多学者看来已经严重到对中国国家政权的合法性造成了威胁。

生主义，本质上也是一种稳定主义。

这一时期，国家在进一步完善市场机制的同时，开始实施保护民生的社会政策，解决发展主义所带来的各种社会问题，这些政策包括取消农业税、建立城乡社会保障体系、出台保护农民工的政策措施、颁布实施《职业病防治法》《劳动合同法》《就业促进法》《劳动争议调解仲裁法》《社会保险法》等。就农民工问题来说，这一时期，国家明确承认了农民工作为产业工人的地位，通过出台政策赋予了农民工公平流动的权利，鼓励其外出务工增加收入，并明确要求输入地政府将农民工管理服务纳入公共管理和服务工作范围，保障农民工的平等就业权、劳动报酬权、休息休假权、接受教育权、社会保障权、公共服务权等，并要求将因此形成的财政支出列入地方财政预算（见下文）。

国家对农民工政策的调整，是平衡城乡社会经济发展、缩小贫富差距、实现城乡社会经济一体化的总体发展战略的一部分。从公民身份的角度讲，是逐渐消除差别公民身份制度、构建平等公民权利体系的过程。

### （二）农民工保护政策

从 2000 年开始，国家关于农村劳动力转移就业的政策开始朝积极的方向发展，不仅逐步取消了原有的针对农村劳动力进城就业的各种不合理限制，而且为推动农村劳动力转移就业提供了各种配套支持①。这既是国家从统筹城乡发展、推动市场化、工业化、城市化发展的战略出发主动做出的调整，也是农民工城市生活的自我建构和权利意识觉醒（苏黛瑞，2009：299—304）所带来的压力使其不得不做出的调整。

---

① 为配合落实中央关于农民工的各项政策，政府各相关部门也陆续发布了部门通知、意见等，以解决本部门职责范围内与农民工有关的问题。2004 年 6 月 1 日，原劳动和社会保障部印发《关于农民工参加工伤保险有关问题的通知》；9 月 6 日，原劳动部、原建设部《关于印发〈建设领域农民工工资支付管理暂行办法〉的通知》；11 月 6 日，司法部、原建设部印发《关于为解决建设领域拖欠工程款和农民工工资问题提供法律服务和法律援助的通知》；12 月 21 日，最高人民法院下发《关于集中清理拖欠工程款和农民工工资案件的紧急通知》。2005 年 4 月 18 日，原劳动部、原建设部、中华全国总工会印发《关于加强建设等行业农民工劳动合同管理的通知》；9 月 2 日，原劳动部、原建设部、公安部、原监察部等印发《关于进一步解决拖欠农民工工资问题的通知》。2006 年 3 月 14 日，中华全国总工会印发《关于贯彻国务院关于解决农民工问题的若干意见的意见》；3 月 17 日，原建设部、中华全国总工会印发《关于进一步改善建筑业农民工

　　2000 年 7 月劳动保障部、国家计委等颁发《关于进一步开展农村劳动力开发就业试点工作的通知》，首次指出要改革城乡分割体制，取消对农民工就业的不合理限制。2001 年 3 月，全国人民代表大会在《国民经济和社会发展第十个五年计划纲要》中提出，要"打破城乡分割体制，逐步建立市场经济体制下的新型城乡关系。改革城镇户籍制度，形成城乡人口有序流动的机制；取消对农村劳动力进入城镇就业的不合理限制，引导农村富余劳动力在城乡、地区间的有序流动"。同年 5 月，国家计委发布《关于国民经济和社会发展第十个五年计划城镇化发展重点专项规划的通知》，要求统筹兼顾，促进城乡协调发展；打破垄断和地区保护，除个别大城市外，要改革城乡分割的就业政策，取消各地区针对农民和外地人口而制定的限制性就业政策；积极开展面向城镇迁入人口的各类社会服务；要求高度重视为迁入人口提供创业、就业、生活等方面的条件，促进进城农民与城市社会的融合。

---

（接上页）作业、生活环境切实保障农民工职业健康的通知》；5 月 16 日，劳动和社会保障部办公厅印发《关于开展农民工参加医疗保险专项扩面行动的通知》；5 月 17 日，劳动和社会保障部印发《关于实施农民工平安计划加快推进农民工参加工伤保险工作的通知》和《农民工"平安计划"——推进农民工参加工伤保险三年行动计划》；10 月 27 日，原国家安全生产监督管理总局、教育部、原劳动和社会保障部等印发《关于加强农民工安全生产培训工作的意见》。2007 年 3 月 20 日，原建设部等部门印发《关于在建筑工地创建农民工业余学校的通知》；10 月 11 日，原劳动和社会保障部印发《关于开展农民工工资支付情况专项检查活动的通知》；12 月 5 日，原建设部、发展改革委、财政部、原劳动和社会保障部和原国土资源部印发《关于改善农民工居住条件的指导意见的通知》。2008 年 12 月 30 日，原国家人口计生委办公厅印发《关于贯彻落实国务院办公厅切实做好当前农民工工作的实施意见》。2009 年 2 月 11 日，原国家安全监管总局印发《关于进一步加强农民工安全生产工作的指导意见》；7 月 16 日，原住房和城乡建设部、人力资源和社会保障部印发《关于做好建筑业农民工技能培训示范工程工作的通知》；2010 年 4 月 8 日，共青团中央印发《关于开展共青团关爱农民工子女志愿服务行动的通知》；4 月 30 日，原国家食品药品监督管理局、原住房和城乡建设部印发《关于进一步加强建筑工地食堂食品安全工作的意见》；5 月 27 日，原国家食品药品监督管理局、原住房和城乡建设部印发《关于开展建筑工地食堂食品安全专项整治工作的通知》；8 月 20 日，原卫生部办公厅印发《关于开展农民工健康关爱工程项目试点工作的通知》；12 月 31 日，国务院国有资产监督管理委员会《关于印发〈关于中央企业做好农民工工作的指导意见〉的通知》。2011 年 1 月 5 日，原国家人口计生委办公厅、人力资源社会保障部办公厅《关于印发〈全国农民工文化送温暖行动方案〉的通知》；1 月 28 日，人力资源和社会保障部等部门印发《关于加强建设工程项目管理解决拖欠农民工工资问题的通知》；4 月 18 日，国资委文明办印发《关于在有关中央企业组织开展关爱农民工（协议工）志愿服务活动的通知》。

　　2002 年 1 月中共中央、国务院《关于做好 2002 年农业和农村工作的意见》，提出了针对农民进城务工的"十六字"方针，"对农民进城务工要公平对待、合理引导、完善管理、搞好服务、组织和引导农村富余劳动力有序流动，维护农民工的合法权益，促进农村富余劳动力向非农产业转移"。10 月中共十六大《关于全面建设小康社会，开创中国特色社会主义事业新局面》的报告指出："农村富余劳动力向非农产业和城镇转移，是工业化和现代化的必然趋势……消除不利于城镇化的体制和政策障碍，引导农村劳动力合理有序流动。"12 月 17 日，农业部《关于印发〈农业部关于做好农村富余劳动力转移就业服务工作的意见〉的通知》，提出农民工已成为我国新一代产业工人的重要组成部分，要求开展农村富余劳动力的职业技能培训，政策、法律法规知识培训，安全常识和公民道德规范培训，教育进城的农民工养成良好的道德规范，树立建设城市、爱护城市、保护环境、遵纪守法、文明礼貌的社会公德。

　　2003 年 1 月 5 日，国务院发出《关于做好农民进城务工就业管理和服务工作的通知》，要求取消对农民进城务工就业的不合理限制，切实解决拖欠和克扣农民工工资问题，用人单位必须依法与农民工签订劳动合同，改善农民工的生产生活条件，做好农民工培训工作，高度重视农民工的生产安全和职业病防治问题，多渠道安排农民工子女就学，加强对农民工的管理。12 月 25 日，财政部、劳动保障部、公安部、教育部、人口计生委联合颁发《关于将农民工管理等有关经费纳入财政预算支出范围有关问题的通知》，要求按照输入地属地管理的原则，将对农民工的管理服务纳入输入地公共管理和服务工作范围，建立农民工管理和服务工作的经费保障机制。这是国家第一次以文件的形式明确要求由输入地对农民工管理和服务的经费负责。

　　2004 年 1 月，中共中央、国务院颁发《关于促进农民增加收入若干政策的意见》，要求保障进城就业农民的合法权益，进一步清理和取消对农民进城就业的歧视性规定和不合理收费，简化农民跨地区就业和进城务工的各种手续，城市政府要切实把进城农民的职业培训、子女教育、劳动保障和其他服务管理经费纳入正常的财政预算。同年 12 月 27 日，国务院办公厅发出《关于进一步做好改善农民进城就业环境工作的通知》，进一步要求清理和取消针对农民进城就业等方面的歧视性规定及不合理限制，开展有组织的劳务输出，完善对农民进城就业的职业介绍服务，做好农民工的咨询服务工作，加强对农民进城就业的培训工作；切实维护农民进城就业的合法权益，进一步解决拖欠农民工工资问题，加强劳动合同管理和劳动保障监察执法，及时处理农民工劳动争议案件，支持工会组织依法维护农民工的权益，做好农民工工伤保险工作；进一步健全完善劳动力市场，整顿劳动力市场秩序，探索建立城乡一体化的劳动力市场。

2006 年 1 月 31 日，国务院发布《关于解决农民工问题的若干意见》（简称《意见》），要求抓紧解决农民工工资偏低和拖欠问题；依法规范农民工劳动管理，严格执行劳动合同制度，依法保障农民工职业安全卫生权益，切实保护女工和未成年工权益，严格禁止使用童工；搞好农民工就业服务和培训，逐步实行城乡平等的就业制度，进一步做好农民转移就业服务工作，加强农民工职业技能培训，落实农民工培训责任，大力发展面向农村的职业教育；积极稳妥地解决农民工社会保障问题，依法将农民工纳入工伤保险范围，抓紧解决农民工大病医疗保障问题，探索适合农民工特点的养老保险办法；切实为农民工提供相关公共服务，把农民工纳入城市公共服务体系，保障农民工子女平等接受义务教育，加强农民工疾病预防控制和适龄儿童免疫工作，进一步搞好农民工计划生育管理和服务，多渠道改善农民工居住条件；健全维护农民工权益的保障机制，保障农民工依法享有的民主政治权利，深化户籍管理制度改革，保护农民工土地承包权益，加大维护农民工权益的执法力度，做好对农民工的法律服务和法律援助工作，强化工会维护农民工权益的作用。

2007 年 6 月 29 日，《劳动合同法》由中华人民共和国第十届全国人民代表大会常务委员会第二十八次会议通过并公布；8 月 30 日，《就业促进法》由中华人民共和国第十届全国人民代表大会常务委员会第二十九次会议通过并公布；12 月 29 日，《劳动争议调解仲裁法》由中华人民共和国第十届全国人民代表大会常务委员会第三十一次会议通过并公布。这三项法律制度的颁布不仅对于完善中国的劳动合同制度、建立促进就业和解决劳动争议的长效机制具有重要的意义，而且从立法的角度确认了所有劳动者尤其是农民工在就业和劳动保护方面的公民权利，否定了二元就业政策。

2008 年 12 月 20 日，在金融危机的形势下，国务院办公厅发布《关于切实做好当前农民工工作的通知》，要求通过扶持中小企业、劳动密集型产业和服务业，保障农民工就业，引导企业与农民工开展集体协商，采取灵活用工、弹性工时、组织培训等方法，尽量不裁员或少裁员；要求加强农民工技能培训和职业教育，确保农民工工资按时足额发放，做好农民工在输入地的社会保障和公共服务工作。

2012年1月4日，民政部发布《关于促进农民工融入城市社区的意见》，提出构建以社区为载体的农民工服务管理平台；做好农民工社区就业服务工作；保障农民工参与社区自治的权利；健全覆盖农民工的社区服务和管理体系；发展丰富的社区文化生活五项工作任务。2月23日，国务院发布《关于积极稳妥推进户籍管理制度改革的通知》，要求今后出台的有关就业、义务教育、技能培训等政策措施，不得与户口性质挂钩，逐步实现暂住人口居住证制度。

2014年7月24日，国务院发布《关于进一步推进户籍制度改革的意见》，在调整户口迁移政策、创新人口管理、保障农业转移人口合法权益等方面给出指导性意见，为农民工定居城镇提供了政策保障。9月12日，国务院出台《关于进一步做好为农民工服务工作的意见》，从做好农民工的就业创业、劳动保障权益、基本公共服务、落户、社会融合等方面给出比较具体的意见。

从以上关于农民工的政策可以看出，取消户籍制度、实现城乡劳动力的自由流动和城乡社会经济一体化是国家总的改革方向。国家希望通过就业相关的递进改革路线，即先逐步放开农民工在城市的就业权、劳动保护权、社会保障权、公共服务权等，使其实质上逐渐融入就业地生活；与此同时，发展农村经济，增加农民收入，建立农村社会保障体系，缩小城乡差距。两个方向齐头并进，最后实现城乡统一发展。这说明逐步消除差别公民身份，实现城乡公民身份和城乡劳动力就业身份平等是国家制度改革的总体目标。虽然国家现阶段的政策隐含了有条件吸纳的潜台词，但不可否认未来的发展方向是平等公民身份。在一定程度上，作为策略的稳定主义开始向作为执政宗旨的民生主义转变。这是维护国家稳定、推动社会进步和顺应世界历史潮流的必然选择。

### （三）利益调整、制度惯性与消除差别公民身份的艰巨性

虽然国家已经设计了统筹城乡发展构建平等公民身份的路线图，但是，过去几十年的城乡分治和偏重城市的资源配置制度，使得城乡之间在经济、社会、文化方面的差别不是短期内的政策调整就可以解决的，而是

一个漫长的过程，推进城乡公民身份走向统一的政策文件也不是立竿见影的。构建平等公民身份的过程，不仅仅是赋予更多的人更多的权利的过程，更是社会利益关系调整的过程。改革开放30多年，农民工以其生活和劳动权利的长期缺失为中国经济社会发展做出了巨大贡献（景天魁，2007），而各级政府和各类企业组织是直接受益者。无论是通过统筹城乡发展缩小城乡差距，还是通过农民工保护政策约束资本，在执行层面，都是由已经从不平等的公民身份制度中获益的既得利益者来推动，这决定了走向平等的过程必然是艰巨的。国家制定的农民工政策的法律层次普遍较低恰恰反映了这种现实。

国家的农民和农民工政策多由中共中央、国务院办公厅或各相关部委以"意见""通知"的形式垂直下发给各级政府的相关行政部门，而且多数是为了应对具体的问题（类似就业、欠薪、劳动保护、社保等）而发，总体依旧是一种"摸着石头过河"的渐进改革思路，缺乏法律的强制力、连贯性和统一性。对于国家来说，采用文件而不是法律法规的形式发布新政，是为了避免高位法的强制性以维护施政的弹性；而对于农民和农民工来说，国家以文件代替法律法规施政增加了政策调整的不确定性。其本质，是对于中央政府和地方政府之间的职责分工、各地方政府之间的责任分工、政府与企业之间的关系以及国家和公民的权利义务关系的不明确。这种法律层面的模糊态度，会直接影响政策实施的效果，显然不利于实现城乡社会经济一体化和城乡公民身份的平等。

况且，发展主义对社会公平的破坏并没有在国家的民生政策下式微，而是进一步巩固了市场的力量，资本的逐利本性与缺乏规制的行政权力相结合，阻碍着国家民生导向的政策调整。从理论上讲，制度以及形塑制度并被制度所形塑的观念具有稳定性的特点，作为社会设置的制度具有赋予个人身份、塑造个人的思维习惯和社会群体的记忆和遗忘功能的作用（周雪光，2003：89）。因此，制度的历史影响往往不只局限于制度本身，而是会塑造并形成影响更为持久的社会心态和文化，从而影响着后续的正式制度调整（诺斯，2008：代译序15—16）。换言之，一项制度的确立和废除都不是即时完成的，而是伴随着整个社会观念和群体意识的重构，这不仅意味着制度变迁是一个漫长的过程，而且意味着新制度的突破不可避免地要受到旧有的制度框架的束缚，从而影响制度变迁的效率（诺斯，2008：158—179）。可见，制度惯性已经成为解决农民工问题和构建平等公民身份的历史障碍。

　　比正式的制度调整更难以推进的是生活方式、风俗习惯、社会文化和价值观念（或者说大众意识形态）的变化，是为社会变迁过程中的文化滞后现象。改革开放前将近30年的城乡分治和改革开放后对农民工20多年的制度性排斥，对于农民、市民和作为产业工人的农民工，无论是在物质条件、生活方式层面，还是在心理认同和价值观念层面都产生了深刻的影响。农民和工人这一对概念，本是基于职业的划分，但是，在20世纪50年代被国家强制建构为具有等级差别的公民身份，并由城乡二元的户籍制度、城市的单位体制和农村的人民公社加以固化，从而使其成为一种代际传递的先赋性身份（陈光金，2004）。这种身份的制度化区隔进一步在社会文化和价值观念等方面重塑了人们对于农村和农民的认知，即农村不仅是落后的，而且是缺少人生机会的，农民不仅是贫穷的，而且是没有发展前途的，从而形成了一种新的非正式的社会控制力量[①]。改革开放以后，国家新的发展战略和工业化、市场化的改革，在为农民提供了大量工业部门的就业机会的同时，也生产了农民工模糊的社会身份。正式的制度排斥强化了改革前已形成的城市人对农村人的歧视，并进一步造成了农民工的自我隔离。因为如果说改革前，城乡分治使得大多数城市人和农村人对彼此更多停留于想象的话，改革后，大量农民涌入城市，则使他们彼此直观地感受到了对方所带来的文化冲击。这种文化冲击由于正式的社会设置阻碍了农民工完成其发展社会化而无法淡化，而"城中村"和工厂中的集体宿舍则以空间的隔离进一步巩固了群际心理的隔离。所以，这种群际间的心理层面的隔膜和疏离不是短期内能够消除的。文化滞后本质上是非正式制度惯性的反映。

　　此外，解决农民工问题和构建平等公民身份制度还面临区域社会经济发展不平衡这一横向障碍。中国农民工的流动不仅是由农村到城市的流动，还是由西部到东部，由落后地区向发达地区的流动。从人口迁移理论的角度讲，只要存在这种社会经济发展的地区差距，农民工出于比较利益的考虑，就会流向更发达的地区。而农民工的流动距离越远，流出地和流

---

　　① 这从"文革"时期以及1978年国家开始"拨乱反正"工作以后，知青们想尽一切办法逃离农村能够得到反映。此外，路遥的小说《人生》和《平凡的世界》，都在一定程度上反映出了城里人对农村和农民的歧视心理和农民本身对农村和土地的厌恶以及因农民身份而产生的无助感。高晓声的《陈奂生上城》也描述了城乡之间在物质、文化以及个体心理的区隔。

入地的社会、经济以及文化发展差别越大，其社会身份和认同遭遇的落差就越大，对其就业和生活的挑战就越大。

综上所述，虽然国家在民生/稳定主义的指导思想下，已经启动了解决农民工问题和推动城乡统筹发展的进程，并且认识到农民工问题的解决既是一个纵向的发展问题，也是一个横向的平衡问题，并以此为依据出台了一系列的政策文件。但是，制度变迁过程中制度惯性所导致的利益调整的复杂性以及发展阶段和发展水平的约束，使得实现城—乡公民身份平等，从而从根源上消除农民工这一不平等身份，还需要一个历史过程。

## 本章小结

本章从制度变迁的角度分析了国家在推进现代化的过程中，主导意识形态和治理理念的变化是如何建构并且调整其公民身份策略的，并以此从根源上解释了国家控股上市建筑企业身份化用工和地铁工地身份区隔的劳动管理策略何以能够存在。换言之，国家公民身份制度的变迁历史及其所形塑的社会结构，共同为身份区隔的劳动用工和管理策略提供了合法性。

新中国成立后，在推进现代化建设的过程中，国家的主导意识形态及其对农民（工）的身份定位经历了三个阶段，分别是：1949—1977 年传统社会阶段全能主义下的差别公民身份，1978—2001 年快速经济转型阶段发展主义下的农民工政治，2002—2017 年中国特色社会主义阶段民生/稳定主义下的农民工保护和有条件吸纳。三个历史阶段国家的治理理念并非截然不相关的，实际上每一个阶段都夹杂有其他的意识形态，只不过侧重点不同。

从国家的公民身份策略的角度讲，全能主义下的城乡分治建构了"乡—城""农—工"差别公民身份的基本身份制度格局；而服务于发展主义的农民工政治则是国家对公民身份制度的调整，默认了乡村公民的流动权，但却没有赋予其基本的劳动权利，更遑论平等公民身份，这使得农民工一方面在劳资关系中处于严重弱势，另一方面又无法得到国家的正式保护；至民生/稳定主义阶段，市场经济进一步发展的需要以及维护社会和政权的稳定，都促使国家将进一步改革公民身份制度提上了日程，并从保障农民工权利、推动农村社会经济发展、实现城乡社会经济一体化着手，以期实现城乡公民身份的统一。然而，由于制度惯性所导致的利益调整的复杂性，尤其是发展主义在实践层面并没有式微，差别公民身份所形塑的社会成员在文化和心理层面的惯习也不是短期内能够消除的，加之发展阶段和经济水平的限制，因此，走向平等的过程将是漫长而艰难的。

正是制度调整和社会结构转变的艰巨性和长期性，使农民工在劳资博弈中仍将长期处于不利地位，也使 S 集团公司在国家已经将农民工保护提上日程后，依然能够建构出身份区隔的劳动管理策略。

# 第六章

# 身份再生产：多重身份区隔下的职工和劳务工

　　前文在分析地铁工地身份区隔如何被作为一种劳动管理策略使用的基础上，从改革开放后经济绩效主导的建筑业市场化体制改革和国有企业公司化改制的历史，以及在此背景下国有建筑企业劳动用工制度改革的过程，说明了作为身份区隔劳动管理之基础的身份化用工产生和升级的根本原因和微观机制；而后从国家推进现代化的过程中，主导意识形态和治理理念的阶段性变化如何建构和调整其公民身份策略的角度，解释了国家控股上市建筑企业身份化用工和地铁工地身份区隔的劳动管理策略得以存在的合法性基础。宏观的制度历史和社会结构、中观的行业和组织生态以及微观的工作场所控制策略，固然使得大规模身份化用工和身份区隔劳动管理成为可能并得以实现，但要保证这种用工体制和劳动管理策略能够延续下去，离不开工人的承认和接纳，无论是主动选择，还是被迫接受。置身于城—乡、国—民、劳—资以及不同阶层等多重结构中的、具有不同社会地位和身份特征的职工和劳务工，在工作场所是如何谋求各自的生存空间的？他们面对劳动之日常和特殊情境的互动又如何再生产了各自的身份？

## 一　职工：主人翁与雇佣工人之间的角色交替

　　始于 20 世纪 80 年代的国有企业公司化改制，使得国有企业的组织目标由意识形态主导的体制建设转变为绩效主导的企业建设，并因此而推动其内部各项生产经营管理制度的变革（佟新，2008）。改制完成以后，建立了现代企业制度的国有企业对职工的劳动控制方式已经基本没有计划经济时期的影子，传统社会主义时期的劳动管理中的平等思想已经随着老一代工人的退休或下岗而终结（佟新，2008），不断强化的经济激励代替过去的政治荣誉成为主要的控制手段（宓小雄，2007：144—160），而从西方引入的现代人力资源管理则以"软硬兼施"的管理艺术实现了职工的自我管理。宓小雄（2007：273—274）将其概括为"协商式威权"的劳动控制。国有企业职工身份的意义只有在与非正规用工的对比中，才能作为一种符号或标签显现出来。这些因素导致国有企业职工在处理与企业之间的关系时，不再是遵循传统社会主义时期对"单位"的情感认同，而是采取了市场条件下的利益取向。

在 E 标段，职工是一个具有双面身份的复合体。一方面，作为国有企业的职工，其身份认同在与劳务工的对比中显示出强烈的优越感，即他们是国有企业的正式员工，是施工单位派驻项目部的管理人员，任务是有效组织劳务工安全保质准时完成生产任务；另一方面，作为市场经济条件下的雇用工人，职工理所当然要受到改制后以经济绩效至上为根本理念的国家控股上市建筑企业的管理控制，因此，在与雇主的关系中，又隐含着必然的劳资矛盾。

### （一）基于经济理性的主人翁

#### 1. 什么样的主人翁：职业伦理的自我内化

在 E 标段，与劳务工相比，职工表现出一种"主人翁"的自我定位，这种"主人翁"姿态主要表现在三个方面：

首先，日常工作中对岗位职责的内化。每个职工对于何时该做哪项工作以及如何开展很清楚。与普通劳务工每天由带班安排工作不同，职工的岗位职责和工作内容是自我内化了的。什么时候上班，什么时候下班，什么时候需要加班，工程进度到了哪个阶段，相关职能部门在这个阶段的工作内容是什么，部门内的每个人该做什么等，都是明确的，并且内化进了每个人的意识中，不需要设置专门的人监督。遵守工作职责、完成工作任务对于每个职工来讲，是例行公事。以资料员雪儿为例，她的工作是整理项目的所有文件资料并归档存放。她住的地方就在资料室楼上，但是并没有因此就不遵守上下班时间。公司对资料员的工作内容和工作流程都有明确的说明，每天来了哪些材料，该怎么处理，她都是按部就班地去做。

其次，在项目抢工期的时候，能够牺牲个人时间加班加点，超负荷地完成工作任务。抢工期在建筑领域是很普遍的情况。由于竣工时间被业主提前了整整一年，为了能够按时竣工，E 标段从 2011 年 3 月开始就一直在抢工期。在平时，一般只有架子队的安全员和技术员在作业现场的工作时间比较长，其他职工都是隔几天才去一次现场。但是抢工期的时候，光靠架子队的安全员和技术员，已经忙不过来了，所以项目部的安质部、工程部、机电部、物资部等部门的职工也必须每天去现场，指导施工，检查质量问题、排除安全隐患。另外，在平时，虽然劳务工的工时是白班夜班两班倒，职工基本上都不上夜班，但是在抢工期阶段，职工也必须上夜班，而且要盯在施工现场。这是因为正常情况下，夜班通常不安排危险作业，都是相对辅助性的生产任务，但是抢工期阶段，就不分白班夜班了，夜间施工的危险性大大增多，所以，职工必须随时盯在现场。抢工期阶段，职工不仅面临更多的工作量，而且加班是家常便饭，甚至连轴工作几周不能休周末。

再次，在公司遭遇经营困境的时候，能够暂时忽略个人利益，与公司共渡难关。2011 年，由于全国高铁建设资金链断裂，以铁路施工为主要业务的 S 集团公司首当其冲受到了影响。公司无法收回项目工程款，不得不拖欠职工工资。截至 2011 年 10 月，全集团将近 62% 的职工被拖欠工资，其中将近 50% 的职工被拖欠工资时间超过了三个月。E 标段本身虽然是盈利的，但在整个公司遭遇资金危机的情况下，职工也被拖欠工资达四个月之久。在此期间，很多人心生怨言，但是几乎没有人想过离开，也没有因此而影响了抢工期。当然，后来集团公司从铁道部收回铁路工程款以后，很快就发了工资。但在工程款吃紧的困难时期，职工依然能够保持抢工期的状态，不影响工程进度，很大程度上能够反映他们对于公司的认同感和责任心。

概而言之，对于职工来讲，无论是日常工作中的忠于职守，抢工期阶段的任劳任怨，还是公司面临危机时的患难与共，其行为的基本逻辑是一致的，即职业伦理的自我内化。这种对现代职业伦理（诸如职业责任、职业态度、职业道德、职业纪律等）的遵守，早已通过社会主流价值观念控制的学校社会化和职业社会化渗透进每一个职工的潜意识中，并成为其完成自我规训的前提。

2. 为什么做主人翁：经济理性

在建筑工地，职工之所以能够展现出一种"主人翁"的姿态，是经济理性使然。经济学对理性的一般定义是一个决策者在面临几个可供其选择的方案时，会选择一个能令其效用得到最大满足的方案，其实践表现在，在各项关乎利益的备选方案中，人会根据可及性和最大化的原则作出选择，以使自己获得最大程度的效用满足，这种效用既包括物质利益，也包括物质之外的个人所看重的其他东西，比如安全保障或名誉地位等（林毅夫，1988）。之所以说职工是基于经济理性的主人翁，是因为，一方面，职工与建筑公司之间有正式、稳定的劳动契约关系，这种契约关系是职工对公司形成心理归属和信任关系的基础，这也是涂尔干（2006：56—58）所认为的职业群体能够发挥社会整合功能的意义所在；另一方面，公司基于人力资源管理理论的考评和奖励制度设计，使得职工自发地将个人的经济收益与项目和公司的经营状况联系起来。可见，职工的主人翁精神并不是传统社会主义时期工人阶级"以厂为家，爱厂如家"的社会主义意识形态的延续，而是国有企业改制以后，在经济激励下做出的基于经济理性的利益整合行为。

首先，职工对公司的归属感和信任感来源于正式、稳定的劳动关系。S 集团公司的劳动用工制度规定，引进大中专毕业生等管理技术人才，必须签订劳动合同，劳动合同期限分别为大专毕业生 2—3 年，本科毕业生 5 年，研究生 5 年以上，合同期满后续签合同的期限不低于初次签订的劳动合同期限。在职工看来，"只要个人没犯错误，公司就没有权利随随便便开除一个人，这让员工有安全感"（QQ 记录，XM20111028）。正是这种安全感使职工对企业产生了归属感，"只要公司在，自己就不会失业，只有公司发展了，个人的事业才会有发展。职工看中的是长期的、稳定的、可观的收益"（QQ 记录，XM20111028）。这种正式、稳定的劳动关系对于职工是一种就业保障，使其免除了遭受失业的担忧和生活的不确定性，从而增加了其对公司的向心力。

其次，建筑工地绩效导向的薪酬设计方案，使得职工认识到个人的经济收益取决于项目的生产经营情况，所以有动力完成本职工作。在职工的薪酬构成中，岗位工资只占了一小部分，更多的收入来自于加班工资和奖金。加班工资与工作时间挂钩，奖金则与产值和利润挂钩。这种打破平均主义、鼓励"能者多劳""多劳多得"的薪酬设计方案，是现代人力资源管理薪酬设计的基本取向，也是国有企业改制过程中确立的新的分配方式，即通过经济激励而非行政强制或意识形态鼓动的方式调动职工的生产积极性①。这也可以解释，为什么抢工期的时候职工能够保证加班。

再次，建筑工地的安全生产责任制，使得职工从个人利益的角度出发重视工程质量和施工安全问题。S集团公司建立了包括安全生产质保金和安全风险抵押金在内的安全生产责任制，通过经济奖惩和行政处罚的方式，提高职工的责任意识和安全意识。从项目经理到基层职工，都受安全生产责任制考核评分办法约束，考核的内容包括安全管理、安全检查、安全教育、安全生产会议、工伤事故处理和安全责任目标等六项。如果在规定期限内安全生产任务达标，各级职工会获得数额不等的经济奖励，并且其之前缴纳的风险抵押金也会被全数退还；如果在项目工期内发生了安全事故，轻则没收风险抵押金，重则会使相关责任人受到降级、辞退甚至移交刑事处罚的处理。

综上所述，在公司化改制和股份制改造之后的国家控股建筑企业，职工的主人翁认同是在公司现有的制度设计框架下，从经济理性出发作出的选择，"主人翁"与公司之间是利益整合关系，而非传统社会主义时期以集体利益为重的主人翁。

### （二）劳资矛盾的隐喻：离职

职工与建筑公司之间基于经济理性的利益整合关系决定了劳资之间合作关系的脆弱性。当公司利益与职工的个人利益发生矛盾，不能二者兼顾时，职工更倾向于个人利益优先。与传统社会主义时期城市"单位"体制下职工对单位的全面依赖和单位对职工的全面庇护（李汉林、渠敬东，2002）不同，在完成公司化改造建立了现代企业制度的国有企业中，职工与企业之间的关系已经演变成完全市场化的以经济利益为纽带建立起来的劳资关系（李炳炎，2009）。项目部和谐、忙碌的工作景象下隐藏着劳资矛盾的隐喻：离职。

1. 劳资利益整合关系的调整：离开项目

在E标段，职工在项目施工过程中途离开，主要有三方面的原因：一是与项目领导发生矛盾。一个项目部相当于一个小公司，项目经理就相当于公司总经理，在公司内部会出现的上下级管理矛盾和个人矛盾，在项目部也会出现，这种情况下，职工通常会选择离开到公司的其他项目任职

---

① 在第四章中已经说明过建筑业是最早引入经济激励机制实行工资分配制度改革的行业。

或干脆休假。二是无法接受项目上繁重的工作任务，离开项目。这种离职在抢工期阶段尤为突出。由于在抢工期阶段，加班是家常便饭，因此，在动员阶段，项目经理就会告诉职工"感觉自己无法完成抢工期期间工作的人可以提前退出"，这时候，有些家里经济条件比较好的职工就会选择离职休假。三是女职工因为家庭等原因离开项目。对于女职工来说，相较于在建筑公司内部的机关、学校或设计院等其他单位工作，跟着项目跑不仅艰苦，而且无法顾家，照料孩子和老人。因此，有条件的女职工都会尽力通过各种关系调到公司内部的机关或学校。

无论职工是因哪种情况离开项目，其根本原因都是劳资之间存在矛盾，这种矛盾可能是因工作任务、工时、工资、劳动条件等各方面因素引起，不过职工就这些问题所产生的不满不是通过抗争来改善劳动管理，而是选择了一种消极的抵抗，即离开项目，从而使劳资矛盾只处于隐蔽的状态而不会爆发。对于职工来说，项目并不等同于公司，不能因为对项目领导和项目环境的不满就公开抵抗而使矛盾上升到与公司对抗的层面。从主观上讲，职工会选择离开项目，但是不会贸然离开公司，离开项目只是暂时离职，而离开公司就意味着重新寻找工作，成本显然太高了。因此，离开项目只是职工对与建筑公司的利益整合关系的调整，而不是终结或破裂，是职工权衡个人比较利益后作出的理性选择。

2. 劳资利益整合关系的破裂：辞职

离职的另一种情况是向公司辞职。在 S 集团公司下属的各子公司，人才流失问题一直比较突出。作为大型的国有建筑企业，由于能够提供户口方面的便利和好的初次就业平台，S 集团公司及其下属的各子公司，对于刚刚走出校门的大中专毕业生有很大吸引力。但是，作为国有企业，一定程度上仍然存在管理制度比较僵化、晋升渠道不畅、薪酬标准不高等弊端，加之建筑业本身的高流动性，所以，部分职工在工作三到五年积累了比较丰富的工作经验后，如果看不到晋升的空间或者加薪的可能，就会选择跳槽。

促使职工产生辞职意愿的原因固然有很多，但职工最终是否做出辞职的决定，还取决于其人力资本的市场竞争力。对于有市场竞争优势的职工，辞职既可能是其进入其他更好的发展平台的机会，也可能只是与公司进行利益博弈的策略。职工辞职的原因主要有：不受重视看不到前途、薪酬太低、有更好发展机会以及家庭生活问题等四个方面，都隐含着劳资之间的利益分歧。通常的情况是，职工不会贸然做出辞职的选择，而是先向公司领导反映自己的情况，只有在得不到重视，改变现状无望的情况下，才会开始寻找新的工作，并在新工作确定以后才给公司打辞职报告。而在羽翼未丰没有资本找到更好的工作之前，他们是断然不会离开国有企业这个避风港的，"唉，等有一天自己有实力脱离这个公司了，就行了"（QQ记录，XM20111028）。这是一种比较保守也是比较理性的方案。也有职工在工作过程中就遇到了更好的发展机会，这种时候，选择辞职是毋庸置疑的了。

**案例1：**

　　YH，1980年出生，河南人，原项目经合部职员，2003年大学毕业后应聘到S集团公司下属的G公司工作至2010年离职。工作的7年期间，除了休产假，一直在随着公司的项目流动，"连孩子都是在广东干项目的时候早产的"。2010年夏，YH正式向公司提出辞职申请，辞职申请获批，YH是带着对这里工作的不满和对新生活的憧憬离开这个项目的。"本来打辞职报告，是因为工资打的。但是后来打完报告以后，我突然间觉得特别失望了…其实很多时候规定是规定，如果项目经理他给你变通的话，他会变通的。他如果拿岗位来限制你，是他完全不想给你。所以我的想法就是这样子的，如果他们要是考虑了，也就那样了。但是他没有给我考虑。……本来我对这个单位也没啥好感。而且像我这个阶层的话，只能跟着项目跑。这个项目部还好一点，还有周末。有些项目周末还要加班，家里边还有其他的事，根本顾不过来。所以我走是比较适合的。……以前我不想，以前我想的是，跟着我老公不分开，在项目部上待上几年以后，等孩子上小学了就带着他。现在想想，以前不想迈出今天这一步，现在我觉得出来也没啥。……如果我去这边公司的话，我的工资一年高了一倍。等孩子上学以后，我就拿出来一半，在北京租房子也够了。其实要在北京租房子，要租个两室的话，两千多块钱，一年才两万多块钱，不到三万块钱。所以我拿出一部分租房子也可以。我觉得从这方面比较上来看，我可以走。是吧？"（访谈，YH20100609）

归结起来，YH辞职的理由有四：一是领导对她的工作不够重视，使她从内心对公司失望了；二是项目上给她的劳动报酬太低了，她认为与自己的付出不成比例；三是孩子到了该上幼儿园的年龄了，她想稳定下来让孩子好好读书；四是新去的公司的待遇要高出现在一倍，还不用到处流动，能够照顾孩子。她的辞职兼具了普通职工和女职工这一双重身份的考虑。作为职工，她对她在这个项目受到的不公平待遇失望了，而且恰好遇到了更好的机会，所以辞职是理所当然的；而作为女职工，她抚养教育孩子的责任使得她更倾向于选择安定的生活，不再随着项目四处流动。无论是出于个人的发展考虑还是出于对家庭的责任，辞职对她来说都是明智的选择，而她个人的人力资本的市场价值是她敢于解除与公司关系的根本原因，"我打辞职报告的时候，他们都问我领导怎么反应，我说我管他怎么反应。他们觉得这个职位好，但是我不稀罕"（访谈，YH20100609）。

对于职工的离职，公司当然不可能置之不理，但如何处理，主要取决于职工的人力资本价值。普通职工的辞职报告，只要交上去就可以批；但是如果是有丰富的项目管理或工程指挥经验的工程师，公司通常会尽力设法挽留。所以，职工辞职的过程也是劳资双方的谈判实力较量的过程。

综上所述，由于社会相对自由的劳动力市场的形成和企业内部相对规范的人力资源管理体系的完善，在当下职工与国有建筑公司的关系中，发挥主导作用的已经不再是传统社会主义时期基于政治承认的庇护和依赖关系（华尔德，1996），也不再是国有企业改制过程中企业各级管理者绝对的无组织专制（Ching Kwan Lee，1999：44—71），而是市场条件下的等价交换原则。换言之，在完成改制的国有建筑企业，一方面，职工在公司系统化的人力资源管理体系下，与公司结成了利益共同体，形成劳资合作关系；另一方面，即使劳资之间发生分歧、矛盾和冲突，由于外部劳动力市场的存在，职工除了抗争还多了离开这一选择。因此，对于职工来讲，无论是基于经济理性的主人翁认同还是离职，都是一种基于利益考虑的市场行为，这种利益考虑可能涉及工资工时、职位权力、劳保福利、劳动条件，甚至个人感受等各个方面，而自身的人力资源禀赋决定了他们在劳资关系中的谈判地位，进而也决定了他们的行动取向。

# 二　劳务工：生存伦理与弱者的武器

生存伦理是斯科特对 20 世纪 70 年代缅甸、越南农民的行动逻辑和道德准则的提炼。在他看来，生存而不是发展或利益最大化，构成了农民的生存逻辑，农民的理性是"以生存为中心"的生存取向而不是利益取向。这是因为在前资本主义农业社会严酷的生存压力面前，对食物短缺的恐惧，使得农民只能选择保守的"安全第一"的生存和反抗策略，规避风险，避免发生威胁生存的最大损失（斯科特，2001：1）。这种"生存伦理"和"安全第一"的实践原则，是农民在极端贫困的连基本生存都无法保障的情况下的理性选择，既是日常的农业生产实践的原则，也是对统治者的道德考量的标准，是一种道义经济（斯科特，2001：1—43）。只有当统治者的剥削行为危及农民的生存安全时，才是农民揭竿而起奋起反抗之时（斯科特，2001：13）。

与其他行业农民工中存在的发展理性的进城务工心态不同（刘成斌，2007），劳务工到建筑工地打工的根本原因是农村的贫困已经不足以维持一家人的生活，选择外出务工始于最原始的生存动机，依旧是一种"生存理性策略"，因此，赚钱是 E 标段劳务工的根本出发点。劳务工关心的主要是有活干、有钱赚，按时发工资，工伤后有赔偿。在他们看来，一个人在外谋生，安安分分做事，挣钱养家是本分。这是典型的生存取向的观念。

生存伦理对于斯科特的东南亚农民来说，既是其行动逻辑，也是他们处理与统治者关系时的政治和道德准则（斯科特，2001：248—287）。对于 E 标段的劳务工来说，并不是哪里钱多就一定去哪里，而是会综合考虑工钱多少和支付保障的大小，在工钱多却拿不到手和工钱不太多却保证一定支付之间，他们更倾向于选择后者；此外，建筑业是高风险的行业，工伤事故频发，工伤以后能否获得合理赔偿是他们看重的另一个方面。这是一种风险规避型的遵循"安全第一"原则的生存伦理，这种生存伦理是他们在多年的打工经历中积累起来的认识，其道义底线是"按时支付工资和工伤后保证赔偿"（访谈，YWR20100712）。

### （一） 身份区隔与生存伦理的日常实践

在 E 标段，劳务工是一个统称，以区别于职工，实际上，在其内部，根据劳动分工和权力的大小还有更细致的划分，包括竖井井长、带班和普通劳务工。井长居于劳务工群体的顶端，而普通劳务工处于建筑工地权力结构的最底层。不同地位的劳务工，面对工作场所身份区隔的管理结构，做出了不同的行为选择。

但是，无论是何种选择，农民工的身份已经决定了他们生存取向的行动策略。这是因为，在 E 标段，劳务工与项目之间只是松散的劳务关系，而不是正式的劳动关系，项目部购买的是劳务工的劳动，一旦其失去劳动能力或者完成的工程不合格，项目部就会将其辞退。在这一点上，无论是为项目部直接组织生产的井长和带班，还是普通劳务工，其命运都是一样的。在此背景下，劳务工能够做的只有利用各人所掌握的技能或非正式关系，尽可能地维护自身的地位和利益。不同地位的劳务工，由于其人生经历、人力资本和在工地的关系网络不同，所以其生存伦理的日常实践也有差别，表现为对建筑工地的控制系统做出不同的回应。

1. 依附：过往经历与"关系"生产的忠诚

井长和带班由于其与架子队队长的特殊关系，所以，在正常情况下会选择依附于建筑工地的劳动控制系统，实际上，其本身就是这个系统的一环。从私人关系来讲，架子队队长会依据对工程技术的熟练程度、沟通协调能力等，选择信得过的亲友做井长和带班，这样，这些人理所当然会依附于他。此外，即便没有私人关系，一个普通劳务工因为能力突出而被架子队队长提拔为井长或带班以后，从单纯工作关系的角度出发，也会参与到工地劳动控制系统的生产中，因为他的角色已经不再是处于最底层的普通劳务工了。一方面，井长和带班是普通劳务工面对的直接管理者；另一方面，在职工的眼中，他们也是劳务工，与其他普通劳务工的身份并无不同。

**案例 2：**

MXF 是一架子队队长小兵手下的一名带班，1957 年出生，四川广元人，2001 年开始在 J 建筑公司打工。他的妻子 CL1959 年生人，从 2005 年开始也和他一起在 J 公司打工。在此之前，老 M 曾在山西阳泉的桃林沟煤矿当过六年的挖煤工。老 M 第一次外出打工是 20 世纪 90 年代初，原因是家庭经济贫困，没有钱供孩子读书，"家里种的庄稼又卖不了几个钱，家里穷，孩子上学没钱"。但是，刚开始的几年，由于没有熟人带着，不仅没赚到钱，还挨过打，"在外跑了几年还找不着门，出去挣不着钱，最后饿着肚子回家，三四天没有吃东西"，"没有熟人，你出去干点活他不给你钱"。即使跟着老乡干活，也遇到过干完活不给钱的情况，"那个时候我们出去打工，他们包头（包工头）没事干就跑到这个村、那个村联系，说哪儿有好消息，让跟着他干活。活干过后，他到时候就拿着钱跑了。告诉我们说你到了家以后，再给你结工钱。你不干的话，就会招打"。从 1995 年起，老 M 开始跟着他的连襟去山西阳泉的煤窑打工。老 M 的连襟在桃林沟承包了四五个井口，从四川带了八九十个老乡过去挖煤。虽然在煤窑打工很危险，经常发生爆炸事故，但是老 M 还是跟着他的连襟打工，一方面是因为没有地方可去，另一方面是因为毕竟是亲戚，能拿到工钱，"那是他的买卖，他是包头，能拿到钱，（跟着）别人拿不到钱。那个时候跟他干活，有时候还拿不到工钱"。2001 年，连襟不再承包煤窑，老 M 也就离开了煤矿。

2001 年，老 M 和一个在 J 公司做正式职工的远房叔叔联系，希望能帮忙找个工作，此后，他就开始在 J 公司的建筑工地打工。2005 年，他们的儿子考上大学以后，妻子 CL 也来到了北京。老 M 已经在小兵的手下打工六七年了，现在是一个带班，他和妻子都觉得小兵人很好。一是因为小兵没有拖欠过工人工资，"赖总还可以，老板是好。工人的工钱说发就肯定发，对于这些工人的工资都发到手上。没来的，他喊把你的账号留下，到发工资的时候给你打上款"，"他（小兵）拿不到钱，他就自己垫。我跟他干了六七年了，有的时候，一个月、两个月没开支，他的工程款没回来的话，他自己取上二十多万垫上"；二是因为小兵对工人比较照顾，工人无论能力强弱，在他手下都能挣到钱，"比如说有的干活不行或身体不行，他就说带班的班长，你都给我（把人）留下，你让行一点的挣上钱，人家干活不行的人，也得让人家挣点钱，人家出来也不容易。你带班的人，你得找到行一点的安排活，人家不行一点的，你给安排一些不挺难的活做。只让行的（人）挣上钱，干活不行的让人家不挣钱，人家怎么养活自己？人家家里也有父母，也有孩子"①；此外，他们很感激小兵给他们分了一间小平房，虽然只有六平方米，但是至少可以不必像大多数劳务工一样住集体宿舍了。1 号井的井长是老 M 二哥的女婿，但是老 M 并没有因为是长辈就倚老卖老，"工作是工作，你干活得干好。私是私，公是公。因为是亲戚，我们干什么都尽力而为，都不要给自己亲戚添麻烦，尽量都干好了，老板对我们也还行。亲戚在里头，也给亲戚增点光嘛。反正尽量就往好了干"。（访谈，MXF20110101）

对于老 M 这样曾经遭遇过欠薪、挨打甚至囚禁经历的劳务工来说，一旦有机会获得一份相对稳定的工作，他们会格外珍惜，对于帮助过自己的人，也格外感恩，并以忠诚作为回报。正是因为老 M 过去的打工经历太过坎坷，多次遭遇过欠薪甚至挨打的情况，所以他来到 J 建筑公司后，对这里的条件很满意，因为至少能够按时领到工资。农村的贫困和过去艰难的打工经历，对于像老 M 这样的劳务工如何感受和评价当下的处境很重要。一方面，因为过去遭遇过很多不讲信用的包工头，所以他们对能够保证发工资的"老板"很满意；另一方面，与项目部职工或架子队队长的私人关系，不会被他们利用来偷懒或者占小便宜，而是产生了他们的忠诚。老 M 觉得他的叔叔把他介绍来干活，他不能给叔叔丢脸，在侄女婿的手下干活，不能让晚辈为难，小兵对他照顾有加，他更得卖力气干活。他几乎每个月都是全勤，有时甚至一个月做 35 个工②。老 M 和 CL 珍惜来之不易的打工机会，用他们的话说，"都是农民，要不干啥？你会干个啥？文化没文化，技术没技术，只有跟老板出点力、挣点钱。对别的没有什么要求，只要老板能够按时发工资就行了"（访谈，MXF20110101）。

2. 顺从：基于家庭生计和国家承诺的理性行为

在 E 标段，大多数劳务工从事最一线的生产作业，处于工地控制系统的最底端。他们中有些是通过老乡或亲友的相互介绍成群结队来到这个工地，有些是自己找到这里，无论是通过什么渠道进场，他们的主要目的

---

① 实际上，在职工看来，这正是赖小兵比其他承包人高明的地方，他用怀柔的方式笼络了手下劳务工的心，从井长、带班到普通劳务工。所以，他所承包的 1 号井和 3 号井在工程进度、工程质量、安全等方面都比其他两个井好。这种人心优势在抢工期的时候表现得尤其突出。

② 通过超时加班实现。

只有一个——赚钱。既然是为了赚钱，那与此无关的事情就不参与，"多一事不如少一事"（访谈，SSP20110114）。至少在表面上，他们对工地的劳动控制系统表现出顺从的态度。此外，2002年以后，国家陆续发布的农民工保护政策一定程度上减少了劳务工打工生涯的不安全感，他们知道国家的政策至少对E标段的总包公司是有一定威慑力的。换言之，大多数劳务工对地铁工地劳动控制系统的顺从，是出于理性考虑的自我保护，这种理性的顺从是家庭生计和国家承诺共同作用的结果。

**案例3：**

SSP，1971年出生，重庆万州人，15岁的时候离开家乡外出打工，现在定居于河北省武安市的白井村。老S 15岁那年离开家乡外出打工，先后在陕西的砖窑、河北的铁矿打工，并在河北认识了现在的妻子，之后定居河北，在当地干了几年建筑。2001年，他买了农用车，在当地拉建筑材料，到2009年买车的人太多了，拉活赚不了钱，他就来了E标段打工。

老S家里有两个上学的孩子要供养，一个读初中，一个读小学，他来工地的唯一目的就是赚钱养家、供孩子读书，"到北京来就为了多挣几个钱，……孩子还在上学，还得好好干，好好上班，一年挣得钱才够用，……要不好好干就完蛋了"，"反正就是一个目的，想挣钱，别的没有"。老S最在意的只是每个月能够按时领到工资，对于其他事情有体会，但是没有态度。他说起刚到项目签合同的时候，既没有看合同内容，也没想过要一份合同，只是把身份证给了劳资员，签了字按了手印就离开了，没有考虑过这个事情合理还是不合理，因为最重要的是干完活能拿到钱，"我们不考虑那些事，只考虑每个月挣多少钱给我们就行了"。不过实际上他是考虑过的，并确定在当时国家重视农民工劳动保护的背景下，老板不会为了为数不多的工资去冒触犯国家劳动法律的风险，"现在挣钱不多，一般他（老板）就给了，只不过少给你，不可能不给你。现在国家劳动法管得很严……"而且即使真的被欠薪，他也已经根据欠多欠少，想出了各种应对策略，"而且，考虑也没有用。比如说你挣了一千五百块钱，他给你一千三，还有两百块钱不给你没有办法，这是举个例子说。为了二百块钱，你不值得去找劳动局，是不是这个道理？假如说你在这儿干了一年，两三万块钱，他一分不给的话，我一刀把他杀了。我家里养活了老婆、孩子好几口人，干了一年你又不给钱，我就不能过了，我不能过也不会让你过的"，从中也可以看出老 S 的道义底线并非只要欠薪就抗争，而是"干了一年还一分不给"的极端压榨。

和老 S 一样，很多劳务工对于同样是农民工的井长和带班的权威表示认可，认为井长和带班有技术，服从他们管理是正常的，"这个没有必要去想，井长跟着赖总干了十多年了，再一个，人家什么都会，什么都懂。我们是刚加入这个，什么也不懂，也没干过。这个没啥想法，我是没那个本事，我有那个本事我也可以当井长"。他们对于井长这一直接管理者的评价标准是是否尊重劳务工，只要给予一定的尊重和体谅，他们就会满意，并服从管理。"待民工可以。……他是井长，我们是干活的，遇到啥错的，他也不骂我们，也不炒我们，有时候干活干不完，到下班的时候，就叫你下了。这就可以了，遇到有的井长，你干不完不行，不让你下班，有的就骂你。"（访谈，SSP20110114）

老 S 的案例能够代表工地上大多数普通劳务工的情况。在 E 标段工地打工的劳务工，多数都是上有老下有小的青壮年，一家人的生计都寄托在他们的身上。告别家乡，远离亲人，一个人在工地做辛苦的工作，不过是为了多挣点钱，养活一家老小。在外打工遭遇冷眼和歧视，通常都忍下去，因为出来打工是为了赚钱，不是为了看别人笑脸，只要工钱能拿到手，就是实惠的。遇到和善的老板和直接管理者是运气好，遇到"狗眼看人低"（访谈，SSP20110114）的，也不太放心上，只要能够保证按时付工钱。当然，如果给予一定的尊重和体谅，老 S 们会更认同管理者的权威。

国家的农民工保护政策，尤其是建筑领域每年开展的清查拖欠工资行动，减少了他们在外打工的不安全感。这个工地上的劳务工基本不担心领不到工资。而对于少支付工资的情况，只要在能够接受的范围内，他们也不会过分追究，不会因为不合理就去求助政府劳动部门或法律援助。在这个问题上，他们更倾向于算经济账，而不是道理账，认为与其把时间和精力用在追回数目不多的工资上，不如多做点工补回来。因为前者不一定能追回来，但是后者是一定有收入的。

### 3. 离场：无奈离开与"用脚投票"

离场是指劳务工离开这个地铁工地。劳务工离场后通常有两个去向，一个是回家，回家一般有两个原因，包括家里有事需要回去和自己身体出了问题不能再继续干活，主要是被动的无奈离开；另一个去向是到其他地铁工地，即主动的"用脚投票"。生存压力使得劳务工没有选择不劳动的权利，但至少有选择为谁劳动的权利。而劳务公司与劳务工之间虚假的劳动关系和建筑公司与劳务工之间松散的劳务关系，正好打消了劳务工对由于"用脚投票"而可能招致的法律责任的担忧。

与职工有"五险一金"全方位的社会保险不同，工地的劳务工只有工伤保险。职工生命中出现的诸如生病、失业、养老等风险，有社会保障体系分担和保障，而劳务工遭遇了这些风险时，只能自己承担。能够劳动的时候，在外面打工，通过出卖劳动力赚取短期的收入；生病了或者年老了，没有能力打工了，就只能离开工地回家乡。这似乎已经成为老一代农民工的宿命（王春光，2004）。这种宿命的直接原因是劳务工所处的就业部门的非正规性，而根本原因则是长期以来国家实施的差别公民身份制度，使大多数城—乡居民分别处于不同的资源配置系统。

**案例 4：**

老 Y，1951 年出生，四川广元人，在小兵的架子队下面做一个小带班。他在北京建筑工地打工将近二十年了。老 Y 1 米 8 的个子，体重只有 110 多斤，在他因生病离开这个工地前一年能有接近四万块钱的收入，但是在工地上他只吃两块五的素菜，从来不吃四块钱的肉菜，为的是多省点钱，"出来打工就是为了多挣点钱，想享受生活嘛，待在家里好了"（访谈，LY20110128）。打工挣的钱，先是供儿子读书买房子，后又供女儿读大学。儿子在四川当地县城的一所中学教书，老 Y 帮忙在城里买了楼房，娶妻生女。老 Y 的女儿刚从一所二本大学毕业，通过亲戚介绍在北京一个报社做会计。虽然儿女都已参加了工作，自己也将近 60 岁了，但是老 Y 并没有打算回老家休息，他想再干两三年攒点钱，给女儿攒点陪嫁，再给自己和妻子攒点养老的钱，"现在年轻人的生活压力大，（儿子）能照顾自个儿就不错了，哪能指望给我们（钱）呀……女娃儿嫁人得有陪嫁，不能被婆家小看了……我们老两口也得再存上几个，到干不动的时候可以拿出来用嘛"（访谈，LY20110128）。可惜天不遂人愿。2011年春天，老Y过完春节刚回到工地两个月，就发现整把整把地脱发。女儿陪他看医生，医生说是精神压力大外加营养不良。女儿逼着他回了老家休养。老Y在家住了半年后，脱发的问题就没有了，身体也比较好了。但是在家休息没有收入，农业产出刚够生活，攒不下钱。他原打算2012年过完春节还回工地打工，但是被女儿阻止了。

　　在将近二十年的打工生涯中，老Y以生命健康为代价，先后用在工地打工赚来的钱成就了儿子和女儿的前途，使他们成了有体面工作的"城里人"。可是，生活的压力使得年轻人不仅没有能力为老Y养老，反而还要靠老Y的打工所得来援助他们。此外，老Y所在的县虽然是第一批进入新型农村养老保险制度试点的地方，但微薄的养老金并不能够给老Y的晚年生活带来安全感。总之，对于像老Y这样的劳务工来说，农村的土地不足以满足生活需要，在工业部门将近二十年的劳动又没有为他换来城市部门的养老保障，因病离开工地相当于是晚年失去了生计。

　　如果说劳务工因为年老或疾病离场是无可奈何地接受命运的话，离场去其他建筑工地则是一种主动的选择。在建筑行业，劳务工打工的时候并不一定是哪里工钱高就去哪里，而是会综合考虑工钱多少、工钱支付保证以及工伤保险等各个方面。但如果后两个方面的条件一样的话，他们当然选择工钱更高的地方。不过，各个建筑工地的详细信息并不是一开始就能够被劳务工所掌握的。因此，他们通常会去熟人的工程以降低信息获取的机会成本。这种熟人关系当然有血缘或者地缘的关系基础，但更多的是长期共事过程中积累起来的信任。

**案例5：**

　　小李，1978年出生，山西陵川县人，从2001年开始作为农民合同工在J公司的各个工地打工。在此期间他结识了一些职工，对于哪些职工什么脾性为人如何有些了解。后来公司采用内部承包的生产经营方式，他认识的职工有几个做了承包人，包括修地铁五号线时直接领导他的工区主任ZMM。他对ZMM的为人比较认可，所以，只要Z有工程的时候，他就在他的架子队干活。2009年，由于ZMM暂时没有承包工程，所以小李先到这个工地小兵的架子队干活。他对小兵的评价不高，觉得他盛气凌人。但因为暂时没有其他熟悉的地方可去，所以就先在这个工地干着。2010年夏，ZMM包到了工程，并且工钱比这个工地高，于是小李以回家为借口提交了离场申请，之后回老家休息了几天就去ZMM的工地干活了。

对于小李们来说，在同等条件下，更高的工钱当然有吸引力，但是是否决定离开，还取决于两个因素：一是对现在的工地环境和老板的满意度，如果与老板的关系比较融洽，项目部对劳务工的管理也比较人性化，那即使其他地方的工钱比较高，他们也不会贸然离开。如果情况相反，他们就会做出离场的决定。二是与为他们提供信息的联系人的信任关系程度，联系人越可靠意味着信息越准确，离开的风险也越小，所以离场的可能性也就越大。可见，当工资标准达到劳务工的基本预期以后，融洽的非正式关系、人性化的劳动管理和由此而形成的信任关系，比高工钱更能够生产劳务工的忠诚。

综上所述，对于大多数劳务工来说，日常实践中的生存伦理主要表现为工作场所中的服从，无论是忠诚、顺从或离场本质上都是一种服从，即便是"用脚投票"，也无非是由一个工地控制系统进入另一个工地控制系统，个人的处境并没有发生根本改变。劳务工的服从既是出于家庭生计的考虑，更是个人的劳动力市场竞争地位、人生经历、社会关系以及国家政策等结构条件综合作用的结果。地铁工地劳务工的个体策略始终无法逃脱结构"天花板"的限制，总体上表现出生存伦理的行动逻辑和对劳务工身份的接纳。这也使得他们始终处于工作场所权力关系的底层。但在普遍的服从态度之中，劳务工也逐渐表现出对基本的维护个人尊严的诉求，高工钱不再是吸引劳务工的"万金油"，人性化的劳动管理和温和的劳动关系已经开始进入劳务工的道义经济。

### （二）工伤维权艰难与弱者的武器

生存伦理对于斯科特的东南亚农民来说，既是其行动逻辑，也是他们处理与统治者关系时的政治和道德准则（斯科特：248—287）。但生存伦理不是故事的全部，在完全沉默和"真正的"反抗之间遍布"象征的、偶然的或附带性的行动"，即称之为"弱者的武器"的反抗的日常形式，虽然不会带来革命性的后果，但却能够限制统治者权力的边界（郭于华，2002）。具体到劳务工，在多重身份区隔结构约束的背景下，如果说其生存伦理的日常实践是普遍服从的话，那么，当面对劳动权益受损的现实时，他们创造了一种特殊的抗争，即以农民工身份作为维权武器的反抗。

1. 为何建筑公司照章办事不能消除工伤纠纷

在 E 标段不存在欠薪问题，劳务工与施工单位的矛盾集中于工伤事故的处理。实际上，每进一个劳务工，架子队都会给办理好工伤保险，并交到劳务公司备案，所以，工地上发生工伤以后，都是按照程序先治疗、然后做工伤认定、办理停工留薪，并在停工留薪期满后做劳动能力鉴定，然后依据鉴定结果决定赔偿事宜等。

但是，程序清楚并不能解决所有问题，矛盾通常产生在两个环节，一是对停工留薪期工资标准的确定上，二是在工伤事故后解除劳动合同时的赔偿问题。劳务工的工资计算方式和其名义劳动关系和事实劳动关系的分离，导致工伤事故发生后劳务工和施工单位之间难以就停工留薪期的工资标准和解除劳动关系时的赔偿标准达成一致。

首先，由于劳务工工资的结算方式是日工资乘以每个月出工的天数，而停工留薪期的工资是按月支付，所以月标准应该是多少，就成为劳务工和施工单位容易发生争议的焦点之一。不同劳务工的日工资基本是确定的，但是每月的出工天数是不确定的，所以他们的月工资无法确定。按照《工伤保险条例》第三十三条规定："职工因工作遭受事故伤害或者患职业病需要暂停工作接受工伤医疗的，在停工留薪期内，原工资福利待遇不变，由所在单位按月支付。"但公司自然不愿意多支付工资，他们确定了两个标准，普通劳务工工伤后，停工留薪期工资为 2100 元/月，带班或井长工伤后，停工留薪期工资为 2400 元/月。而实际上，当时劳务工的日工资最少是 100 元/天，带班的月工资在 3000—4000 元/月之间，井长的月工资在 4000—5000 元/月之间。所以，对于遭遇工伤暂停工作的劳务工来讲，2100 元和 2400 元的停工留薪期工资标准显然太低了。

其次，从名义上讲，劳务工和施工单位之间是劳务关系，而与劳务公司才是劳动关系；但在实质上，施工单位和劳务工之间存在事实劳动关系，这种名义劳动关系和事实劳动关系的分离，使得工伤事故后解除劳动关系时的赔偿标准，成为劳务工和施工单位容易发生争议的第二个焦点。

工伤工人在停工留薪期满后，如果劳动能力鉴定的结果是没有评上级①，那就继续在工地干活，和工伤前一样。如果鉴定为某一伤残等级了，通常无须劳务工主动提出来，公司就会提出解除劳动合同，并按照《工伤保险条例》规定向劳务工支付一次性工伤医疗补助金和伤残就业补助金。工地上管这个叫"一次性解决"。工伤医疗补助金和伤残就业补助金的标准，是与工伤保险统筹地区上年度职工的平均工资挂钩的，与劳务工签劳动合同的劳务公司注册地在河北三河市，工伤保险关系也在河北，河北省的工伤保险实行区级统筹，因此，平均工资按照三河市所属的廊坊市的标准计算②。但是，劳务工认为，他们工作的地点在北京，河北的职工平均工资比北京的要低得多，因此，不能这么算。

可见，停工留薪期的工资标准和停工留薪期满后工伤赔偿的执行标准，是 E 标段工伤纠纷产生的直接原因。在工伤事故的处理和工伤赔偿的程序上，公司确实是依法办事，从一开始的送院治疗、工伤认定，到停工留薪期的工资发放、生活护理和劳保发放，再到停工留薪期满后的劳动能力鉴定以及最后的工伤赔偿，每一步都是按照《工伤保险条例》规定的程序执行。但是，工伤事故的处理除了涉及程序之外，还涉及执行标准。

另一个根本性的原因是，在工伤赔偿问题上，无论是施工单位还是劳务工，都对对方表现出了强烈的不信任。施工单位觉得农民工难缠，想多讹钱；而劳务工认为，自己发生了工伤事故，并且劳动能力受到了损害，获得赔偿是理所当然的，并不能因此就不追求赔偿标准的问题。劳务工认为施工单位与劳动能力鉴定机构之间有猫腻，给他们的劳动能力鉴定结果不准，并且赔偿标准也太低。在这种情况下，施工单位认为他们已经遵循了《工伤保险条例》规定的程序，在法律上是站得住脚的，所以，通常

---

① 劳动能力鉴定是指劳动者因工或非因工负伤以及患病后，劳动鉴定机构根据国家鉴定标准，运用有关政策和医学科学技术的方法、手段确定劳动者伤残程度和丧失劳动能力程度的一个综合评定，是给予受伤害职工保险待遇的基础和前提条件。劳动能力鉴定分为十级，一级是最严重的，十级是最轻微的，评上的伤残等级不同，受伤职工所享有的工伤保险待遇和用工单位的赔偿标准不同（参考自《工伤保险条例》）。

② 2012 年 3 月 1 日以后，河北省开始执行新的《工伤保险条例》，统筹地区由区级上升为省级，所以，工伤赔付的平均工资标准不再是区级标准，而是按照河北省的上年度职工平均工资标准执行。

对劳务工的怀疑和要求置之不理。而劳务工在这种情况下，选择充分利用自身的农民工身份，从志愿者、法律援助中心以及政府劳动部门寻得支持和帮助，以农民工身份作为他们维护自身权益的武器。

2. 作为维权武器的农民工身份

董海军通过对湖南某地农民维权抗争的研究，发现"以法抗争""以理维权"等底层抗争机制之外的另一种政治机制，即"作为武器的弱者身份"（董海军，2008）。他认为社会弱者并不必然在任何时候都处于弱势地位，其弱者身份本身就是抗争时可资利用的一种隐性力量，通过博取社会舆论的同情和支持，在保护自己的同时达到对支配者施压的目的（董海军，2008）。之后的研究进一步发现，正式制度虚置、公民意识觉醒和网络新媒介助推共同作用，使得农民工以身份作为武器的底层利益表达得以生成（高洪贵，2013）。

就 E 标段来说，当通过法律途径和行政途径维权的路走不通或成本太高时，劳务工会选择将"农民工"身份作为其维权的武器。而这得以可能的前提，是国家对农民工尤其是建筑农民工权益问题的重视和社会舆论对农民工的"弱势群体"身份的标签化。需要说明的是，作为武器的农民工身份对于劳务工来讲，只是一种防御性的选择，是为了争回本应属于自己的利益，而并没有试图利用这一身份谋求额外利益，因此，农民工身份是一种自我保护的防御武器，并且是嵌入在国家现有的治理逻辑和体系中的。

**案例 6：**

ZYM，1966 年出生，四川资阳人，原来是小兵手下的一名井长，在赖手下干活十多年了，2009 年发生了工伤事故，右腿小腿受伤，六个月停工留薪期满后，劳动能力鉴定的结果为八级。他对劳动能力鉴定结果不服，认为八级太低，并且认为根据他的伤残程度，六个月停工留薪期太短，而且停工留薪期的工资标准太低。他将这些问题提到项目部，但是项目部领导不予理睬，他和小兵说明了这些情况，小兵也没有回复他。他觉得自己完全是一个受害者。在发生工伤以前，他作为井长，一个月的收入基本在 4000—5000 元之间，但是工伤后，停工留薪期的工资是给他按 2400 元/月算的，差得太多。而且之前他作为小兵的井长，一直勤勤恳恳，但是现在发生工伤并且劳动能力受到损伤了，小兵并没有尽量帮助他向项目部争取多一些赔偿，他感到心寒，"（你对人家）再重要的话，你受了伤，人家就不会要你了，你就不能干，那你有什么办法？"（访谈，ZYM20100630）不过有一个情况老Z自己没有说，但是其他工人说了，就是他发生工伤那天喝酒了，而建筑工地的基本规章就是禁止酒后施工。所以，项目部认为"你违章操作，我还没有找你，你还来找我"（访谈，SJH20100620），所以对老Z的要求置之不理。

当老Z意识到项目部和小兵不会处理他反映的问题后，他转而向海淀区劳动局寻求帮助。他向劳动局的工作人员咨询了关于工伤事故处理和工伤赔偿的问题，但是没有提酒后作业的事情。虽然他们的劳动关系是在河北，但是海淀区劳动局的工作人员还是解答了他的问题，并且告诉了他如何争取自己的权益。老Z回到工地后，向项目部提了三个要求，一是要求重新做劳动能力鉴定，二是延长停工留薪期时间，三是提高停工留薪期工资标准。项目部的回复是你自己可以去石家庄做二次劳动能力鉴定，但是费用自理，项目部不再派车，其他两项要求不予考虑。当时向老Z传达这些回复的是劳资员JXH，她以一句"领导定的事，你现在说什么都没用。（领导）就说要你走法律程序，要不就是现在一次性解决，要不你就找河北那个（重新鉴定），现在就这两条路，别的也没办法"（访谈，SJH20100727），答复了老Z的所有质疑。在这种情况下，老Z再次不知所措，因为如果二次鉴定的结果还是八级，鉴定费用和来回的车费就得自己付，而不去鉴定的话，又没法延长停工留薪期时间，也没法提高"一次性解决"的赔偿，"我心里没底了。她说她也做不了主，她就推给领导了，民工打工就是这么难。这个社会是不公平的"（访谈，ZYM20100727）。

当通过法律程序解决问题的不确定性太高时，老Z想到了新闻媒体。他想通过曝光来扩大事情的社会影响，他知道一旦曝光，不论道理如何，项目部都会按照他的要求解决此事，因为总包作为大型建筑企业最害怕的就是被媒体曝光，"他要是不发的话，我就找记者告他们，告他们不给农民工工伤赔偿，他们偷工减料，欺上瞒下的，就是这样。反正我也不打算在他这儿干了，下个月不开支的话，我就去闹他们"（访谈，ZYM

20100727）。老 Z 的威胁发生了作用，因为他毕竟在这个公司做了很多年，掌握一些施工的内幕，对于公司来讲，即使不是什么大问题，但因此而被媒体和舆论关注，终究不是什么光彩的事情，所以项目部和老 Z 商量了一个折中的方案解决了此事。此后，老 Z 离开了 E 标段，也离开了跟随了十多年的小兵。

老 Z 先是从工伤前后自己收入的对比中认识到项目部对他工伤问题的处理是不公平的，而后想到去劳动局证实这种不公平，并且以劳动局的解答为依据要求项目部重新解决问题，遭到拒绝后，他认为走法律程序的成本太高，风险太大，而且时间长过程复杂，对自己不利，所以以诉诸新闻媒体来威胁项目部。在这个过程中，老 Z 借助劳动局的信息支持，明确了自己的经济权益，并利用农民工和建筑业在当下公共舆论中的敏感性，给项目部施压，最终实现了合理的工伤赔偿。

**案例 7：**

YWR，1963 年出生，四川广元人，普通劳务工，2010 年 3 月发生了工伤事故，股骨受伤，六个月停工留薪期满后，劳动能力鉴定的结果为十级。老 $Y_2$ 上过高中，属于劳务工中间比较有文化的人，没事喜欢看看书，研究研究国家的农民工政策。他从医院治疗结束回到工地后，正赶上笔者在那里做调研，他说自己发生了工伤，不知道项目部会不会依照法律处理，他自己不会上网，所以请笔者帮忙搜集工伤保险方面的文件。笔者找了河北省与工伤保险相关的所有文件，打印出来给了他。此后，他就每天研究那些文件。

他认为按照《河北省工伤保险实施办法》，项目部给他算的停工留薪期工资太低了，他工伤前的月工资基本在 3000 元，可是停工留薪期的工资是按 2100 元/月算的，而且他想不通的是，他人在北京打工，为什么解除劳动合同时的工伤赔偿是按河北省的标准执行。虽然他知道和他签劳动合同的劳务公司是河北的，但还是觉得这种规定不合理。

老 $Y_2$ 最初没有和项目部提出提高他停工留薪期工资标准的问题，因为 ZYM 的例子已经使他知道即使他提出来也没有用，但是他一直想着这个事情，并且在想办法。后来他从一个朋友那里拿到了一本农民工法律援助手册，并且根据上面提供的地址找到了 X 农民工法律援助中心。而后，他去做了咨询，并且和中心的律师建立了联系。当

时正值老 $Y_2$ 的劳动能力鉴定结果下来，他先给笔者打电话，请帮忙计算按照伤残十级的话，公司应该赔偿多少钱，并且问如果按北京的标准赔多少。笔者分别参照北京市和河北省三河市的工伤保险条例实施办法算出了结果，发现虽然北京市职工的年度平均工资高于三河市，但是解除劳动合同时工伤赔偿的月数少，所以总体算下来还没有按照三河市的标准赔偿得多。笔者把计算的结果告诉了老 $Y_2$。

几天后，项目部提出与他"一次性解决"，赔偿的数额和笔者计算的结果一样。但是，老 $Y_2$ 没有急着签项目部给的解除劳动合同的赔偿协议，因为之前停工留薪期工资的问题还没有解决。他拿着协议找了法律援助中心的律师，并且说明了情况。律师答应帮助他要回应得的工资。律师先给项目部办公室主任打电话，以法律援助中心律师的身份要求项目部补上工资差额，但是办公室主任没有理睬，并且把手机关机了。于是，律师陪着老 $Y_2$ 一起回了 E 标段，直接到项目部找了办公室主任和工区项目经理。这时，项目部才意识这个问题的严重性。经过协商，项目部同意给老 $Y_2$ 补发 3000 元的停工留薪期工资。

老 $Y_2$ 通过笔者取得了关于工伤保险的文件，从而了解了自己有哪些权益以及项目部在处理整个工伤事件过程中哪些行为是不合理的。但是，他只是一个普通劳务工，他不像 ZYM 有和项目部较量的经济资本，所以他没有直接和项目部提要求，而是以静制动。与法律援助中心建立联系是整个事件获得圆满解决的关键。如果说笔者对老 $Y_2$ 的帮助是出于对农民工的同情的话，农民工法律援助中心王律师的援助就是出于社会正义，我们从不同的出发点关注农民工。老 $Y_2$ 当然懂得这一点，也正是抓住笔者对农民工的同情和法律援助中心在农民工问题上秉持的正义追求，他提升了自己作为一个普通劳务工与项目部对话的能力，并争得了应得的赔偿。

3. 农民工身份何以成为防御武器

ZYM 和 YWR 是这个建筑工地上第一批遭遇工伤的劳务工，他们处理工伤赔偿的过程形成了某种策略，为后来的劳务工提供了参考。这种策略，就是将农民工身份这一弱势群体标签，作为实现社会力量动员的手段，从而成为能够与建筑公司对抗的武器。后来陆续有工伤工人和笔者联系，或者是要工伤保险文件，或者是问法律援助中心的联络方式，或者是问劳动局地址等。虽然他们知道项目部会按照法律程序给予他们工伤赔偿，但还是希望通过与第三方的接触获取尽可能多的信息，以确定项目部的处理结果是否合理。

这是因为 E 标段身份区隔的劳动管理，使得劳务工在地铁工地的打工经历，不仅没有培养起对施工单位的信任，反而在与职工的劳动和生活境遇的对比中，加剧了他们作为农民工的恶劣处境的自我感受。多年的经验告诉他们，这个公司不会欠薪，发生工伤后也不会不作处理，但是，他们不相信施工单位的人会尽心处理他们的事情。而一些职工在日常生活和工作中所表现出来的对劳务工的漠视、排斥、不屑甚至辱骂，使职工在劳务工心目中积累形成了一种刻板印象，即"他还跟你交往？他觉得很掉身份的感觉"（访谈，PXP20110102）。劳务工认为他们在工地是受歧视的，所以不信任项目部。这种由身份区隔的劳动控制所引发的群际间的心理隔膜，使得建筑工地表面和平的景象下暗流涌动，如果没有大的事件发生，这种和平会一直维持下去，但是一旦发生欠薪或其他涉及人身安全或财产的事件，职工与劳务工之间的冲突就不可避免。

另一方面，自 2002 年以后的一段时期，国家对农民工作为产业工人一分子的地位的明确和对农民工问题的高度重视，给所有新闻媒体、非政府组织以及学术界吃了定心丸，使其抛开了政治方面的顾虑，在农民工问题的报道、农民工社会工作以及农民工问题研究方面敢于面对和呈现事实。这些工作对于农民工对自我地位的认识和自我权利意识的觉醒有重要作用，使其认识到"农民工"身份不仅是受歧视的，同时还是可以博取同情借以维权的。以建筑领域为例，遭遇欠薪的农民工选择各种极端方式讨薪①，这一方面暴露了政府部门的监管不力，不能够保障农民工的劳动报酬权利；另一方面也显示了农民工以其身份作为武器维权的新趋势。即将农民工身份这一弱势群体标签，作为实现社会力量动员的手段，从而成为能够与建筑公司对抗的武器。

概而言之，面对工伤事故处理中的争议，劳务工之所以会以其身份来作为维权的武器，主要是因为长期以来他们在建筑工地所遭受的身份歧视使他们对施工单位及其职工积累了严重的不信任，甚至敌视，无法接受公

---

① 例如跳楼、堵路、爬塔吊、服毒、自焚，以及网络上广为流传的"祭河神""悬赏清官""诅咒家人"等。

司给出的补偿方案。而以农民工身份作为维权武器这一策略能够奏效的重要背景，是国家对农民工产业工人地位的正式承认和维稳压力下对维护其权益的重视，这也决定了劳务工行动的边界停留于经济权益层面。劳务工利用农民工身份的社会动员效应的主要目的是维护自身的经济权益，并没有上升到对 E 标段的劳动管理体制和农民工身份的抵制。换言之，劳务工的反抗主要是就打工过程中所遭遇到的极端侵权行为而发，而不是针对工作场所的用工体制和农民工身份本身。这种防御性的经济抗争策略，决定了劳务工的反抗不仅没有可能改变其在工作场所中的身份和地位，更不可能改变其社会身份和社会认同，而是强化了其农民工身份认同。国家的农民工保护政策执行的方式和社会舆论对农民工的同情，以及建筑工地身份区隔的劳动管理体制，从正向引导和反向刺激两个方面，使劳务工产生了固化农民工认同的倾向。

这要求对国家的农民工政策和社会对农民工弱势地位的过度强调进行反思。国家对农民工政治地位的明确和维稳压力下以行政力量直接参与农民工维权事件，以及主流新闻媒体在进行农民工报道时所表现出的普遍同情，对于农民工来说，是从身份功能的角度引导他们强化自己的农民工身份认同。因为这些举措把农民工带入一种误区，即在遭遇劳资纠纷时，只要强调自己的农民工身份就能得到舆论的同情。尤其是政府和社会在维护农民工劳动权益的过程中，过分强调其作为农民工而不是作为工业劳动者的身份。这种称谓的功能导向，使劳务工在应对劳资纠纷时更偏好农民工的身份而不是工业劳动者的身份。可见，政府和社会力量出于保护的动机，对农民工身份特殊性的过度强调，既不利于农民工成长为真正的现代产业工人，也不利于其进一步完成其发展社会化。换言之，在多重结构条件约束背景下，基于当前利益计算的主体策略，固然使劳务工实现了当期的经济目标，一定程度上保证了个人和家庭的生计；但另一方面，也大大延缓了其转变劳动身份和社会身份、获得更大发展空间的社会进程，从而导致其农民工/农民身份的再生产。

# 三　未来：城市之光与乡土之根

## （一）　两种不同的高流动性：空间流动与契约流动

建筑安装行业的流动性，决定了无论是职工还是劳务工都必须随着工程项目流动。但是，职工的流动与劳务工的流动显然不属于同一类。职工与施工单位之间订立有正式的劳动契约，"是施工单位的人"，施工单位的驻地就是职工落脚的地方，他们人虽然是流动的，但是家是安在单位的驻地城市。换言之，职工的高流动性主要体现在劳动空间上的流动，而其劳动关系是长期固定的。与之不同，劳务工的高流动性则既体现在劳动空间方面，也体现在劳动关系方面，用更直白的表达就是，建筑业劳务工没有固定的老板，而实质是没有固定的工作。

对于建筑业劳务工来讲，没有固定的工作本身不是严重的事情。因为建筑业的生产特点决定了建筑用工的临时性，无论是在欧美国家，还是在日本以及东亚国家和地区，一线作业的建筑工人都是临时用工，基本采用日薪制或周薪制（赵炜，2013）。问题的症结在于，施工单位有没有依法保障临时工的各项劳动和社会保障权益，即包括工资工时、劳保福利、劳动条件、社会保险等在内的雇用工人的法定权利是否得到了完全保障。

在中国，农民工本身是一个复合群体，内部有更为细致的划分。按照从事的行业划分，有挖掘采矿业、建筑业、制造业、批发零售业、餐饮服务业甚至个体小业主等。制造业、批发零售业和餐饮服务业农民工的工作性质相对稳定，劳资关系的界定也比较清晰，所以，他们的劳动制度和社会保险制度比较容易向城市部门原有的劳动与社会保障制度靠齐，并最终合二为一。个体小业主的社会地位则由其经营能力决定，不好一概而论。

而建筑业的情况要复杂得多。建筑公司既没有建立起类似西方大多数国家建筑业通行的劳动用工和劳动保障制度，又不愿意回到计划经济时期对所有工人实行全员保障的状态，而是将劳务派遣这种劳动用工形式利用到极致。以本研究的田野为例，建筑公司为了降低用工成本和规避法律风险，拒绝与农民工直接签订劳动合同，而是采用了劳务派遣的方式。但是由于当前建筑劳务市场的管理极其混乱，所以劳务公司对于劳务工来说，除了能够表明劳动关系之外，没有其他更多作用。工资发放、工伤处理以及其他日常管理都是由施工单位代理。这种"全权托管"所带来的名义劳动关系和事实劳动关系的分离，为施工单位建构出突破法律和正义底线的身份区隔的劳动管理策略提供了契机。正是这种对劳务工进行系统性排斥的建筑劳动力市场和身份区隔劳动管理体制的双重作用，导致劳务工就业的短期性特点。

因此，在当下的中国建筑业，劳务工的高流动性并不是因为他们有流动的偏好，而是因为没有一套稳定合理合法的劳动和社会保障制度，使他们愿意和能够长期在同一个公司打工，当然也就无法为他们生产出持续留在城市部门就业的基础。

### （二）城市之光与乡土之根："我们"与"他们"

职工与劳务工之间就业地位的不平等决定了两个群体不同的命运。同样是从农村走出来的两个农民，一个是通过受教育的方式，一个是通过打工的方式。前者毕业后成为施工单位的正式职工，享有正式职工的一切待遇，并最终脱离农村成长为一个城里人定居城市。后者以农民工的身份进入同一家公司，刚进去的时候，他是农民工，多年以后，即使他的技术熟练了、经验丰富了，他依旧只是农民工，几乎没有上升到职工系统的机会，与施工单位之间始终没有稳定的劳动关系，除了工资和工伤保险外没有任何其他保障，一旦遭遇工伤丧失了劳动能力或者年龄大了干不动了，他就得离开建筑工地，由个人来面对生计压力。甚至在有些建筑企业中，农民工连获得劳动报酬的权利都被剥夺了（亓昕，2011）。

这种现实固然与两个农民所掌握的人力资本的差异有关系，但主要是1978年以前的"城—乡""工—农"差别公民身份制度和农民只能通过上大学、参军实现乡—城迁移的人口迁移制度共同作用的结果（陈光金，2004）。况且，人力资本考评的标准本身也是一种制度和社会建构，通过学校教育积累的人力资本果然就比通过实践劳动积累的人力资本价值高吗？归根结底，职工和劳务工作为两个身份群体的命运是被制度决定了的，而工作场所身份区隔的劳动管理则加剧了这种宿命的悲剧色彩。

从社会流动的角度讲，第一个农民通过教育这种渠道实现了垂直的社会流动，社会地位得到了提升；第二个农民则试图通过职业转换这种方式实现社会地位的提升，但是不尽然能够实现。这是因为，从经济状况来讲，农民工进入城市部门就业会比在农村时好，否则也不会外出打工了。但是，从社会地位的角度讲，就不可一概而论了[①]。对于大多数农民工来说，农村固然是贫瘠的、缺少发展机会的，但是其作为一个基于血缘和地缘的社区，有其完备的非正式社会网络，在这个网络中，个体的地位

---

① 少数来自农村的小业主发展为大的私营企业主，一些打工的农民工也上升到管理岗位并在城市定居，但这部分人毕竟属于少数，况且前者本身就不能算作农民工。

（status）和认同（identity）都是确定的，而这种非正式网络和确定性对于作为"人"的存在是很重要的。与之形成对照的是，由于差别公民身份制度的存在，很多农民工都是以个人而不是家庭的形式进入工业部门和城市空间，这使得其在城市是作为"劳动力"而不是"人"的存在，这种情况在建筑业、制造业尤甚。此外，在中国的社会分层体系中，农民的地位固然比较低，但是由于空间的隔离，生活在农村的农民并不会直接感受到来自城市人的歧视，因此也不会遭遇人格上的伤害。然而，进入城市部门的农民，即农民工，无论是在工作场所，还是在其他城市空间，都直接地体会到了这种来自优越身份群体的歧视。在这种情况下，如何测量和评价农民工的社会地位呢？显然不是宏观的统计数据所能回答的。

**案例 8：**

WXL，1977 年出生，河南人，2000 年毕业于兰州交通学院（现兰州交通大学）土木工程专业，现在在 E 标段担任盾构工区的土木总工。WXL 出身自农村家庭，因为家庭条件有限，所以读书的时候很艰苦，甚至一个学期都只吃土豆丝就馒头。毕业后应聘到 S 集团公司下属的 G 公司工作。他一开始在建筑工地担任技术员，从 2006 年开始担任项目总工。他的妻子 YH 也是毕业于兰州交通学院土木工程专业，来自农村，比他晚三年进入 G 公司工作。两人由工作关系发展为夫妻关系。2008 年，他们的儿子出生，同年，他们贷款在公司驻地买了一套价值四十多万的 160 平方米的房子。儿子满一岁后，他们把孩子送回老家由公公婆婆照顾。2010 年，YH 在业主单位找到了新工作，不必再随项目流动，于是，把儿子接到了北京。他们的房贷已经基本还完，经济支出主要有孩子的入园费和给两家老人的赡养费，负担不轻。但是两个人对未来都比较乐观，因为两个人的工作都比较稳定，待遇也比较高，"前途都是看得见的"（访谈，WXL20100611）。

**案例 9：**

LX，1968 年出生，四川人，小兵手下的带班。他从 19 岁开始在 J 公司打工，一开始是作为农民协议工，2005 年以后是作为劳务工。2003 年前后，公司为最后一批协议工办理了转正手续，他因为没有过硬的关系所以没转成。LX 有两个孩子，一个女儿一个儿子，分别在老家读高中和初中。从 2008 年开始，他的母亲因为身体不好不能再干农活，所以，他现在除了供两个孩子读书外，还要负担母亲的生活费和医药费。妻子和他一起在建筑工地打工。当年和老李一起在工地上混岗作业的职工，现在基本都走上了领导岗位，最不济的也担任了项目总工，而他依旧是农民工。对于这一点，老李似乎看得很开，"那你没办法，不公平也没办法"（访谈，LX20111018）。2010 年 9 月，他遭遇了一起工伤事故，泪腺管断裂。这次工伤让老李认识到生命的重要性。出院后他想以这次工伤为契机与公司"一次性解决"，然后就不在建筑工地打工了，"现在我跟你说，我工资也不算高，你知道吗？我也这么大岁数了，在北京也待了 20 多年了，从出了这个事彻底明白了，这个人哪，不要为了钱……几个人把我弄出来，我都不知道怎么上来的，到了 301 医院我才清醒过来，我躺着，（医生）说泪腺管断了，你们要上武警总医院拍片。我才知道这个厉害性。……就想回去找个其他活干"（访谈，LX20111018）。

　　WXL 和 LX 的例子，展示了两种不同的人生。WXL 通过自己的努力沿着正式的制度化的社会流动渠道改变了自己的命运，他在工作中认识了和他经历相似的 YH 并结成夫妻，他们在城市有了自己的住房，他们的孩子是真正的"城二代"。除了和家乡父母的亲缘纽带，他们已经完全脱离了农村，实现了社会地位的向上流动。而 LX 不一样，他从 19 岁出来打工，身份就一直是农民工（从一开始的农民协议工到后来的劳务工），所以，到了结婚年龄他回四川老家找同是农民的女子结婚，他们的孩子也是农民。虽然他已经在这个公司工作了二十多年，但他的工作除了给他换来了养家糊口的工钱以外，并没有给他带来成为职工的机会，一旦遭遇工伤丧失了劳动能力或者年龄大了干不动了，他就得离开工地，自谋生路。

　　如果从单纯的人力资本的角度讲，在建筑工地工作了二十多年的农民工的人力资本比刚毕业的大学生的人力资本低吗？为什么后者能够获得职工身份，而前者只能安守农民工的本分？但是，在建筑工地上没有人提出这样的质问，没有人对现有的不公平的人力资本考评系统提出质疑，无论是职工还是劳务工。国家执行了几十年的城乡分治制度和城市优先的资源配置制度，已经在社会文化和社会心理上固化了城市和农村在人们心目中的价值，即城市是美好的，农村是贫穷的；也固化了城里人和农村人各自的身份认同，即出生在城市还是农村是"命"，农村人要想改变命运，只能按照国家提供的正式渠道，通过读书、考学的方式才能成为真正的城里人，而没有考学的人，到了城市只能做农民工。这种由正式制度所衍化出来的身份意识，进一步导致了农民工的受排斥地位和自我矮化意识。

对于大多数劳务工来说，城市之光是属于有城市户口、与单位有正式劳动关系的职工的，而与他们几乎没有关系。他们知道城市有更好的基础设施，更好的教育条件，更方便的公共服务，但是，城市不是他们的。除了国家正式的制度限制之外，他们自认为没有受过高等教育、在城市劳动力市场竞争体系中不被认可，所以只能从事低端的体力劳动，不能上升到职工群体。这决定了他们挣得的收入也不足以支持城市的现代生活。此外，社会文化和价值观念的差别使得他们难以融入城市人的生活。正是因为有了这些背景，所以即使生存伦理的日常实践使劳务工产生了对于个人尊严的诉求和对于身份平等的希冀，但面对工伤争议以农民工身份作为维权武器的行动却固化了他们的农民工认同，他们的根在农村。

基于劳动境遇、社会处境和身份认同的差异，使 E 标段的职工 WXL 们和劳务工 LX 们的关系普遍停留于业务关系，没有私人交往（除了少数有亲属关系的人）。在劳务工眼中，职工是"当官的"或"管理人员"；在职工眼中，劳务工是"打工的"或"农民工"。职工对于劳务工的认识和态度大致可以分为三类：一种为虽然同情劳务工，觉得他们劳动太辛苦，生活条件太差，经济收入也不高，但是因为没有共同语言，谈不到一起，所以不发生私人交往；第二种为对劳务工缺乏同情、充满鄙夷，无论在工作场合，还是生活中，都以一种居高临下的歧视态度对待劳务工；第三种为认为劳务工"容易冲动、行动鲁莽"，因此把他们当作对立的维稳对象来看待。劳务工对于职工的认识和态度大致也分为三类：一种为恭敬和顺从，认为"当官的有当官的难处"，职工大多数时候不过是在履行职务，应该予以理解；第二种为抱怨和谴责，认为项目部领导对劳务工太冷漠，完全不关心工人的困难，"当官的"太"傲气"，"狗眼看人低"，看不起劳务工，让人感觉不好，接受不了；第三种为无所谓，认为大多数职工也不过是"打工的"，"都是看老板脸色"，"没什么了不起的"。

无论在职工看来，还是在劳务工看来，彼方和己方都不属于同一类，在劳动过程中的管理和被管理关系中形成清晰的"我们"与"他们"的心理界限。这一工作场所中的身份认同和排斥，使得职工在履职过程中自动成为生产秩序的维护者，参与到对劳务工的劳动控制和价值剥削中；同时，也使得劳务工自动将职工列为管控自己的对立面，敬而远之。由此，工人之间基于劳动身份和社会地位差异的认同分化，不仅保证了身份区隔劳动管理策略的再生产，而且实现了职工和劳务工的身份再生产。

## 本章小结

本章以对田野材料的分析为基础，在差别公民身份的制度历史和社会结构与身份区隔的劳动管理的共同作用下，职工和劳务工分别形成了经济理性和生存伦理两种不同的行动逻辑和道德准则，并在工作场所的日常实践中再生产了各自的劳动身份和社会身份。

在地铁工地，职工通常表现出一种自我内化职业伦理的主人翁姿态，只不过这种自我规训不是出于传统社会主义时期"爱厂如家"的工人阶级情感，而是在新的人力资源管理系统下基于利益计算的经济理性使然。职工与公司化改制和股份制改造后的国家控股上市建筑企业之间，已经不再是传统社会主义时期的庇护与依赖关系，而是基于等价交换基础上利益整合的市场关系。一旦劳资之间出现利益矛盾，这种脆弱的合作关系就会遇到挑战。

与职工不同，面对多重身份区隔的劳务工，将生存伦理作为其在工作场所中的日常实践原则和道德准则，将农民工这一弱势身份作为其劳动权益受损时的维权武器。但实践的结果是，如果说生存伦理的日常实践，还偶尔能够激发劳务工对于个人尊严和身份平等的缥缈希冀的话，以农民工身份作为维权武器的行动则从根本上否定了这种可能性，并强化了他们的农民工认同。职工和劳务工不同的劳动境遇、社会处境和身份认同，使得二者在劳动过程中的管理和被管理关系中，形成清晰的"我们"与"他们"之间认同分化和心理界限，进而实现了职工和劳务工劳动身份和社会身份的再生产。

身份差异的实质是资源分配的差异，权利和权力也是资源的特殊类型。资源总量对于个体而言是一种结构性的约束力，不同的身份群体所掌握的资源的多寡优劣，决定了他们的意识和行动的空间。因此，不同的身份群体有着完全不同的日常生活实践和生计策略。职工和劳务工作为理性选择的主体，由于分别置身于不同的资源系统，所以，他们的意识和行动遵循不同的逻辑。在进入地铁工地之前，职工和劳务工是两类群体，前者是城里人或受过高等教育的农村人，后者是没有受过高等教育的农村人。进入工地以后，身份区隔的劳动管理策略，使得他们之间非但没有结成雇用工人之间的团结，而且在管理和被管理的关系中强化了二者之间的心理区隔和身份认同。无论在工地中，还是走出工地后，他们都是两个阶层。这也正应了李静君（2006：88）的判断，即在中国这样一个独特的转型国家，工人阶级的型构除了受到经济资源分配的影响之外，还关涉权力、道德、文化观念和社会冲突的根本重整。

# 第七章

# 结　论

　　本研究以国有建筑企业劳动关系变迁的事实为背景，围绕"在资源配置方式由国家分配向市场经济转型的过程中，建筑工地职工和劳务工之间何以没有实现雇佣工人的团结，而是形成了工人内部的分化与隔离关系"这一核心议题，以对国有建筑企业地铁工地身份区隔的劳动控制策略的发现为起点，分别从身份区隔在地铁工地发挥作用的方式、产生的宏观背景和微观机制，取得合法性的历史和制度背景，以及对职工和劳务工的主体行动的影响等四个方面对核心议题进行了回答。以此为基础，发现身份区隔在劳动关系和社会关系互为再生产过程中的关键作用。

## 一　身份区隔：劳动关系与社会
## 关系的互为再生产

　　在本研究的田野 E 标段，作为"成员资格"的身份不仅决定了劳动分工，还决定了劳动过程中的控制和劳动保护、劳动报酬以及劳动力再生产等。企业首先通过不同的用工方式生产出两个不同的劳动群体，并通过具有辨识作用的称谓对这两个劳动群体赋予了不同的劳动身份，即职工和劳务工。在此基础上，进一步通过将职工和劳务工纳入不同的工地政体，而为其劳动身份赋予等级意义，以此实现分而治之，达到维护生产秩序、提高劳动生产率和降低劳动成本的目的。

　　职工与劳务工之间的身份区隔，与现代企业中的科层制有本质的区别，后者主要是基于人力资本的劳动分工的结果，虽然也存在劳动控制方式的差别，但是其差别是以同一法律和道德底线为基础的，而不像建筑工地在对职工和劳务工的劳动控制中，采用法律和道德底线的双重标准①。更为严重的是，这种双重标准是被国家制度和社会文化所承认的。地铁工地的工资、工时、工作自由度、劳动合同、劳动安全与保护、社会保障、公共食堂、住宿和生活设施以及休闲和娱乐等，每一个维度的双重标准背后，都可以捕捉到制度和社会的作用痕迹。国家制度、行政导向、社会文化和社会心态构成地铁工地身份区隔劳动管理的社会背书。

事实上，身份区隔的劳动管理至少在十年前就已普遍存在于国有工业企业中（佟新，2008）。完成改制的国有工业企业所确立的绩效导向的企业目标，使其采用了减少正式用工，增加使用以农民工为主的廉价的非正规劳动力的用工策略，非正规劳动力超过国有工业企业工人总数的1/3。这些非正规劳动力无论是在劳动条件、劳动收入还是劳动保障方面，都与正式工人不可同日而语（佟新，2008）。而今，伴随劳务派遣、劳务分包等非正规用工的兴起，针对正规用工和非正规用工的新的身份区隔劳动管理，已为各类国有企业、事业单位甚至党政机关广泛采用（黄宗智，2017）。

国家控股上市建筑企业之所以采用身份化用工并建构身份区隔的劳动管理，其目的是为了降低用工成本、提高劳动生产率，以适应市场竞争需要和满足出资人的绩效考核要求。而确定这些目标的背景，是国家主导的市场化经济体制改革所催生的建筑市场的激烈竞争、国家作为主要出资人对国有企业所制定的绩效导向的考核体系以及社会股民对上市公司的分红诉求，迫使国家控股建筑企业将开源节流作为其基本的生存之道。而无论是开源还是节流，都只能通过企业劳动用工制度改革以提高劳动生产率和降低劳动成本来实现。此外，激烈的市场竞争和绩效导向的业绩考核体系，通过更微观的建筑行业市场特征以及企业制度表现出来，并借国家劳动政策调整过程中配套政策的缺失，直接推动了身份化用工的产生和

---

① 比如弗里德曼（1977）所发现的管理者对从事重要工作、劳动能力强、奉献意愿强的核心工人的"责任自治"控制方式和对边缘岗位的低技能的抗争倾向较重的边缘工人的"直接控制"的方式说明，分而治之是资方普遍采用的劳动控制策略。但是以什么标准分而治之，以及这种分而治之的底线在哪里，是需要特别关注的问题。弗里德曼（1977）的"责任自治"和"直接控制"更主要说明的是控制强度的问题，也就是说控制有同一法律和道德底线。与此不同，E标段身份区隔的劳动管理策略，对于职工和劳务工的控制所遵循的是完全不同的法律和道德底线，而正是这一点才凸显出"身份"的意义。

升级。

改制后的国有建筑企业能够打破计划经济时期相对公平的劳动用工管理制度，建立起身份化用工和身份区隔劳动管理，是因为国家在迈向现代化的不同阶段，出于国家发展和治理需要，先后建构的"乡—城""农—工"差别公民身份和改革开放后生产的"农民工"新身份，为其提供了制度层面的合法性。虽然 2002 年以后，国家已经启动了构建平等公民身份的工作，但是，由于公民身份制度的调整本质上是一种利益分配格局的调整，这不仅是一个政治问题，还涉及社会成员之间的利益关系和社会文化，所以制度惯性增加了这一进程的艰巨性和长期性。正是国家历史上建构的差别公民身份和制度惯性所导致的消除差别的长期性，使得企业组织在国家启动构建平等公民身份的制度程序后，依然能够保证身份区隔劳动管理在地铁工地的有效运转。换言之，正是差别公民身份的长期性为企业正当化其身份区隔的劳动控制提供了机会空隙。

在身份区隔的制度历史、社会结构和劳动控制下，同作为雇佣工人的职工和劳务工，由于分处于不同的资源配置系统①，从而形成了不同的行动策略和道德准则，即职工信奉市场条件下的经济理性，劳务工则遵循生存伦理的行动逻辑和道德准则。对于职工来讲，在其处理与建筑公司的关系时，利益在其选择主人翁的认同还是选择雇佣工人的认同中处于支配地位，其与建筑公司之间已经是完全意义上的市场交换关系，无论是合作还是矛盾，都是基于利益考虑的理性选择。对于劳务工来讲，"安全第一"的生存伦理是其行动的基本原则，无论是作为日常实践的对工地控制系统的依附、顺从或离场等总体性服从，还是在面对工伤时以"农民工"身份作为武器的有限的反抗，其遵循的是"把该给我的给我就可以了"的道义经济原则。但是，与生存伦理的日常实践使劳务工开始产生对个体尊严和身份平等的希冀不同，以农民工身份作为武器的以经济诉求为主的抗争，不仅没有弱化劳务工的农民工身份认同，反而使其从农民工身份所蕴含的舆论动员力量出发固化了其农民工身份认同。此外，无论是在工作场所中还是在工作场所外，职工和劳务工两个身份群体都分处于两个不同的社会流动系统，分化为心理界限分明的"我们"和"他们"，从而以事实

---

① 这里的资源是一个广义的概念，不仅包括经济资源，还包括诸如权力、权利、社会资本等要素。

否定了两个身份群体实现雇佣工人内部团结的可能性。

综上，改制后国有建筑企业地铁工地的职工和劳务工之所以无法实现作为雇佣劳动的团结，是国家、社会、组织以及主体各方的身份策略共同作用的结果。国家层面的差别公民身份、社会层面的身份排斥、组织层面的身份化用工以及工作场所中的身份区隔，将职工和劳务工置于多重身份区隔的结构中，使双方形成了完全不同的主体策略，在再生产各自劳动身份和社会身份的过程中，失去了建立在理解和同情基础上的联合的可能性。由此可见，身份区隔是一种劳动关系与社会关系互为再生产的机制，国有建筑企业身份区隔的劳动管理实践，脱胎于历史与现实的社会关系；与此同时，针对身份区隔的主体行动，又再生产了不同身份社会成员之间的社会关系。

## 二　身份区隔作为当代劳动问题研究视角的普遍意义

本书从国有建筑企业劳动关系的变迁出发研究了身份区隔的运作机制、产生原因、合法性来源以及运行后果。身份区隔作为国有企业的一种用工策略最初产生于计划经济时期，但是成为一种劳动控制手段却是2000 年以后的事情。1958—1971 年的固定工和临时工之间的身份区隔主要是一种劳动用工策略，但没有上升为劳动控制手段，临时工和固定工享有同样的工资福利待遇和劳动保护权利，差别主要表现在与"单位"的关系，即"单位内"还是"单位外"。[①] 改革开放初期，国家率先推动建筑业、采矿业等劳动密集型的技术含量较低的行业实行劳动用工制度改革，鼓励按照生产需要增加灵活用工，这一政策直接推动了大量农民合同工和农村协议工的出现。但与此同时，国家的劳动政策明确规定企业必须与雇用的农村人口签订劳动合同，并且在工资福利和劳保待遇上与正式职工执行同一标准，甚至可以略高于正式职工，以弥补其不稳定的劳动关系。这一时期正式职工和农民合同工的待遇差别主要表现在合同期限的长

---

①　详见第四章关于国家劳动政策调整的内容。

短和是否有社会保险两方面。① 所以，这种正式职工与农民合同工之间的身份区隔本质上是企业的用工策略，而非劳动控制手段。当然，不可否认，这一用工策略同样再生产了"城—乡""农—工"之间的社会关系。

20世纪90年代后期至21世纪初，随着国有企业的公司化改制和股份制改造的逐步完成以及现代企业制度逐步建立，身份区隔不仅仅作为劳动用工策略而且作为劳动控制手段进入国有企业的劳动管理制度。此后，国有建筑企业职工和农民工之间的身份差别不再仅仅表现在合同期限的长短和是否有社会保险方面，而是体现在劳动分工、劳动控制、劳动保护以及工资福利待遇等等各个方面，职工与劳务工以往"同吃、同住、同劳动""同工同酬"的经历已经完全成为历史和当今企业形象的话语宣传。如果说计划经济时期的临时工和固定工以及改革开放早期的农民合同工和正式职工之间的差别，主要是与企业关系和终身生计保障的差别的话，那么，进入2000年以后，国有建筑企业职工与劳务工之间的差别，就不仅仅体现在这些方面，更体现在不同工人被赋予的作为人的权利底线标准的差别，正因如此，身份区隔不再仅仅是用工策略，更成为劳动控制手段。

国有企业劳动制度变迁的过程，实际上也是其与非公有制企业劳动制度靠拢的过程。改革开放以后引入的外资经济和本土兴起的民营企业，是完全以市场的获利动机（波兰尼，2001）为指导原则的经济组织，由于国家劳动保护监管机制的缺失和地方政府对劳动者维权行为的约束，这些非公有制经济组织的劳动控制手段往往比较严苛（苏黛瑞，2009：234—247；加拉格尔，2010：90—113）。20世纪90年代初的一部电视剧《外来妹》就反映了台资企业对女工的劳动控制实践，而潘毅（2011）对20世纪90年代广东港资工厂中的劳动支配与反抗关系的人类学考察，也说明了同样的问题。这些非公有制经济漠视工人的劳动权益的管理实践，不仅没有能够被当时在工人的管理方面尚且保留有社会主义传统的国有企业所唾弃，反而成为其公司化改制过程中模仿、学习的对象（加拉格尔，2010：7）。因为在国有企业看来，要取得与非公经济同等的市场竞争地位，就必须改革其劳动管理制度，而改革方向就是逐步强化资本对劳动的控制权（宓小雄，2007：268）。

时至今日，国有、外资、民营等各种所有制企业的劳动管理实践已经

---

① 详见第四章关于国家劳动政策调整的内容。

基本没有差别了（加拉格尔，2010：6），随着国有企业以建立现代企业制度为目标的公司化改制的完成，最后一批传统社会主义时期的"主人翁"早已通过企业破产、兼并、重组以及工人"内退""下岗"而消失殆尽（刘爱玉，2005；佟新，2006；陈峰，2009；于建嵘，2011），新的国有企业的职工基本分为三个等级①：正式职工、劳务派遣性质的职工、农村劳务派遣工（李尚勇，2011）。劳务派遣已经成为国有企业甚至党政机关和事业单位普遍使用的用工制度。据统计，国有企业中，劳务派遣工占职工总数的平均比例达到47.2%，个别企业甚至高达90%；在行业分布上，劳务派遣工也不再仅仅集中于劳动密集型的建筑业、采掘业以及制造业，而是蔓延到了电信、金融、银行，甚至事业单位和党政机关；与此同时，劳务派遣工的人口特征也不再局限于农村户籍、年龄大、文化程度低、技能水平差等，而是扩展到了有本科、研究生学历的青年人（李尚勇，2011）。

其实，劳务派遣作为一种临时用工形式，在伦理上本身是没有什么好坏之分的。问题的关键是，作为一种辅助性、替代性、临时用工形式的劳务派遣，被大量单位作为正式的长期的用工在使用。换言之，在中国，劳务派遣成为了用工单位逃避各种用工责任的方式。当下，劳务派遣工与正式职工之间的差别表现在以下几个方面：第一，劳动分工不同。用工单位之所以使用劳务派遣工的原因之一是有的工作正式职工干不了或者不愿意干，这主要集中于难、险、苦、累、脏的工作，这种情况下，用工单位只能使用劳务派遣工。由此出现了正式职工喝茶看报唠家常，却由"临时工"来维持整个单位系统运转的情况。第二，劳动报酬不同，突出表现为同工不同酬。据统计，劳务派遣工的劳动报酬通常只有正式职工的1/2或1/3，而且很多时候福利较差甚至没有福利（李尚勇，2011）。劳动成本低是用工单位将临时性的劳务派遣发展为正式长期的用工形式的主要原因。第三，劳动权益保障不同。用工单位因为各种原因辞退劳务派遣工不需要做经济补偿，因为派遣工与用工单位之间只是劳务关系，不存在劳动关系，也就不涉及工龄工资、职位晋升、劳保福利等劳动权益了（李尚勇，2011）。基于以上三方面事实，本书认为中国的劳务派遣在本质上是一种身份区隔的劳动控制策略，而不仅仅是简单的用工形式的转换。②

---

① 公司的各级领导属于资方的代理人，不算在职工等级体系内。

② 腾讯网：《劳务派遣混乱加剧用工歧视，工作累收入低无保障》，2012年04月07日。

正是在此背景下，本书提出身份区隔作为一种劳动问题研究视角的普遍意义。身份区隔已经不仅仅是国有建筑企业所采用的劳动控制手段，也不仅仅是在职工与农村劳务工之间制造区隔，而是各行各业、各种所有制用工单位针对各种层次各种背景的受雇者所采用的普遍的劳动控制方式，差别仅仅在于差别控制的底线和程度。

那么，这种普遍存在的不公平的身份区隔的劳动控制方式是何以可能的？尤其是在国家先后出台了旨在保护劳动者权益的《劳动法》（1995）、《工会法》（2001）、《劳动合同法》（2007）、《劳动争议调节仲裁法》（2007）、《促进就业法》（2007）、《社会保险法》（2010）的背景下，劳务派遣何以能够成为很多行业主要的用工形式？也就是说，国家保护劳动者的法律何以不能够真正保护劳动者的合法劳动权益？本书认为，其根本原因是缺乏监督这些法律有效执行的实际主体，也就是说国家没有赋予劳动者就劳动相关法律执行中的问题提出异议的权利和能力，没有赋予劳动者合法抵制用工单位的违法行为的行动权利，而只是试图通过劳动相关部门以及不能够完全代表职工利益的工会的调节来解决问题。

## 三 以国家—公民关系的调整推动劳动—资本力量的平衡

国有建筑企业的二元用工之所以成为可能，是国家、企业组织和劳动三种力量交织作用的结果，但在其中，国家的力量居于主导地位。首先，市场化的经济体制改革和国有企业的公司化改制都是由国家发起并主导的，换言之，建筑业竞争性市场的形成和国有上市建筑公司绩效主导的业绩考核体系的建立，都是国家制度设计的产物，也是国家的改革目标。国家所推动的经济体制市场化改革和国有企业公司化改制的基本隐喻是，国家对企业组织的增大劳动控制权利的默认和许可（宓小雄，2007：80—101）。因为只有企业掌握了对劳动的控制权，才可能最大化地实现资本的增值和扩大再生产，也才可能实现国家经济发展和财政收入的增加。其次，历史上差别公民身份的建构、经济发展过程中的农民工政治等，也是国家有意为之。公民身份作为界定国家—公民权责关系的根本制度，直接决定了公民合法行动的能力和发挥影响的空间，国家通过制度对农民和流动到城市部门就业的农民工的整体限权，来降低经济发展过程中的劳动成本和由劳资对抗而生发的社会风险。虽然这样的公民身份制度设置在特定的历史时期，有其必要性和合理性，但是，对农民和农民工的系统性排斥所造成的制度后果是极其严重的，以至于积重难返，直接影响到新时期制度变革的效率和效果。再次，对农村经济社会发展的关注和支持、城乡统筹的新发展思路以及在政策和实践两个层面对农民工保护工作的重视，是国家 2001 年以后行政工作的重要方面。

将以上三方面结合起来勾勒出的国家作用的基本轮廓是，国家在通过行政力量培育市场和给予资本权力的同时，既没有对市场和资本的作用边界做出明确规定和限制，也没有通过赋权使农民工（甚至所有劳动者）能够真正具备与资方平等博弈的公民权利（包括劳动权利），而是试图通过国家行政力量的直接介入改善农民和农民工的生存和就业状况，并期望以此推动公民身份走向平等。这种关系实际上类似于"以己之矛攻己之盾"，而国家不同层级代理人的利益诉求的差别[1]，加剧了这个问题的复杂性，这也正是在中央政府接二连三出台农民工保护政策的同时，国有工业企业，甚至所有用工单位依然能够创造出不平等的身份区隔的劳动管理策略的根本原因。

在这种情况下，国家必须明确治理的取向，即"为谁的发展"和"为谁的国家"的问题。那么，究竟如何才能从根本上解决国家力量的悖论？如何才能平衡经济发展过程中资本—劳动间悬殊的力量对比关系？

本书认为，只有通过国家—公民关系的调整，扩展公民身份的内涵和外延，即一方面赋予公民更多的公民权利[2]（citizenship rights），尤其是劳动权利[3]，另一方面扩大公民权利的覆盖范围（即构建平等公民身份），通俗地讲，就是平等地赋予所有公民更多的公民权利，使公民（劳动者）获得保护自我的制度工具，才能在一定程度上限制资本对劳动发挥控制作

---

[1]　指中央政府和各级地方政府，由于各自所面临的主要矛盾和对资源的调配能力不同，而产生的行政目标上下不一致甚至矛盾的情况。中央政府是站在全国统筹治理的角度，而地方政府是站在全省、全县、全乡统筹治理的角度，二者之间显然无法实现完全一致。

[2]　这既包括对《宪法》以及其他法律已经赋予公民的法律、政治和社会权利的真正落实，也包括增加新的公民权利，比如自由迁徙权和劳动争议权等。

[3]　尤其是最基本的"劳动三权"，即团结权（自由结社权）、团体交涉权（集体谈判权）和团体争议权（罢工权）。"劳动三权"是市场经济条件下平衡劳资力量的制度保障。

用的边界和国家本身对公民利益的侵害①。换言之，国家应该对其权利、责任和义务有明确的认识。劳资领域的问题应通过劳资双方的市场博弈解决，但前提是国家必须通过制度设计赋予劳方和资方平等的博弈权利。以一元的劳动权保护代替二元的农民工保护（喜佳，2010）的前提首先是对农民工作为平等劳动者的公民身份的承认，以及对其作为劳动者的各项劳动权利的承认。而至于国家对公民的责任和义务，包括对所有公民的生存、发展权利和社会公平正义的维护，是必须由其本身来承担的，而不能依赖企业组织或者是公民个人解决。概而言之，虽然公民身份的扩展不能够从根本上消除资本对劳动的控制关系，出于逐利的动机，资方依旧会殚精竭虑建构新的劳动控制体系，但是，劳方的劳动权利的充实至少可以一定程度上限制资本的力量，为劳动控制设置一个基本的制度底线。在中国，劳资关系格局的根本转变有赖于国家—公民关系的根本转变。

① 现代政治经济学的基本命题就是，即便是在西方民选国家，国家也并非真的是全体公民利益的代表，而是本身有其独立的利益诉求，而这种利益诉求有可能与使她产生并存在的公民的利益是相违的。正因如此，才需要制度化的公民权利和独立的司法体系，以保证国家不能通过强权损害公民利益。

# 参考文献

［德］克劳斯·奥菲：《福利国家的矛盾》，郭忠华等译，吉林人民出版社 2006 年版。

［德］弗里德里希·恩格斯：《英国工人阶级状况》，载《马克思恩格斯选集Ⅰ》（第三版），人民出版社 2012 年版。

［德］卡尔·马克思：《雇佣劳动与资本》，载《马克思恩格斯选集Ⅰ》（第三版），人民出版社 2012 年版。

［德］卡尔·马克思：《资本论》（第一卷），人民出版社 2004 年版。

［德］马克斯·韦伯：《学术与政治》，冯克利译，生活·读书·新知三联书店 1998 年版。

［德］马克斯·韦伯：《新教伦理与资本主义精神》，康乐、简惠美译，广西师范大学出版社 2007 年版。

［德］马克斯·韦伯：a：《经济与社会》（上卷），林荣远译，商务印书馆 1997 年版。

［德］马克斯·韦伯：b：《经济与社会》（下卷），林荣远译，商务印书馆 1997 年版。

［法］埃米尔·迪尔凯姆：《自杀论》，冯韵文译，商务印书馆 1996 年版。

［法］埃米尔·涂尔干：《社会分工论》，渠东译，生活·读书·新知三联书店 2000 年版。

［法］爱弥儿·涂尔干：《职业伦理与公民道德》，渠东、付德根译，上海人民出版社 2006 年版。

［法］米歇尔·福柯：《规训与惩罚：监狱的诞生》，刘北成、杨远婴译，生活·读书·新知三联书店 2010 年版。

［法］米歇尔·福柯：《疯癫与文明：理性时代的疯癫史》，刘北成、

杨远婴译，生活·读书·新知三联书店 2010 年版。

　　［法］米歇尔·福柯：《临床医学的诞生》，刘北成译，译林出版社 2011 年版。

　　［韩］具海根：《韩国工人：阶级形成的文化与政治》，梁光严、张静译，社会科学文献出版社 2003 年版。

　　［美］艾尔·巴比：《社会研究方法（第 10 版）》，邱泽奇译，华夏出版社 2005 年版。

　　［美］安德鲁·华尔德：《共产党社会的新传统主义：中国工业中的工作环境和权力结构》，龚小夏译，香港牛津大学出版社 1996 年版。

　　［美］道格拉斯·C. 诺斯：《制度、制度变迁与经济绩效》，杭行译，韦森译审，格致出版社 2008 年版。

　　［美］E. A. 罗斯：《社会控制》，秦志勇、毛永政译，华夏出版社 1989 年版。

　　［美］查尔斯·蒂利：《身份、边界与社会联系》，谢岳译，上海人民出版社 2008 年版。

　　［美］哈里·布雷弗曼：《劳动与垄断资本：二十世纪中劳动的退化》，方生、朱基俊、吴忆萱、陈卫和、张其骈译，商务印书馆 1979 年版。

　　［美］克利福德·格尔兹：《文化的解释》，郭于华译，译林出版社 1999 年版。

　　［美］克利福德·吉尔兹：《地方性知识：阐释人类学论文集》，王海龙、张家瑄译，中央编译出版社 2000 年版。

　　［美］赖特·米尔斯：《社会学的想象力》，陈强、张永强译，生活·读书·新知三联书店 2001 年版。

　　［美］李侃如：《治理中国——从革命到改革》，胡国成、赵梅译，中国社会科学出版社 2010 年版。

　　［美］卢克·拉斯特：《人类学的邀请》，徐默译，北京大学出版社 2008 年版。

　　［美］迈克尔·布若威：《制造同意——垄断资本主义劳动过程的变迁》，李荣荣译，商务印书馆 2008 年版。

　　［美］玛丽·E. 加拉格尔：《全球化与中国劳工政治》，郁建兴、肖扬东译，浙江人民出版社 2010 年版。

［美］曼瑟尔·奥尔森：《集体行动的逻辑》，陈郁、郭宇峰、李崇新译，格致出版社 2008 年版。

［美］裴宜理：《上海罢工——中国工人政治研究》，刘平译，江苏人民出版社 2001 年版。

［美］彭尼·凯恩：《中国的大饥荒（1959—1961）——对人口和社会的影响》，郑文鑫、毕健康、戴龙基译，中国社会科学出版社 1993 年版。

［美］苏黛瑞：《在中国城市中争取公民权》，王春光、单丽卿译，浙江人民出版社 2009 年版。

［美］约瑟夫·A. 马克思威尔：《质的研究设计——一种互动的取向》，朱光明译，陈向明校，重庆大学出版社 2007 年版。

［美］詹姆斯·C. 斯科特：《农民的道义经济学：东南亚的反叛与生存》，程立显等译，译林出版社 2001 年版。

［美］詹姆斯·C. 斯科特：《国家的视角：那些试图改善人类状况的项目是如何失败的》，王晓毅译，社会科学文献出版社 2004 年版。

［英］布莱恩·特纳编：《公民身份与社会理论》，郭忠华、蒋红军译，吉林出版集团有限责任公司 2007 年版。

［英］恩靳·伊辛、布雷恩·特纳主编：《公民权研究手册》，王小章译，浙江人民出版社 2007 年版。

［英］卡尔·波兰尼：《大转型：我们时代的政治与经济起源》，冯钢、刘阳译，浙江人民出版社 2007 年版。

［英］齐格蒙特·鲍曼：《工作、消费与新穷人》，仇子明、李兰译，吉林出版集团有限责任公司 2010 年版。

蔡禾、贾文娟：《路桥建设业中包工头工资发放的"逆差序格局"——"关系"降低了谁的市场风险》，《社会》2009 年第 5 期。

蔡禾、李超海、冯建华：《利益受损农民工的利益抗争行为研究——基于珠三角企业的调查》，《社会学研究》2009 年第 1 期。

常凯：《劳权论——当代中国劳动关系的法律调整研究》，中国劳动社会保障出版社 2004 年版。

常凯：《全球化下的劳资关系与劳工政策》，中国工人出版社 2003 年版。

陈峰：《国家、制度与工人阶级的形成——西方文献及其对中国劳工问题研究的意义》,《社会学研究》2009 年第 5 期。

陈光金:《身份化制度区隔——改革前中国社会分化和流动机制的形成及公正性问题》,《江苏社会科学》2004 年第 1 期。

陈金龙:《孙中山民生主义的历史作用与当代价值》,《科学社会主义》2011 年第 1 期。

陈黎:《外来工社会排斥感探析——基于社会网络的视角》,《社会》2010 年第 4 期。

陈鹏:《公民权社会学的先声——读 T. H. 马歇尔〈公民权与社会阶级〉》,《社会学研究》2008 年第 4 期。

陈映芳:《"农民工":制度安排与身份认同》,《社会学研究》2005 年第 3 期。

陈向义:《马克思主义与发展主义的关系探析》,《哲学研究》2007 年第 5 期。

程义峰、文远竹:《农民工生存现状调查》,《中国改革》(农村版)2002 年第 2 期。

迟子华:《农民工与近代社会变迁》,安徽人民出版社 2006 年版。

崔岩:《流动人口心理层面的社会融入和身份认同问题研究》,《社会学研究》2012 年第 5 期。

邓正来:《国家与社会——中国市民社会研究》,北京大学出版社 2008 年版。

丁水木:《户籍管理与社会控制——现行户籍管理制度再议》,《社会》1989 年第 3 期。

窦孟朔、苏献启、张瑞、范拥军:《论十六大以来中国特色社会主义民生观形成发展》,《科学社会主义》2011 年第 2 期。

范建亭:《中国建筑业发展轨迹与产业组织演化》,上海财经大学出版社 2008 年版。

符平、唐有财、江立华:《农民工的职业分割与向上流动》,《中国人口科学》2012 年第 6 期。

高洪贵:《作为弱者的武器:农民工利益表达的底层方式及生成逻辑——以农民工"创意讨薪"为分析对象》,《中国青年研究》2013 年第 2 期。

国家统计局:《中国统计年鉴(2017)》(电子版),中国统计出版社 2017 年版。

国家统计局：《中国劳动工资统计资料（1949—1985）》，中国统计出版社 1987 年版。

郭伟和：《"身份之争"：转型中的北京社区生活和生计策略研究》，北京大学出版社 2010 年版。

郭星华、李飞：《漂泊与寻根：农民工社会认同的二重性》，《人口研究》2009 年第 6 期。

郭于华：《问题引导下的田野调查与研究》，《民间文化论坛》2007 年第 1 期。

郭于华：《"弱者的武器"与"隐藏的文本"——研究农民反抗的底层视角》，《读书》2002 年第 7 期。

郭忠华、刘训练编：《公民身份与社会阶级》，江苏人民出版社 2007 年版。

何明洁：《劳动与姐妹分化：中国女性农民工个案研究》，博士学位论文，清华大学，2007 年。

洪朝辉：《论中国城市社会权利的贫困》，《江苏社会科学》2003 年第 2 期。

黄平：《发展主义在中国》，《共识》2010 年秋刊 04。

黄安余：《台湾经济转型中的劳工问题研究》，人民出版社 2010 年版。

黄振辉、王金红：《捍卫底线正义：农民工维权抗争行动的道义政治学解释》，《华南师范大学学报（社会科学版）》2010 年第 1 期。

黄宗智：《中国的非正规经济再思考：一个来自社会经济史与法律史视角的导论》，《开放时代》2017 年第 2 期。

江立华：《城市性与农民工的城市适应》，《社会科学研究》2003 年第 5 期。

金三林：《农民工市民化的现状与诉求——基于对 7 省市农民工的调查研究》，《改革内参》2011 年第 29 期。

景天魁：《打开社会奥秘的钥匙——历史唯物主义逻辑结构初探》，山西人民出版社 1981 年版。

景天魁：《解读中国发展之谜》，《中国社会科学院研究生院学报》2007 年第 5 期。

景天魁：《中国社会发展的时空结构》，《社会学研究》1999 年第 6 期。

景天魁：《作为公正的发展》，《社会科学战线》2003 年第 6 期。

李炳炎：《国有企业改革应维护工人阶级的主人翁地位及权益》，《学习论坛》2009 年第 3 期。

李汉林、渠敬东：《制度规范行为——关于单位的研究与思考》，《社会学研究》2002 年第 5 期。

李汉林：《变迁中的中国单位制度：回顾中的思考》，《社会》2008 年第 3 期。

李洁：《重返生产的核心——基于劳动过程理论的发展脉络阅读〈生产政治〉》，《社会学研究》2005 年第 5 期。

李锦峰：《国企改制过程中的国家与工人阶级：结构变迁及其文献述评》，《社会》2013 年第 3 期。

李静君：《中国工人阶级的转型政治》，载李友梅、孙立平、沈原主编《当代中国社会分层——理论与实证》，社会科学文献出版社 2006 年版。

李培林、李炜：《农民工在中国转型中的经济地位和社会态度》，《社会学研究》2007 年第 3 期。

李培林、李炜：《近年来农民工的经济状况和社会态度》，《中国社会科学》2010 年第 1 期。

李培林、田丰：《中国农民工社会融入的代际比较》，《社会》2012 年第 5 期。

李尚勇：《劳务派遣的"非正常繁荣"》，《改革内参》2011 年第 14 期。

李实：《中国经济改革与城镇劳动力市场分割——不同地区职工工资收入差距的分析》，《中国人口科学》2008 年第 2 期。

林毅夫：《小农与经济理性》，《农村经济与社会》1988 年第 3 期。

刘成斌：《生存理性及其更替——两代农民工进城心态的转变》，《福建论坛》（人文社科版）2007 年第 7 期。

刘传江：《迁徙条件、生存状态与农民工市民化的现实进路》，《改革》2013 年第 4 期。

刘金源：《农民的生存伦理分析》，《中国农村观察》2001 年第 6 期。

刘精明：《市场化与国家规制——转型期城镇劳动力市场中的收入分配》，《中国社会科学》2006年第5期。

刘少奇：《半工半读，亦工亦农》（1964年8月1日），载《刘少奇选集》（下卷），人民出版社1985年版。

刘少奇：《实行固定工和合同工并存的劳动制度》（1964年8月22日），载《刘少奇选集》（下卷），人民出版社1985年版。

刘世定、王汉生、孙立平、郭于华：《政府对外来农民工的管理——"广东外来农民工考察"报告之三》，《管理世界》1995年第6期。

路风：《单位：一种特殊的社会组织形式》，《中国社会科学》1989年第1期。

路风：《中国单位体制的起源和形成》，《中国社会科学季刊》（香港）1993第4卷。

路风：《国有企业转变的三个命题》，《中国社会科学》2000年第5期。

陆林：《融入与排斥的两难：农民工入城的困境分析》，《西南大学学报》（社会科学版）2007年第6期。

卢晖临、李雪：《如何走出个案——从个案研究到扩展个案研究》，《中国社会科学》2007年第1期。

卢晖临、潘毅：《当代中国第二代农民工的身份认同、情感与集体行动》，《社会》2014年第4期。

陆学艺：《农民工问题要从根本上治理》，《特区理论与实践》2003年第7期。

马雪松：《从盲流到产业工人：农民工问题与和谐社会建设研究》，江西人民出版社2011年版。

孟捷、李怡乐：《改革以来劳动力商品化和雇佣关系的发展——波兰尼和马克思的视角》，《开放时代》2013年第5期。

宓小雄：《构建新的认同：市场转型期国有企业的劳动控制》，社会科学文献出版社2007年版。

潘毅：《中国女工：新兴打工者主体的形成》，任焰译，九州出版社2011年版。

潘毅、陈敬慈：《阶级话语的消逝》，《开放时代》2008年第5期。

潘毅、卢晖临：《谁更需要包工头》，《南风窗》2009年第9期。

潘毅、卢晖临、张慧鹏：《大工地——建筑业农民工的生存图景》，北京大学出版社 2010 年版。

潘毅、任焰：《国家与农民工：无法完成的无产阶级化》，《二十一世纪》2008 年第 107 期。

潘泽泉：《自我认同与底层社会建构：迈向经验解释的中国农民工》，《社会科学》2010 年第 5 期。

彭恒军：《重返阶级："世界工厂"的必然逻辑——兼述近年来的阶级理论研究》，《兰州学刊》2008 年第 6 期。

亓昕：《欠薪与讨薪：工地政体与劳动过程的实证研究》，首都经济贸易大学出版社 2011 年版。

亓昕：《农民工城市融合的现状与困境：一项对建筑工群体的考察》，《南方人口》2013 年第 5 期。

亓昕：《农民工社会认同的形成——基于建筑业农民工的考察》，《人口与发展》2012 年第 6 期。

钱文荣、张忠明：《农民工在城市社会的融合度问题》，《浙江大学学报》（人文社会科学版）2006 年第 4 期。

秦洁：《"忍"与农民工身份认同研究——基于对重庆"棒棒"城市生活心态的深度访谈》，《开放时代》2013 年第 3 期。

任焰、潘毅：《跨国劳动过程的空间政治：全球化时代的宿舍劳动体制》，《社会学研究》2006 年第 4 期。

任焰、潘毅：《农民工劳动力再生产中的国家缺位》，载方向新主编《和谐社会与社会建设——中国社会学会学术年会获奖论文集（2007·长沙）》，社会科学文献出版社 2008 年版。

任焰、贾文娟：《建筑行业包工制：农村劳动力使用与城市空间生产的制度逻辑》，《开放时代》2010 年第 12 期。

沈原：《社会转型与工人阶级的再形成》，《社会学研究》2006 年第 2 期。

沈原：《市场、阶级与社会》，社科文献出版社 2007 年版。

史国衡：《昆厂劳工》，商务印书馆 1946 年版。

宋洪远、黄华波、刘光明：《关于农村劳动力流动的政策问题分析》，《管理世界》2002 年第 5 期。

宋少鹏：《能动的主体和刚性的制度：路在何方？——〈打工女孩〉

和〈中国女工〉的不同出路》，《开放时代》2013年第5期。

孙立平：《社会转型：发展社会学的新议题》，《社会学研究》2005年第1期。

孙立平：《总体性社会研究——对改革前中国社会结构的概要分析》，《中国社会科学季刊》（香港）1993年第1期。

孙立平：《失衡：断裂社会的运作逻辑》，社会科学文献出版社2004年版。

孙寿涛：《发达国家工人阶级的演变》，经济管理出版社2007年版。

田丰：《城市工人与农民工的收入差距研究》，《社会学研究》2010年第2期。

童根兴：《共识型工人的生产——从新制度主义框架看布洛维的〈制造共识〉》，《社会学研究》2005年第1期。

佟新：《国有工业企业简单控制型的劳动关系分析》，《开放时代》2008年第5期。

佟新：《劳工政策和劳工研究的四种理论视角》，《云南民族大学学报》（哲学社会科学版）2008年第5期。

佟新：《延续的社会主义文化传统——一起国有企业工人集体行动个案分析》，《社会学研究》2006年第1期。

王春光：《农民工的国民待遇问题与社会公正》，《郑州大学学报》（哲学社会科学版）2004年第1期。

王海光：《2000年以来户籍制度改革的基本评估与政策分析》，《理论学刊》2009年第5期。

王海光：《关于当前深化城镇户籍制度改革的几点思考》，《理论学刊》2009年第6期。

王海光：《城乡二元户籍制度的形成》，《炎黄春秋》2011年第12期。

王立胜：《人民公社化运动与中国农村社会基础再造》，《中共党史研究》2007年第3期。

王令金：《农村人民公社制度的建立与废除》，《党史博采》2000年第10期。

王美艳：《农民工工资拖欠状况研究——利用劳动力调查数据进行的实证分析》，《中国农村观察》2006年第6期。

王绍光：《大转型：1980 年代以来中国的双向运动》，《中国社会科学》2008 年第 1 期。

王毅杰、王薇：《国内流动农民研究述评》，《河海大学学报》（哲学版）2004 年第 1 期。

王小章：《从"生存"到"承认"：公民权视野下的农民工问题》，《社会学研究》2009 年第 1 期。

闻翔：《箱包工厂里的"族群"：重访北镇家户工》，硕士学位论文，清华大学，2008 年。

闻翔、周潇：《西方劳动过程理论与中国经验：一个批判性的述评》，《中国社会科学》2007 年第 3 期。

吴开亚、张力：《发展主义政府与城市落户门槛：关于户籍制度改革的反思》，《社会学研究》2010 年第 6 期。

吴理财：《农村税费改革与"乡政"角色转换》，《社会》2001 年第 6 期。

喜佳：《二元结构下"农民工"劳动权之一元法律保护：从身份到契约》，《中国法学》2010 年第 2 期。

席晓勤、郭坚刚：《全能主义政治与后全能主义社会的国家构建》，《中共浙江省委党校学报》2003 年第 4 期。

席晓勤、郭坚刚：《全能主义政治在中国的兴起、高潮及其未来》，《浙江学刊》2003 年第 5 期。

肖滨、郭忠华、郭台辉：《现代政治中的公民身份》，上海人民出版社 2010 年版。

肖桐主编：《当代中国的建筑业》，中国社会科学出版社 1988 年版。

谢立中：《走向多元话语分析——后现代思潮的社会学意涵》，中国人民大学出版社 2009 年版。

许宝强：《发展主义的迷思》，《读书》1999 年第 7 期。

徐国普：《人民公社时期乡村权力结构的特征及其影响》，《江汉论坛》2004 年第 7 期。

许叶萍、石秀印：《工人阶级形成：体制内与体制外的转换》，《学海》2006 年第 4 期。

叶扬兵：《论"一五"时期优先发展重工业的战略》，《社会科学研究》2002 年第 5 期。

游正林：《管理控制与工人抗争——资本主义劳动过程研究中的有关文献述评》，《社会学研究》2006 年第 4 期。

游正林：《西厂劳工：国有企业干群关系研究（1979—2006）》，中国社会科学出版社 2007 年版。

于建嵘：《基本公共服务均等化与农民工问题》，《中国农村观察》2008 年第 2 期。

于建嵘：《人民公社的权力结构和乡村秩序》，《衡阳师范学院学报》（社会科学）2001 年第 5 期。

于建嵘：《安源实录——一个阶级的光荣与梦想》，江苏人民出版社 2011 年版。

郁建兴：《发展主义意识形态的反思与批判》，《马克思主义研究》2008 年第 11 期。

俞可平：《新移民运动：公民身份与制度变迁——对改革开放以来大规模农民工进城的一种政治学解释》，《经济社会体制比较》2010 年第 1 期。

于秋华：《解读斯密和马克思的劳动分工理论》，《大连海事大学学报》（社会科学版）2007 年第 4 期。

袁伦渠：《中国劳动经济史》，北京经济学院出版社 1990 年版。

袁志刚、方颖：《中国就业制度变迁：1978—1998》，山西经济出版社 1998 年版。

张静：《身份认同：观念、态度、理据》，上海人民出版社 2006 年版。

赵鼎新：《社会与政治运动讲义》，社会科学文献出版社 2006 年版。

赵炜：《"双重特殊性"下的中国建筑业农民工——对于建筑业劳动过程的分析》，《经济社会体制比较》2012 年第 5 期。

赵炜：《建筑业农民工职业安全问题研究——基于对职业安全问题的社会学文献分析和实证研究》，《江苏社会科学》2013 年第 2 期。

赵晔琴：《农民工：日常生活中的身份建构与空间型构》，《社会》2007 年第 6 期。

赵入坤：《雇佣关系与近代中国》，安徽人民出版社 2010 年版。

郑秉文、和春雷：《社会保障分析导论》，法律出版社 2001 年版。

郑广怀：《伤残农民工：无法被赋权的群体》，《社会学研究》2005

年第 3 期。

中国农民工问题研究总报告起草组：《中国农民工问题研究总报告》，《改革》2006 年第 5 期。

中国建筑业协会：《中国建筑业发展战略与产业政策研究报告》，中国建筑工业出版社 2011 年版。

中国建筑业协会：《中国建筑业年鉴（2010）》，中国统计出版社 2011 年版。

中施企协：《从公司化到股份制的华丽转身——国有建筑施工企业改制历程》，《施工企业管理》2009 年第 5 期。

周大鸣、刘朝晖：《制度性歧视与社会公正——以厦门农民工为例》，《西南民族大学学报》（人文社科版）2006 年第 11 期。

周潇：《关系霸权：对建筑工地劳动过程的一项田野研究》，硕士论文，清华大学，2007 年。

周雪光：《组织社会学十讲》，社会科学文献出版社 2003 年版。

朱力：《农民工阶层的特征与社会地位》，《南京大学学报》（哲学人文社科版）2003 年第 6 期。

Andrew L. Friedman, Industry and Labour: Class Struggle at Work and Monopoly Capitalism. London : The Macmillan Press, 1977.

Beverly J. Silver, 2003, *Forces of Labor: Workers' Movements and Globalization since* 1870, London: Cambridge University Press, 2003.

Ching Kwan Lee, "From Organized Dependence to Disorganized Despotism: Changing Factory Regime in Chinese Factories", *The China Quarterly*, Vol. 157, March1999, pp. 44-71.

——, *Gender and the South China Miracle: Two Worlds of Factory Women*. Berkeley: University of California, 1998.

Erik Olin Wright, Working-Class Power, Capitalist-Class Interests, and Class Compromise. American Journal of Sociology, Vol. 105, No. 4 , January 2000, pp. 957-1002.

Harrison C. White, Identity and Control: How Social Formations Emerge (Second Edition). Princeton: Princeton University Press, 2008.

Harry Braverman, *Labor and Monopoly Capital: The Degradation of Work in the Twentieth Century*. New York : Monthly Review Press, 1974.

Kathryn Woodward, Identity and Difference. London： SAGE Publications, 1977.

Karl Polanyi, The Great Transformation： The Political and Economic Origins of Our Time. Boston： Beacon Press, 2001.

Marek Korczynski, Randy Hodson and Paul K. Edwards, *Social Theory at Work*. New York： Oxford University Press, 2006.

MichaelBurawoy, *Manufacturing Consent*. Chicago： University of Chicago Press, 1979.

——, *The Politics of Production： Factory Regimes under Capitalism and Socialism*. London： Verso, 1985.

P. K. Edwards, *Conflict at Work： A Materialist Analysis of Workplace Relations*. Oxford ： Basil Blackwell, 1986.

Richard C. Edwards, *Contested Terrain ： The Transformation of the Workplace in the Twentieth Century*. New York ： Basic Books, 1979.

StephLawler, *Identitiy： Sociological Perspectives*. Cambridge： Polity Press, 2008.

T. H. Marshall, "Citizenship and Social Class " In T. H. Marshall & Tom Bottomore (eds.), *Citizenship and Social Class*. London： Pluto Press, 1992.

# 后　记

　　本书由我的博士学位论文修改而成。时光荏苒，从完成博士论文初稿至今，已过去了整整七年。七年，接近我生命的五分之一。七年间，因为各种原因，著作出版计划一再被推迟。刚毕业的两年，所有精力都投入在新的教师身份和工作环境的适应上，无暇修改论文。紧接着陷入婚姻和生育等生活事件，日子在柴米油盐的琐碎和抚育幼儿的繁复中悄然而逝。不知不觉就过去了很多年。延迟多年，今年终于完成了全书的修改。但回过头来看，即使没有新社会角色的适应要求和一系列生活事件，著作也未必会更早出版。

　　经常会有一种感觉，做一项研究，如同盖一栋房子，框架构造设计好后，从夯实地基到毛坯初现，固然一气呵成，恣意畅快，但毛坯房远不能满足居住的需求，还需要装修装饰，细细雕琢，才能够显现出房屋应有的模样，发挥其功能。博士论文于我而言，就像那刚刚建设完工的毛坯房，虽然勉强可以称之为房屋，证明自己有盖房的能力，但距离实现房屋的功能还有不小的距离。毕业后的这些年，一方面，因教学需要发展新的科研领域；另一方面，继续深耕于劳动研究领域，对之前很多不甚清晰的问题做了进一步深入思考。正是在反复的自我质疑和思考中，书稿的研究问题趋于明晰，论证逻辑也趋于合理，更加经得起推敲，逐渐实现了由毛坯房向成品房屋的转变。对我来说，虽有延迟，但此时出版这本书，正是最好的安排。

　　从全书修改完成到落笔写后记，三月有余，无从下笔。想说的太多，反而不知从何说起。在这个冬日的午后，关掉了手机和网络，抱起笔记本电脑，靠在阳台沙发的靠背上，沐浴着暖阳的光辉，不时呷一口黑咖啡——久违的安宁和恬静，仿佛回到了写作博士论文的时光，竟有一股不可抑制的委屈和辛酸冲刷了双眼和鼻腔，凝结成两滴泪珠，倏然落下。参加工作、步入家庭生活后，被相继到来的各种角色所累，难有和自己独处的机会，感受最多的是各种责任和束缚，自由成为一件奢侈品。事实上，我们每一个社会成员，无时无刻不在体验着社会角色规范和个体自由之间的张力。

上午，在一种萦绕已久的漂泊感和孤独感中，给好友敲出了这样一行字："年龄越大越觉得在哪里都是异乡人，没有共同体，也没有确定的身份认同。"她的回复是："都一样。"但事实上，并不一样。在大多数人看来，我无疑是幸运的。虽然高考失利，无缘名校，但至少来了北京，在这个历史古都、政治文化和商业中心积累了一个文科生所需要的各种见识。后来，又一路攻读硕士和博士学位，并在毕业后顺利留京，高校任教。看起来，我实现了一个第一学历二本高校毕业生的完美逆袭，跻身于一众天之骄子之中，谈笑有北清，往来皆学霸。然而，短暂的自我肯定和欣赏之后，体验更多的是身处人群中的孤独感。

我的高中、本科和硕士同学没有留在学术圈的，当下交往最密集的都是读博士以后认识的同学和朋友。而他们中的大多数，从本科开始就就读于名校，已经形成相对固定的同侪或同门网络。作为学术同道和好友，我们共同开展学术研讨，交换学术信息，在这个过程中，她们会无意识地把我当作她们中的一员，分享那些我只听过其名看过其文却从未谋面的人的故事，仿佛我已是共同体的一员。但我知道我不是。尤其是当好友们的文章反复见诸权威学术期刊，而我还在为 C 刊标准而努力时，Outsider 的感受尤为深刻。这个问题，其实就是身份认同和身份焦虑的问题。

几年来，关于社会角色规范、个体自由以及身份焦虑、身份认同等人生议题的自我检视，让我对地铁工地劳务工的处境和心理世界有了更直接的体会。我最后达致自我平衡的方法是承认生命的差异性和自我的局限性，降低对自己和环境的期待。这又何尝不是劳务工的主体性过程呢？从这个层面来讲，身处变动不安的时代，虽然面对的结构性条件不同，但社会期待、个体自由、身份认同等，是我们每一个人终其一生都在探索的人生议题。

从考上硕士至今，一路走来，虽然不时会陷入诸如权利和责任的取舍、义务和自由的平衡以及身份认同这样的焦虑之中，但我无疑仍然是非常幸运的，因为身边总是不缺少鼓励、欣赏和支持，帮助我度过一个又一个人生考验。

　　感谢我的博士导师景天魁研究员对我一直以来的教导！博士在读期间，从研究方向的选择，到毕业论文选题的确定，直至论文的完稿与修改，都得到了导师的耐心启发和悉心指导。尤其忘不了 2010 年的初春，导师年近古稀还不辞辛劳亲自带我去建筑工地开展最初的调研。这种底层关怀和对学术研究的执着，使我终身受益。感谢我的师母任凤荣老师！多年以来恩师和师母像对女儿一样，关心和牵挂我的生活和工作，让我在北京感受到了家的温暖。

　　感谢我的硕士导师亓昕教授！没有亓老师的引导和鼓励，我就不会跨专业考博，甚至不会从事学术研究，也就不会有现在这种强烈的自我价值感。亓老师严谨刻苦，温和内敛，善解人意，多年来于我亦师亦友，助益良多。

　　感谢石秀印研究员！论文最初的选题得自于与石老师交流时获得的启发。感谢罗红光研究员在人类学研究方法方面所给予的指导！感谢陈婴婴研究员、杨宜音研究员、苏国勋研究员、宓小雄研究员、夏传玲研究员、王春光研究员在预答辩和毕业答辩中对论文提出的修改意见和完善建议！感谢张翼研究员、丁元竹教授和朱红文教授在毕业答辩中对论文的肯定和建议！今年 9 月，惊闻朱红文教授病逝的消息，伤感许久。

　　感谢李培林研究员、渠敬东教授、陈光金研究员、李炜研究员、张丽萍研究员！读博期间，在聆听各位老师的课堂教导和参与相关课题的过程中，我的学术素养得到了很大提升。感谢沈原教授、郭于华教授和郭伟和教授！虽然没有机会直接受教于几位老师，但在劳工研究讲习班和历次建筑工人关爱日的活动中，从各位老师的发言中学到了很多。感谢冯同庆教授、赵炜教授和乔健教授！几位老师组织的历次劳动关系研讨会和劳动社会学委员会的学术活动，大大扩展了我在劳动研究领域的学术视野。感谢原香港理工大学的潘毅教授和北京大学的卢晖临教授！潘教授和卢教授的敬业精神、底层关怀和批判立场给了我坚定的研究信心。

　　感谢李大君和安全帽大学生志愿服务队的伙伴们！永远难忘 2010 年一起走过的工地探访岁月。感谢田野中接触过的每一位职工和劳务工！因为你们的友善、理解、接纳和帮助，才有了这本书，和你们的接触和交往使我看到了生活的本来面目、懂得了真正的人生。虽然出于学术伦理要求，无法在这里一一列出你们的名字，但你们每一个人的面孔都已经镌刻在了我的心中。

感谢施芸卿、李凌静、张兴娟、江翠萍、韩秀记的多年陪伴！同窗三年，好友一生。和你们在一起，让我忘记了孤单。在你们的影响下，无论在专业领域，还是在个人生活中，我都在成为更好的自己。感谢李洁和汪建华！谢谢你们的乐观、热心和开放，不断给我这个后进生鼓劲打气。

感谢我的家人们！感谢父母一直以来对我学业的理解与支持，使我有机会心无旁骛，追逐自己的梦想。感谢公婆分担我育儿的压力，以自己的辛劳，为我创造了推进科研工作的条件。感谢我的丈夫刘雷！同为一个科研工作者，你对我的思维方式和生活习惯给予了最大程度的理解。感谢我的儿子小坤坤！正是因为你的到来，妈妈才有了要成为更好的自己的持久动力。

感谢我的领导和同事们！感谢我的工作单位中华女子学院！这里不仅培养了我的社会性别意识和性别平等观念，教给我重新认识自我生命的工具，认识到自己作为一名女性的独特和珍贵，使我成长为自尊、自信、自立、自强的"四自"女性，而且直接资助了本书的出版。

最后，感谢本书的责任编辑任明老师为本书的出版所付出的辛勤工作！

2018 年 12 月 18 日
于育慧东路 1 号